本书是教育部人文社会科学重点研究基地重大项目"英国社会转型研究"(项目批准号：16JJD770026)的成果之一,得到南开大学世界近现代史研究中心资助

国家出版基金项目
国家"十三五"重点图书出版规划项目
教育部人文社会科学重点研究基地重大项目

英国社会转型研究丛书

主　编　钱乘旦

工业革命与英国儿童教育

施义慧　著

南京师范大学出版社

图书在版编目(CIP)数据

工业革命与英国儿童教育 / 施义慧著. —南京：南京师范大学出版社,2021.3
(英国社会转型研究丛书 / 钱乘旦主编)
ISBN 978-7-5651-4756-2

Ⅰ.①工… Ⅱ.①施… Ⅲ.①贫困-家庭-儿童教育-研究-英国-近代 Ⅳ.①G556.1

中国版本图书馆 CIP 数据核字(2021)第 045163 号

丛 书 名	英国社会转型研究丛书
丛书主编	钱乘旦
书　　名	工业革命与英国儿童教育
著　　者	施义慧
策划编辑	郑海燕　朱海榕
责任编辑	朱海榕
出版发行	南京师范大学出版社
地　　址	江苏省南京市玄武区后宰门西村 9 号(邮编:210016)
电　　话	(025)83598919(总编办)　83598412(营销部)　83598712(编辑部)
网　　址	http://press.njnu.edu.cn
电子信箱	nspzbb@njnu.edu.cn
照　　排	南京开卷文化传媒有限公司
印　　刷	上海雅昌艺术印刷有限公司
开　　本	787 毫米×1092 毫米　1/16
印　　张	24.25
字　　数	359 千
版　　次	2021 年 3 月第 1 版　2021 年 3 月第 1 次印刷
书　　号	ISBN 978-7-5651-4756-2
定　　价	882.00 元(第 1 辑 9 册)
出 版 人	张志刚

南京师大版图书若有印装问题请与销售商调换

总　序

钱乘旦

《英国社会转型研究丛书》由南京师范大学出版社出版，这是英国史研究领域的又一项成果，通过这项研究，我们希望对英国工业革命以来社会方面的各种变化进行深入的探讨，进而寻找一些对中国现代化有益的启迪。

作为世界上第一个完成现代转型的国家，英国确实很值得了解。工业革命改变了社会结构，原有的社会体系容不下新的变化，于是冲突就出现了，造成了许多社会问题，比如劳工问题、妇女问题、犯罪问题、贫穷问题、教育问题、儿童问题、人口结构问题等等。这些问题在传统的农业社会是被自然消化的，溶解在农村共同体之中。工业革命把它们分解成一个一个单独的问题，而且每一个问题都可能变得非常严重，影响国家的整体发展。由于英国是现代化的先行者，它是在茫然中逐步意识到这些问题的，用了很长的时间才发现在经济迅速发展的情况下社会也是快速变化的，单凭积累财富无法解决社会问题；而社会问题不予解决，就会引发混乱，影响国家大局稳定，造成严重后果。在弄清楚这个道理后，英国又用更长的时间去设法解决这些问题，而解决的过程又非常艰难曲折，充满挑战，绝非一蹴而就。所以，了解这些过程和解决问题的办法就很有必要了，它能提供很好的知识参照，为思考中国的问题开启路径。

我们这套丛书的目的就是通过深入的学术研究,了解英国的那些问题,探讨其解决方案,评估其结果。从历史的发展看,英国在解决社会问题方面是基本成功的,工业革命造成的一系列严重的社会问题到20世纪下半叶差不多都解决了,从那个时候起,英国社会就一直相对稳定,很少发生严重冲突。当然,新的问题也会产生,比如英帝国解体遗留的有色人种移民问题,由此引发的种族隔阂和文化差异问题等,这些问题又需要人们寻找新的解决方案。

我曾多次说过:任何国家的现代化必须完成三项任务,一是建立现代国家,二是发展现代经济,三是建设现代社会。建立现代国家是现代化的前提,没有这个前提,便不能展开现代化。发展现代经济是现代化的关键内容,由此而形成工业社会。建设现代社会是现代化过程中最艰巨的任务,随着工业社会的出现,整个社会都要发生变化,引发一系列深刻的社会变革;而现代化能否成功,往往取决于社会现代化能不能完成。在英国,建立现代国家的过程从都铎王朝就开始了,经历漫长的变化到18世纪才基本结束。接下来就进入了经济快速发展的时期,启动了工业革命,使英国成为世界上第一个工业化国家。第三项任务几乎与工业革命同时出现,但人们的认识非常滞后,一直到19世纪下半叶才认真执行,进入了所谓的"改革年代"。由此,我们看到了一系列的社会改革,逐一解决了工业革命带来的许多问题。经过大约一个世纪的努力,第三项任务才大体完成了,一个比较清晰的现代国家在英国出现。为完成这三项任务,英国差不多用了五百年时间!

英国是第一个进入现代转型过程的国家,因此它不慌不忙(事实上是**不知不觉**)地完成了这三项任务;而且,这三项任务几乎是一项接一项出现的,因此相比于其他国家,英国的发展过程相对悠闲(**而且缓慢**)。然而对其他国家来说,就不能如此不慌不忙、不紧不慢了,因为作为现代化的后来者,它们必须"追赶",才能跟上时代的步伐。所以在其他国家,现代化的三项任务经常是重叠的,也就是一项任务套一项任务,也许同时呈现在人们面前。如此之下,英国的经历就相当重要了,我们看一看英国的经历,就应该知道现代化需要解决哪些问题,以及会碰到哪些问题,还有英国是如何解决的。后起国家的领导者们尤其需要了解这些,以便他们在领导国家的过程中多有远见,少走弯路。

中国现代化面对着这种情况,中国的现代化有一种紧迫感。就目前而言,中国现代化大体上处在第一项任务基本完成、第二项任务成绩斐然、第三项任务刚开始被人们意识到并开始打算去完成的阶段上。为此,这套书就把重点放在英国社会转型研究方面了,以期对读者们有所启示。

2020年2月2日,于北大

目　录

1　　总　　序/钱乘旦

7　　导论:迈向校门之路

21　**第一编　儿童教育与社会**

22　**第一章　社会忧虑与道德教化:慈善学校**

24　一、"无所事事"引发的社会忧虑

26　二、慈善学校

47　**第二章　社会转型与新劳动者塑造:主日学校**

48　一、工业化早期对劳动者素质的要求及改善途径

57　二、主日学校

68　**第三章　工业社会与世俗化教育:导生制学校**

70　一、世俗化教育的兴起

79　二、导生制与全日制普通小学

96　三、以女私塾为主的贫民私立学校

109　**第四章　犯罪与控制:被忽视儿童的教育**

110　一、被忽视儿童群体与青少年犯罪

114　二、贫民免费学校

134　三、感化学校

156　四、劳动教养学校

165　第二编　儿童教育与教会

166　第五章　传统的赓继：教会对教育权的垄断

169　一、教会掌控下的中学与大学

173　二、教会对贫困儿童教育的重视与贡献

182　第六章　权力的博弈：教俗关于教育掌控权的争夺与共存

183　一、教俗之间围绕教育控制权的争夺

192　二、"信仰条款"与国民教育体系

216　三、双轨体系下教会办学的挣扎求存

225　第三编　儿童教育与国家

226　第七章　观念的转变

227　一、政治哲学的渐变：自由放任与国家干预

234　二、教育政治家的吁请和努力

241　三、通过教育实行社会控制的观念已深入统治阶层

243　四、对国家未来的忧虑

247　第八章　政府对儿童教育问题的干预

248　一、工厂法对童工工时和教育的规范

265　二、政府对初等教育的资助与管理

目 录

273 第九章 国民教育体系的酝酿及建立
274 一、拉塞尔建立国民教育体系的改革尝试
277 二、纽卡斯尔委员会与"根据效果付薪制"
284 三、1870年初等教育法
295 四、国民教育体系的完善

301 第十章 国民教育体系下的儿童教育
303 一、学校:公立与民办并存
319 二、内容:三R为主
323 三、出勤:上学是义务
330 四、效果:校园体验与识字水平

353 结　语

360 参考文献

376 译名对照

387 后　记

导论:迈向校门之路

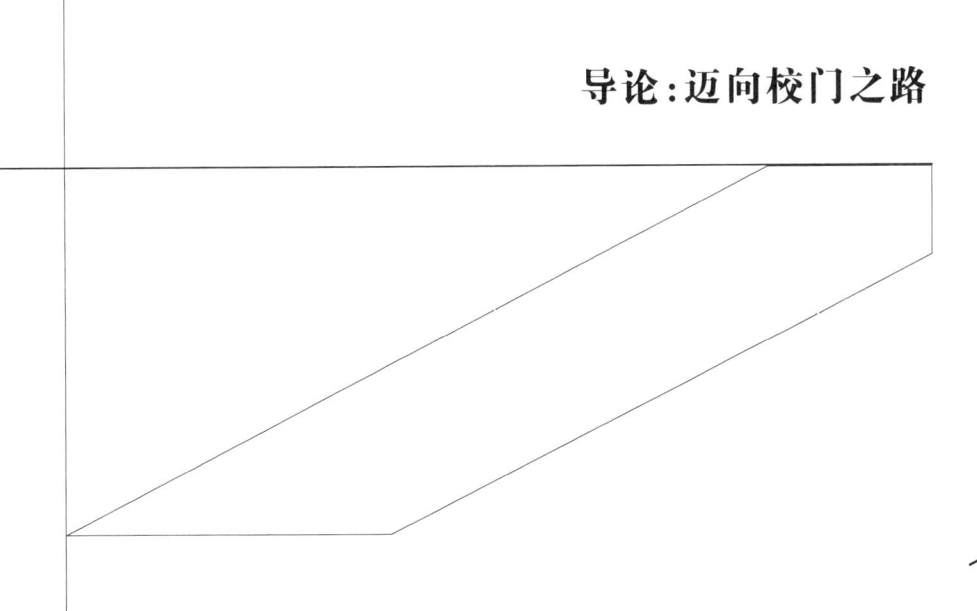

教育在英国历史上有着悠久的传统,中世纪晚期就有中学和大学。但是,这些教育机构基本都是针对社会中上层的,由教会提供并直接受教会控制,面向社会下层的常规中小学教育在工业化之前的英国基本不存在。在19世纪以前,英国并不存在针对社会下层民众子女的全日制初等教育,普通儿童(即社会下层的贫困儿童)接受教育的唯一途径是零星的慈善学校以及18世纪后期兴起的主日学校。作为世界上第一个工业化国家,英国工业革命的巨大成就并不是教育普及的结果,而是生产过程中的技术革新带来的。美国在19世纪初、德国在19世纪三四十年代就已经着手建立公立初等教育制度,而英国政府到了19世纪60年代还陷在与教会就国教学校需不需要遵守"信仰条款"的争议中,世俗的国民教育体系仍看不到建立的希望。相比美国和德国,英国的初等教育要落后得多。19世纪60年代以后,英国在世界范围内的经济优势逐渐被美国和德国赶超,悄然衰退,英国政府和各界人士才深刻反省国民教育的落后所造成的后果,这才有了福斯特(W. E. Forster)的1870年初等教育法在议会的艰难通过。

英国形成面向普通儿童的公立初等教育体制经历了艰难的历程。从时间上来看,自1798年出现民间办学的导生制学校教授读写算(三 R: Reading, Writing, Arithmetic)等世俗知识开始,到1833年政府通过对民间办学予以一定的校舍补助的方式涉足民办初等教育的管理,再到1870年形成公立和民办双轨并行的国民教育体系,前后长达70余年,而实现义务的免费的初等教育,英国普通儿童又多等了20多年(1881年实现义务教育,1890年实现免费教育),真正意义上的免费的义务教育直到1918年教育法的通过才得以实现。

英国是世界上最早开始工业化也是最先实现工业化的国家,但英国的普通儿童迈向校门之路却如此艰难,这种情况令人费解,也吸引我们一探究竟。

西方学者关于英国儿童史的研究从 20 世纪初就开始出现,主要集中在童工和教育两方面。童工问题是西方学者较早关注的一个话题,谢拉德(Sherard)的《英国的儿童奴隶》①较早地向人们揭示了英国童工被剥削的状况;基林(Keeling)的《英国童工:与儿童雇佣相关的法律发展及管理研究》②较早从童工立法的角度对英国童工进行了研究;弗里曼(Freeman)的《男童的生活与劳作:低效的生产》③从生产效率的角度研究了童工劳动;布雷(Bray)的《男童工和学徒》④以及邓禄普(Dunlop)的《英国学徒和童工的历史》⑤从学徒制的角度探讨了童工的来源。这几本著作对 19 世纪的英国童工问题进行了专题阐述。另外,阿什顿(Ashton)的论文《18 世纪的煤矿工人》⑥以及布拉登(Bladen)的论文《工业革命中的制陶业》⑦,分别对矿井和制陶业的童工有所涉及。1911—1924 年,哈孟德夫妇(Hammonds)出版了《城镇工人》《技术工人》《乡村工人》三部曲,探讨了工业革命对生活在城市和乡村的劳动者的消极影响,对童工问题也进行了阐述。⑧ 查尔斯·布斯(Charles Booth)在 20 世纪初的调查报告《伦敦人民的生活与劳作》中也揭示了童工劳动的情况。⑨ 另有一些著作对童工立法进行了论述,如哈

---

① R. H. Sherard, The Child-Slaves of Britain, London: Hurst and Blackett, 1905.
② Frederic Keeling, Child Labour in the United Kingdom: A Study of the Development and Administration of the Law Relating to the Employment of Children, London: P. S. King and Son, 1914.
③ Arnold Freeman, Boy Life and Labour: The Manufacture of Inefficiency, London: P. S. King and Son, 1914.
④ Reginald A. Bray, Boy Labour and Apprenticeship, London: Constable, 1911.
⑤ O. Jocelyn Dunlop, English Apprenticeship and Child Labor: A History, London: T. Fisher Unwin, 1912.
⑥ T. S. Ashton, "The Coal-Miners of the Eighteenth Century", The Economic Journal, Vol.38, Iss. Supplement 1 (1928), pp.307 - 334.
⑦ V. W. Bladen, "The Potteries in the Industrial Revolution", The Economic Journal, Vol.36, Iss. Supplement 1 (1926), pp.117 - 130.
⑧ J. L. Hammond and B. Hammond, The Town Labourer, London: Longmans, Green, 1917; The Skilled Labourer, London: Longmans, Green and Co., 1919; The Village Labourer, London: Longmans, Green and Co., 1924.
⑨ Charles Booth, Life and Labour of the People in London, 1st Series, Poverty, 1: East, Central and South London, London and New York: Macmillan, 1902.

钦斯(Hutchins)和哈里森(Harrison)所著《工厂立法史》[1]。还有一些工人传记也回忆了童工劳动的历史,如查尔斯·肖(Charles Shaw)的自传《我的孩提时代》[2],乔治·豪(George Haw)的传记《从济贫院到威斯敏斯特:威尔·克鲁克斯的生平事迹》[3],以及玛丽安娜·法宁厄姆(Marianne Farningham)的自传《一位女工的生平》[4]。但这个时期对英国儿童教育史的关注远不如对童工劳动的关注那么多,直到1944年教育法通过前后,19世纪英国教育发展史才引起人们较多的重视。20世纪30年代陆续出版了一些教育史著作,如史密斯(Frank Smith)的《英国初等教育史》[5],雷蒙特(Raymont)的《年幼儿童的教育史》[6]以及琼斯(Jones)的《慈善学校运动:18世纪清教运动》[7]等。1944年教育法通过后,出现了一些教育史教材,如科提斯(Curtis)的《大不列颠教育史》以及巴拉德(Barnard)的《1760—1944年间的英国教育简史》[8]。20世纪50年代关于教育史的研究著作并不多,但也出现了几本比较有价值的研究著作,如伯格斯(Burgess)的《教育事业:1870年前国教致力于大众教育的历史》[9],将人们对英国教育的关注目光投向了长期以来默默奉献于英国教育事业的教会;汉斯(Hans)的《18世纪教育新趋势》[10]对18世纪英国教育的变化进

---

[1] B. L. Hutchins and A. Harrison, *A History of Factory Legislation*, London: Frank Cass, 1966.
[2] Charles Shaw, *When I was a Child*, Firle: Caliban Books, 1977.
[3] George Haw, *From Workhouse to Westminster. The Life Story of Will Crooks*, M. P., London: Cassell, 1907.
[4] Marianne Farningham, *A Working Woman's Life: An Autobiography*, London: James Clarke, 1907.
[5] Frank Smith, *A History of English Elementary Education, 1760-1902*, London: University of London Press, 1931.
[6] T. Raymont, *A History of the Education of Young Children*, London, England: Longmans, Green and Co., 1937.
[7] M. G. Jones, *The Charity School Movement: A Study of Eighteenth Century Puritanism in Action*, Cambridge: The University Press, 1938.
[8] S. J. Curtis, *History of Education in Great Britain*, London: University Tutorial Press, 1948; H. C. Barnard, *Short History of English Education 1760-1944*, London: University of London Press, 1947.
[9] Henry James Burgess, *Enterprise in Education: The Story of the Work of the Established Church in the Education of the People Prior to 1870*, London: National Society, 1958.
[10] N. Hans, *New Trends in Education in the Eighteenth Century*, London: Routledge and K. Paul, 1951.

行了探讨;阿尔蒂克(Altick)的《英国的普通读者:1800—1900年间大众阅读的社会史》[1]从大众阅读的读者层面探讨了19世纪英国的教育与文化水平之间的关系。20世纪六七十年代,儿童史研究开始逐步发展,对儿童教育史的关注也日渐增多,尤其是在1970年前后,围绕着1870年初等教育法通过一百周年纪念,英国教育史研究出现了井喷现象,涉及19世纪儿童教育史的诸多方面:既有对19世纪初等教育总体发展史的研究,如斯特尔特(Sturt)的《人民的教育:19世纪英格兰和威尔士的初等教育史》、劳森(Lawson)和西弗尔(Silver)的《英国教育社会史》,[2]也有关于教育与国家、社会和教会关系的探讨,如莫菲(Murphy)的《1800—1970年间英国的教会、国家与学校》、沃德尔(Wardle)的《19世纪诺丁汉的教育与社会》、赫特(Hurt)的《教育的演变:1800—1870年间教会、国家、社会与大众教育》以及斯通(Lawrence Stone)编著的《学校教育与社会:教育史研究》;[3]既有对1870年教育法的专题研究,如里奇(Rich)的《1870年教育法:大众观念研究》[4],也有对1870年以来的百年教育发展历程研究,如邓特(Dent)的《1870—1970年间的英国教育百年发展史》、麦克卢尔(Maclure)的《1870—1970年间伦敦教育百年史》以及鲁宾斯坦(Rubinstein)的《1870—1904年间

---

[1] Richard D. Altick, *The English Common Reader: A Social History of the Mass Reading Public 1800-1900*, Chicago: University of Chicago Press, 1957.

[2] Mary Sturt, *The Education of the People: A History of Primary Education in England and Wales in the Nineteenth Century*, London: Routledge and Kegan Paul, 1967; John Lawson and Harold Silver, *A Social History of Education in England*, London: Methuen and Co. Ltd., 1973.

[3] James Murphy, *Church, State and Schools in Britain, 1800-1970*, London: Routledge and Kegan Paul, 1971; David Wardle, *Education and Society in Nineteenth-Century Nottingham*, Cambridge: Cambridge University Press, 1971; John Hurt, *Education in Evolution: Church, State, Society and Popular Education 1800-1870*, London: Hart-Davis, 1971; Lawrence Stone, ed., *Schooling and Society: Studies in the History of Education*, Baltimore and London: The Johns Hopkins University Press, 1976.

[4] Eric E. Rich, *The Education Act 1870: A Study of Public Opinion*, London: Longmans, Green and Co. Ltd., 1970.

伦敦的入学率》;①既有对专门性教育机构的特别探讨,如拉克尔(Laqueur)对主日学校的研究②,舒普夫(Schupf)对贫民免费学校的专题研究③,杜克(Duke)对济贫院学校的研究④,伦斯特麦凯(Leinster-Mackay)对女私塾的研究⑤,约翰逊(Johnson)对乡村学校的研究⑥,弗劳(Frow)等对半工半读学校的研究⑦,等等,也有关于教育与其他问题的专题探讨,如约翰逊(Johnson)对教育政策与社会控制的研究⑧,西蒙(Simon)、詹姆斯(James)、赫特等人对教育与工人阶级文化的研究⑨,拉克尔、贝克(Baker)等人对教育与大众识字水平、文盲率等问题的研究⑩,麦卡恩(McCann)对教育与社会控制问题的研

---

① H. C. Dent, *1870 – 1970, Century of Growth in English Education*, London: Longmans, 1970; Stuart Maclure, *One Hundred Years of London Education 1870 – 1970*, London: Allen Lane, Penguin Press, 1970; David Rubinstein, *School Attendance in London, 1870 – 1904: A Social History*, Hull: University of Hull, 1969.

② Thomas Laqueur, *Religion and Respectability: Sunday Schools and Working Class Culture, 1780 – 1850*, London and New Haven: Yale University Press, 1976.

③ H. W. Schupf, "Education for the Neglected: Ragged Schools in Nineteenth-Century England", *History of Education Quarterly*, Vol.12, No.2 (1972).

④ Francis Duke, *Pauper Education*, in Fraser, Derek, ed., *The New Poor Law in the Nineteenth Century*, London: Macmillan, 1976.

⑤ D. P. Leinster-Mackay, "Dame Schools: A Need for Review", *British Journal of Educational Studies*, Vol.24, No.1 (1976).

⑥ Marion Johnson, *Derbyshire Village Schools in the Nineteenth Century*, Newton Abbot: David and Charles, 1970; Frances O'Shaughnessy, *A Spa and its Children: A Story of the Education and Social Conditions of the Poor Children in Leamington Spa from the 18th-Century to 1903*, Warwick: Warwick Printing Co. Ltd., 1979.

⑦ Edmund and Ruth Frow, *A Survey of the Half-time System in Education*, Manchester: E. J. Morten Ltd., 1970.

⑧ Richard Johnson, "Educational Policy and Social Control in Early Victorian England", *Past and Present*, 49 (1970).

⑨ Brain Simon, *Education and the Labour Movement 1870 – 1920*, London: Lawrence and Wishart, 1965; Louis James, *Fiction for the Working Man, 1830 – 1850: A Study of the Literature Produced for the Working Classes in Early Victorian Urban England*, Harmondsworth: Penguin, 1974; John S. Hurt, *Elementary Schooling and the Working Classes, 1860 – 1918*, London: Routledge and Kegan Paul, 1979.

⑩ T. W. Laqueur, "The Cultural Origins of Popular Literacy in England", *Oxford Review of Education*, Vol.2, No.3 (1976); W. P. Baker, *Parish Registers and Illiteracy in East Yorkshire*, East Yorkshire Local History Soc.13 (1961).

究①;等等。为了研究的方便,学者们甚至还出版了专题的教育文献辑,如麦克卢尔编著的《1816—1968年间英格兰和威尔士的教育文献》②。经历了20世纪六七十年代井喷式爆发后,19世纪英国初等教育发展史的总体脉络以及相关重要问题已经被基本厘清,因此20世纪八九十年代关于英国教育史的研究开始向专深方向发展,探讨的问题更为细致,比如儿童的书本③,工人阶级的家庭策略与义务教育④,学校里的学生⑤及其童年经历⑥,男女生分校教育问题⑦,教育开支⑧,识字率与大众文化⑨,工业家与工厂学校⑩,等等;同时,以往研究并不深入的特殊教育机构如感化学校、贫民免费学校、主日学校等也得到了更多研究者的关注,如克拉克(Clark)对贫民

---

① P. McCann, *Popular Education and Socialization in the Nineteenth Century*, London: Mathuen, 1977.
② J. Stuart Maclure, *Educational Documents, England and Wales, 1816-1968*, London: Allen Lane, Panguin Press, 1968.还有一些文件集也收录了教育改革方面的文件,如: E. Royston Pike, ed., *Human Documents of the Victorian Golden Age, 1850-1875*, London: Allen and Unwin, 1967; Ivy Pinchbeck and Margaret Hewitt, *Children in English Society, Vol.1: From Tudor Times to the Eighteenth Century*, London: Routledge and Kegan Paul, 1969; Ivy Pinchbeck and Margaret Hewitt, *Children in English Society, Vol.2: From the Eighteenth Century to the Children Act 1948*, London: Routledge and Kegan Paul, 1973.
③ G. Avery and J. Briggs, eds., *Children and Their Books*, Oxford: Oxford University Press, 1989.
④ Grace M. Belfiore, *Family Stratagies in Essex Textile Towns 1860-1895: The Challenge of Compulsory Elementary Schooling*, Oxford University Dphil Thesis, 1986.
⑤ Paméla Horn, *The Victorian and Edwardian Schoolchild*, Gloucester: Alan Sutton, 1989.
⑥ John Burnett, ed., *Destiny Obscure: Autobiographies of Childhood, Education and Family from the 1820s to the 1920s*, Harmondsworth: Penguin Books, 1984.
⑦ Carl Chinn, "Was Separate Schooling a Means of Class Segregation in Late Victorian and Edwardian Birmingham?", *Midland History*, Vol.13 (1988).
⑧ D. M. Mason, "The Expenditure of the Committee of Council on Education, 1839-1852", *Journal of Educational Administration and History*, Vol.17, No.1 (1985), pp.28-40.
⑨ D. G. Paz, *The Politics of Working-Class Education in Britain 1830-1850*, Manchester: Manchester University Press, 1980; D. Vincent, *Bread, Knowledge and Freedom: A Study of Nineteenth-Century Working Class Autobiography*, London: Europa, 1981; D. Vincent, *Literacy and Popular Culture: England 1750-1914*, Cambridge: Cambridge University Press, 1989; Phil Gardner, *The Lost Elementary Schools of Victorian England: The People's Education*, London: Croom Helm, 1984.
⑩ Colin M. Brown, "Industrialists and Their Factory Schools", *History of Education*, Vol.9, No.2 (1980).

免费学校的系列研究①,克利夫(Cliff)对主日学校的研究②,里默(Rimmer)、塞莱克(Selleck)、芬恩(Finn)等人对感化学校和劳动教养学校的研究③,克劳瑟(Crowther)、西蒙等人对济贫院学校的研究④。人们对于这些以往很容易被忽视的教育机构有了更加深入具体的了解。到了20世纪90年代,儿童史研究欣欣向荣,涌现了许多关于儿童、童年的历史的研究佳作,如坎宁安(Cunningham)的《1500年以来西方社会的儿童与童年》《贫民子女:17世纪以来的童年》⑤,亨德里克(Hendrick)的《1880—1990年间的英国儿童、童年与社会》⑥,霍普金斯(Hopkins)的《童年的转型:19世纪的英国工人阶级子女》⑦等,从历史的角度探讨了英国儿童的童年生活,而豪恩(Horn)的儿童史系列《维多利亚时代的儿童》《维多利亚时代的城镇儿童》详细考察了维多利亚时代儿童的生活、劳作与教育,她还为英国"经济社会史系列丛书"专门写作了介绍儿童史研究的《1780—1890年间

---

① E. A. G. Clark, "The Diffusion of Educational Ideas: The Case of Ragged and Industrial Schools, 1841 - 1857", *Journal of Educational Administration and History*, Vol.20, No.1 (1988); E. A. G. Clark, "The Last of the Voluntaryists: the Ragged School Union in the School Board Era", *History of Education*, Vol.11, No.1 (1982).

② Philip B. Cliff, *The Rise and Development of the Sunday School Movement in England 1780 - 1980*, Redhill: National Christian Education Council, 1986.

③ D. Finn, *Training Without Jobs: New Deals and Broken Promises: From Raising the School Leaving Age to the Youth Training Scheme*, Basingstoke: Macmillan Education, 1987; Joan Rimmer, *Yesterday's Naughty Children. Training Ship, Girls' Reformatory and Farm School: A History of the Liverpool Reformatory Association, Founded in 1855*, Manchester: Neil Richardson, 1986; R. J. W. Selleck, "Mary Carpenter: A Confident and Contradictory Reformer", *History of Education*, Vol.14, No.2 (1985).

④ M. A. Crowther, *The Workhouse System 1834 - 1929. The History of an English Social Institution*, London: Batsford Academic and Educational Ltd., 1981; J. Simon, "From Charity School to Workhouse in the 1720s: The SPCK and Mr. Marriott's Solution", *History of Education*, xvii (1988).

⑤ Hugh Cunningham, *Children and Childhood in Western Society Since 1500*, London: Longman, 1995; Hugh Cunningham, *The Children of the Poor. Representations of Childhood Since the Seventeenth Century*, Oxford: Blackwell, 1991.

⑥ Harry Hendrick, *Children, Childhood and English Society, 1880 - 1990*, Cambridge: Cambridge University Press, 1997.

⑦ Eric Hopkins, *Childhood Transformed, Working-Class Children in Nineteenth Century England*, Manchester: Manchester University Press, 1994.

儿童的劳作与福利》①，詹姆斯（James）与普劳特（Prout）等人编著的《童年的建构与重构》②《童年的理论化》③从社会学以及理论思考的角度对童年进行了分析。但是关于儿童教育史的研究却陷入相对尴尬的境地，多数研究者将19世纪的儿童教育纳入童年史或儿童史的专题研究之中，如上文列举的坎宁安、豪恩和霍普金斯关于童年和儿童的历史研究，此外还有罗斯（Rose）的《童年的侵蚀：1860—1918年间英国的儿童压迫》④、亨德里克的《1872—1989年间英格兰的儿童福利》⑤，都是在探讨儿童压迫和儿童福利时论及儿童教育，汤普森（Thompson）编撰的《剑桥英国社会史》第三卷也只是收录了萨瑟兰（Sutherland）的一篇论教育的论文⑥。相对于几近汗牛充栋的童年和儿童史研究著作而言，专门的儿童教育史研究著作要少得多。这些著作对19世纪英国儿童教育问题的探讨也大多与经济社会等其他问题综合考察，如桑德森（Sanderson）的《1780—1870年间英格兰的教育、经济变化与社会》⑦，达文（Davin）的《在贫困中成长：1870—1914年间伦敦的住宅、学校与街道》⑧，古德诺（Goodenow）与马斯登（Marsden）编著的《四个国家的城市与教育》⑨，等等。不过值得关注的是，女子教育问题

---

① Pamela Horn, ed., *The Victorian Child*, Stroud: Sutton, 1990; Pamela Horn, *The Victorian Town Child*, Stroud: Sutton, 1997; Pamela Horn, *Children's Work and Welfare*, 1780 – 1890, Cambridge: Cambridge University Press, 1995.
② A. James and Alan Prout, eds., *Constructing and Reconstructing Childhood: Contemporary Issues in the Sociological Study of Childhood*, Bristol: The Falmer Press, 1990.
③ A. James, Chris Jenks and Alan Prout, *Theorizing Childhood*, Cambridge: Polity Press, 1998.
④ Lionel Rose, *The Erosion of Childhood: Child Oppression in Britain*, 1860 – 1918, London: Routledge, 1991.
⑤ Harry Hendrick, *Child Welfare: England*, 1872 – 1989, London: Routledge, 1994.
⑥ Gillian Sutherland, "Education", in F. M. L. Thompson, ed., *The Cambridge Social History of Britain 1750 – 1950*, Vol.3, Cambridge: Cambrige University Press, 1990.
⑦ Michael Sanderson, *Education, Economic Change and Society in England 1780 – 1870*, Basingstoke: Macmillan Education, 1991.
⑧ Anna Davin, *Growing Up Poor: Home, School and Street in London 1870 – 1914*, London: Rivers Oram Press, 1996.
⑨ Ronald K. Goodenow and William E. Marsden, eds., *The City and Education in Four Nations*, Cambridge: Cambridge University Press, 1992.

开始得到重视,如伊文思(Evans)的《教育与妇女解放:威尔士的经验》[①]就是其中的代表作。2000 年以来,儿童史研究仍然方兴未艾,2004 年出版的三卷本《历史与社会中的儿童和童年百科全书》[②],集全球儿童史研究学者之力,几乎囊括了儿童和童年史研究中的各种话题,为人们了解历史上的儿童与童年提供了便捷的简介与索引。在专题著述方面,女子教育问题依然是研究热点[③],关于 19 世纪英国儿童教育史的研究仍被淹没在儿童史和童年史的研究中,专题研究较少。但新世纪的一个可喜现象是,随着数据时代的来临,很多关于 18 世纪和 19 世纪教育问题的档案资料,如当时人发表的小册子、议会文件、各种报告等,都被从档案库中取出,扫描上传到数据库,极大地便利了研究者充分利用这些原始文献对 19 世纪的儿童教育史的相关问题进行更深入的探讨。本书部分章节的研究也得益于这种便利。

国内学术界自 19 世纪 80 年代以来对英国社会转型时期的儿童教育问题的研究重点放在英国初等教育制度的发展上。滕大春主编的《外国教育通史》[④]第三卷、第四卷对近代以来英国教育的发展做了专章论述;徐辉、郑继伟合著的《英国教育史》[⑤]以及王承绪主编的《英国教育》[⑥]重点介绍了 19 世纪英国初等教育发展的历程;李奉儒的《英国教育:政策与制度》[⑦]对英国的教育督导体制进行了论述;夏之莲主编的《外国教育发展史

[①] W. Gareth Evans, *Education and Female Emancipation: The Welsh Experience*, Cardiff: Cardiff University of Wales Press, 1990.
[②] Paula S. Fass, ed., *Encyclopedia of Children and Childhood: In History and Society*, New York: Macmillan Reference USA, 2004.
[③] Mary Hilton and Pam Hirsch, ed., *Practical Visionaries: Women, Education, and Social Progress, 1790-1930*, Routledge: Taylor and Francis, 2000; Jane McDermid, *The Schooling of Girls in Britain and Ireland, 1800-1900*, Routledge: Taylor and Francis, 2012.
[④] 滕大春主编:《外国教育通史》(第三卷、第四卷),济南:山东教育出版社,1995 年(重印)。
[⑤] 徐辉、郑继伟:《英国教育史》,长春:吉林人民出版社,1993 年。
[⑥] 王承绪主编:《英国教育》,长春:吉林教育出版社,2000 年。
[⑦] 李奉儒:《英国教育:政策与制度》,嘉义:涛石文化事业有限公司,2001 年。

料选粹》①中摘译了部分关于英国近代教育制度发展的史料以及教育理论家的论述,为国内研究西方教育史提供了便利;程西筠的《论19世纪英国初等教育改革》②是国内学者比较早论述19世纪英国初等教育发展的专题论文。近年来,论述英国初等教育发展的论文比较多,基本涵盖英国初等教育发展的重要方面,也有一些比较有深度的研究,如侯建新、张晓晗的《家庭教育:英国近代初等教育的催生剂》,孙立田的《工业化以前英国乡村教育初探》,李维的《试论英国工业革命和初等教育普及的关系》,蒋焰、李思奇的《19世纪英国的教派斗争与教育变革》。③ 但总体而言,大多数论述的层次与深度参差不齐,且多为就事论事式的分析。

本书虽然也探讨英国初等教育体系的形成与发展,但侧重点并不是单纯的教育制度发展史研究,而是以初等教育的对象——19世纪的英国贫困儿童为视角,来考察转型时期的英国社会、国家和教会与贫困儿童教育的关系。

关于社会转型时期,不同的研究领域有不同的时间界定,本书指涉的是从18世纪中期开始到19世纪后期。这一时期,由于工业化进程的推动,英国社会从农业社会向工业社会逐渐转型,其社会关系、阶级结构、政治统治、宗教信仰都经历了不同程度的变动,贫困儿童的教育问题在这个时期也发生了巨大的变化。

经济发展所带来的诸多社会变化,改变了人们对儿童的态度,对道德品质塑造的迫切需求使得英国社会开始向贫困儿童敞开一道教育的门隙,慈善学校、主日学校应运而生。正在形成中的工业社会对劳动者识字水平

---

① 夏之莲主编:《外国教育发展史料选粹》(上册),北京:北京师范大学出版社,1999年。
② 程西筠:《论19世纪英国初等教育改革》,《世界历史》1989年第4期。
③ 侯建新、张晓晗:《家庭教育:英国近代初等教育的催生剂》,《天津师范大学学报(社科版)》2010年第6期;孙立田:《工业化以前英国乡村教育初探》,《世界历史》2002年第5期;李维:《试论英国工业革命和初等教育普及的关系》,《世界历史》1995年第1期;蒋焰、李思奇:《19世纪英国的教派斗争与教育变革》,《河北大学学报(哲社版)》2016年第6期。

的基本要求也刺激了19世纪初导生制学校的出现。随着城市化进程的加快,影响社会秩序安定的儿童犯罪现象有增无减,儿童犯罪与控制首次被放到教育层面来考察,引发了19世纪中期的贫民免费学校、感化学校以及劳动教养学校的兴起,这些特殊的教育机构将儿童的心灵改造放在首位加以考虑,通过为儿童提供合适的教育使他们成为合格的自食其力的社会成员,而不是对他们的失足与过错简单粗暴地惩罚了事。社会的种种变化,对贫困儿童的教育提出了不同层次的要求。而实现和满足这些要求,需要当时的英国政府与教会共同努力。

英国教会长期以来极为重视对教育的把控,一方面是因为掌控了教育权就相当于掌控了社会上层精英;另一方面是因为教育可以传播教派的宗教思想,有利于发展教众,扩大自己的教派影响。因此,随着近代英国社会变革,出现了诸如贫困儿童无所事事引发社会安全隐忧等问题,教会首先反应过来并采取行动,在以往封闭的精英教育体系上打开一道小缝隙,创办慈善学校对贫民子女进行道德教化。18世纪后期兴起的主日学校也是依托教会的教堂,在主日对贫困儿童进行训教。19世纪初导生制初兴就带上了明显的国教与非国教派争锋的意味,它们各自成立具有自己教派特色的协会(即后来的全国协会和英国协会),依托协会广泛创办学校,向下层民众子女打开了初等教育的大门,既传播了知识,也传播了各自的宗教信仰。在1870年初等教育法通过之前,教会通过这样的方式为英国下层民众子女的教育做出了不可磨灭的贡献。

英国虽然获得了工业革命的巨大成功,但是这一成就并不是以民众教育的普及带动而来的,英国政府对普通民众子女的初等教育问题的重视要比其他欧美国家滞后。1833年,英国政府才开始有限地参与贫困儿童的教育问题,这就是议会每年对两个协会所办学校进行一定的校舍补贴。至于由政府为贫困儿童提供初等教育,1839年的拉塞尔政府曾试图进行创建国民教育体系的改革,但由于教会对教育权的掌控和坚持而受挫,关于创建国民教育体系的话题也因此沉寂,直到19世纪60年代中后期才再度兴起。尽管政府在贫困儿童的教育普及问题上不甚作为,但是对与儿童劳作相关的童工问题的立法限制却日益严格,这在某种程度上也使得很多贫困儿童从工厂、矿井、手工作坊等劳作场所中撤离出来,可以有机会进入学校接受教育。

在19世纪英国贫困儿童的教育问题上,尽管英国政府曾经不作为,但真正能够彻底向贫困儿童打开教育大门的仍然是政府的强制力。1870年的初等教育法使得英国初步形成了国民教育体系,在真正意义上改变了英国历史上由教会为民众提供教育的传统,英国政府第一次作为初等教育的承办者为贫困儿童提供教育机会。尽管1870年教育法所建立的国民教育体系并不是义务的免费的国民教育体系,至少它在教会力所不能及之处开始为贫困儿童创办学校提供教育。此后的二三十年,人们见证了政府和教会合力为贫困儿童提供初等教育的场景,义务的免费的初等教育也通过1881年教育法和1890年教育法逐渐得以实现。

19世纪英国贫困儿童的教育问题不仅仅是为儿童提供教育机会,它也表现为贫困儿童生活模式的转型。19世纪的英国立法对童年的界定并不固定,有的到10岁,有的到12岁,也有的到14岁。但具体到每个孩童,他们的童年期时长是相对固定的。这个相对固定的童年期就如一块跷跷板,两端分立的是教育和劳作。用于劳作的时间越长,受教育的时间就越少;劳作的时间减少,受教育的时间就增长。从19世纪30年代开始,政府在通过议会补贴参与贫困儿童教育问题的同时,也开始通过频繁的工厂立法对各行各业的儿童雇佣进行限制,通过立法的力量逐渐强制大量儿童离开劳作场所,进入校园接受教育。而19世纪后期的数次初等教育立法也逐渐使得儿童进入校园接受教育成为一种义务,缺勤或逃学会受到惩罚。贫困儿童不再是劳动力市场中的一员,也不再是令中上等阶层感到恐惧和忧虑的社会混乱的象征,转而成为民族未来的希望,是"有围墙的花园"中的被保护者;劳动不再是他们童年生活的宿命,学校教育成为他们童年生活的主宰。

19世纪英国贫困儿童迈向校门之路充满荆棘,经历了从无到有的坎坷历程。本书并不打算简单地陈述19世纪英国初等教育发展的历程,而是把这种发展与变化放在更广泛的社会背景中加以解析,不仅涉及英国国民教育体系的发展,还涉及与贫困儿童生活相关的诸多方面,如童工与家庭经济策略、贫困与道德、犯罪与惩罚改造、世俗教育与信仰,等等。人们通常会疑惑,在政府缺席的状态下英国初等教育何以发展起来?教会既然对贫困儿童的教育做出了巨大的贡献,为何又竭尽所能阻挠国民教育体系的建立?作为第一个工业化国家,19世纪的英国极尽富庶,为何久久难以取缔童工,让贫困儿童进入校门接受教育?这些问题不是简单地通过分析初等教育制度发展史就能得到答案,必须对转型时期的英国社会、教会与政府关系有深入的了解,才能明了这些多维度的因素与贫困儿童教育问题的关系,理解19世纪英国贫困儿童迈向校门之路中所要面对的各种力量,不同力量的较量与合作对贫困儿童教育的影响。

第一编
儿童教育与社会

18世纪中期开始的工业革命使得英国的社会形态由农业社会向工业社会转型。经济发展带来诸多社会变化,使得人们对儿童的态度产生改变,塑造儿童的道德品质成为一项迫在眉睫的教育任务,也使得以往由教会主导的封闭的精英教育体系在社会需求的压力下不得不向贫困儿童敞开门隙,让教育之光也能照耀到贫困儿童,慈善学校、主日学校应运而生。处于变动与转型中的英国社会对于劳动者的识字水平提出的读写算等基本要求,也刺激了19世纪初导生制学校的出现。城市化进程中影响社会安定秩序的儿童犯罪现象,使得儿童犯罪与控制首次被放到教育层面来考察,引发了19世纪中期的贫民免费学校运动、感化学校运动以及劳动教养学校的兴起。正是因为社会的种种变化,对贫困儿童的教育提出了不同层次的要求,才刺激了英国儿童教育的变化与发展。

第一章
社会忧虑与道德教化：慈善学校

在19世纪以前的英国,教育不是政府行为,正规的教育也仅是社会中上等阶层的特权和彰显其身份、地位与财富的标志。对于成千上万的英国社会下层的贫民子女而言,正规的教育不是他们应该享受的权利,贫民的本分和职责就是劳动。但是,当没有足够的就业机会提供给贫民子女的时候,就会出现贫民子女无所事事的现象,由此引发的社会问题让富有的社会上等阶层不得不考虑对贫困儿童进行适当教育的问题。在这方面,慈善团体、慈善个人以及教会充当了主角。

一、"无所事事"引发的社会忧虑

17世纪以来,随着资本主义经济在英国的发展,资本主义精神在某种程度上改变着人们的心态,资本主义对财富的追逐使得人们对个人财产及其安全极为重视。不管经济关系如何变动,贫困阶层的存在不可避免。但是,大量存在的贫困阶层在让政府不得不重视济贫工作的同时,也引发了社会上层人士对秩序和安全的关注与不安。

从17世纪后期开始,大量的人对于贫困儿童的无所事事状况表现出强烈的关注和忧虑。例如,理查德·海恩斯(Richard Haines)指责道,由于缺乏就业机会,大多数妇女和儿童"养成了懒惰的习惯"[1]。伦敦的慈善家托马斯·弗里明(Thomas Fleeming)认为,"现在绝大部分的贫困儿童在懒惰和无所事事的环境下成长起来"[2]。对后代影响更大的约翰·洛克(John Lock)在他于1697年呈递给贸易部的《关于改革济贫法的报告》中说道,"劳动人民的子女一般都是教区的负担,他们经常无所事事,因此在他们

---

[1] J. Thirsk and J. P. Cooper, eds., *Seventeenth-Century Economic Documents*, Oxford: Clarendon Press, 1972, p.91; E. F. Heckscher, *Mercantilism*, London: George Allen and Unwin Ltd., 1955, pp.54 – 57.

[2] F. M. Eden, *The State of the Poor*, Vol.1, London: Cass, 1966, p.208; S. and B. Webb, *English Poor Law History*, pt.1: *The Old Poor Law*, London: Cass, 1963, p.107.

12岁或14岁以前,他们的劳动力就白白地浪费了"①。洛克不过是说出了他那个年代的人的普遍观念,而这个观念一直持续到了18世纪。在城市环境中,格洛斯特的罗伯特·雷克斯(Robert Raikes)也被他所见到的儿童的懒惰和贫困状况所震惊。在18世纪末,尽管人们想方设法改善这种状况,但"成群的弃儿仍然每日在大街上游荡,没有受教育的机会,也没有工作的机会"②。特里默(Sarah Trimmer)夫人也为她所见到的景象而感到忧虑不已,"看到许多年龄大到足以从事任何劳动的儿童,却衣衫褴褛、浑身污垢地在大街上游荡,这是教区的耻辱"③。

大量存在的贫民子女无所事事的状况已经极大地引起了社会上层的不安,他们对上层社会的人身和财产安全都构成了威胁。为了维护自己的安全,维持社会秩序,把教育当作自己特权来享受的社会上层不得不考虑向社会下层也打开教育的大门,希望适当的教育能让下层社会的儿童明白事理,摆脱无所事事的状态。因此,许多慈善团体和慈善个人以及教会团体开始不遗余力地为贫民子女的教育问题想方设法。

---

① Hugh Cunningham,*The Children of the Poor: Representations of Childhood Since the Seventeenth Century*,p.22.
② S. Trimmer,*The Oeconomy of Charity*,Vol.1,London:Clerkenwell,1801,p.194.
③ S. Trimmer,*The Oeconomy of Charity*,pp.69-70.

二、慈善学校

近代以前,英国只有教士和贵族等上层社会的子女拥有受教育的权利,下层社会的贫民子女基本上没有受教育的机会。17世纪末光荣革命之后,英国动荡的政局渐趋稳定,稳定社会秩序的诉求成为统治阶层和教会集团日益关注的对象。为数众多的穷人在当时被看作一种社会威胁,贫困无知成了他们的原罪,懒惰、不安分守己是这种罪过的表现。追溯这些罪恶的根源,当时人认为源于他们的不信教。对他们进行改造,使他们适应自己命定的地位,并使"他们养成劳动的习惯",最好的方法就是教给他们基督教的原则。能实现这个目标的手段就是建立慈善学校。

1. SPCK 与慈善学校运动

大约在1698年底,圣公会牧师、神学博士托马斯·布雷(Thomas Bray)和四名牧师成立了"基督教知识促进会"(The Society for Promoting Christian Knowledge,以下简称 SPCK),他们的目标是"通过最切实可行的方法,改善真正的宗教实用知识"[①]。他们能想到的第一个方法是创办教

---

① SPCK, *An Account of the Origin and Designs of the Society for Promoting Christian Knowledge*, London: Printed for Joseph Downing, in Bartholomew-Close, 1733, p.4.

图 1-1 托马斯·布雷,SPCK 创始人之一①

义问答学校(Catechetical Schools),教导贫困儿童阅读,并指导他们学习国教的教义问答。这种学校的经营依赖的是慈善捐款,因此这种学校普遍被称为慈善学校(Charity School)。为了实现慈善学校建立的最初目标,SPCK 一直强调,"慈善学校除了教导学生宗教知识并让他们学会虔诚之外,也需要用各种合适的方式去教导贫民儿童养成勤勉和劳动的习惯,这样他们将成为农牧业中真正有用的仆人,以及其他适合他们身份的雇佣行业的人"②。

从严格意义上来说,SPCK 是国教牧师们所创建的一个自助团体(voluntary society),它自身并不直接创建学校,而是利用国教牧师的影响力去推动、鼓励国教成员创办学校,SPCK 负责制定规则,对学校的管理者和教

---

① 图片来源:Craig Rose,"London's Charity Schools,1690-1730",*History Today*,Vol.40,No.3(1990).
② SPCK,*An Account of the Origin and Designs of the Society for Promoting Christian Knowledge*,1733,p.5.

师以及学生提出相应的要求,同时也积极通过布道等形式为慈善学校筹款。

在 SPCK 的积极推动之下,伦敦以及全国各地的善心人士纷纷建立慈善学校。1698 年,在伦敦和威斯敏斯特就创办了两所这样的慈善学校。其实,早在这之前的几年,在伦敦就已经有了两所类似的学校,一所是佛尔盖特的诺顿慈善学校,还有一所是威斯敏斯特的圣玛格丽特蓝衣学校(Blue Coat School),①但当时它们都名声不显。是 SPCK 孜孜不倦的努力,让慈善学校在全英国闻名。克雷格·罗斯(Craig Rose)曾描写过伦敦慈善学校发展的盛况:

> 1698 年,伦敦城里没有几所慈善学校。然而仅仅六年之后,来自 50 多所慈善学校的 2 000 名儿童挤进了霍尔伯恩的圣安德鲁教堂,参加伦敦和威斯敏斯特慈善学校的一周年纪念会议。到 1711 年,这一景象更加壮观。大约 4 000 名来自 100 多所学校的儿童在邻近的圣塞普尔赫教堂参加了八周年纪念会议。八年后,根据慈善学校董事会协会的数据,每年为资助伦敦慈善学校所筹集的资金不少于 1 万英镑。这些学校已经成为 18 世纪初伦敦人慈善事业的主要出路。②

根据 SPCK 报告的确切数据统计,截至 1704 年 5 月 25 日,伦敦和威斯敏斯特地区的慈善学校有 54 所,招收男童 1 398 人,女童 745 人,这期间已经有一批贫困儿童学成离校去做学徒或进入服务行业,男童有 306 人,女童 75 人。③ 同期,全国各地所建立的慈善学校也有近 40 所,招收的学生

---

① *An Account of Charity Schools Lately Erected in Great Britain and Ireland: With the Benefactions Thereto; and of the Methods Whereby They Were Set Up, and are Governed*, London: Joseph Downing, 1710, p.13.
② Craig Rose, "London's Charity Schools, 1690–1730", *History Today*, Vol.40, No.3(1990), p.17.
③ *An Account of the Methods Whereby the Charity-Schools Have Been Erected and Managed, And of the Encouragement Given to Them: Together with a Proposal of Enlarging Their Number, and Adding Some Work to the Children's Learning, Thereby to Render Their Education More Useful to the Public*, London: Field and Tuer, 1704, p.3.

近 1 400 人。① SPCK 从 1704 年开始，每年都会专门举办一次慈善学校年度会议，邀请国教有名望的神职人员为慈善学校布道，筹集捐款，传播慈善学校的办学理念。在他们的努力之下，很快在 18 世纪初，推动了慈善学校运动，慈善学校得以迅速发展。经过短短的几年时间，到 1710 年时，伦敦和威斯敏斯特的慈善学校就达到了 100 所，招收男童 2 480 人，女童 1 331 人。②

同时，这一运动也迅速向苏格兰、爱尔兰和威尔士等地发展。1709 年 4 月，苏格兰教会大会通过了一项法案，鼓励创办慈善学校。但是在女王授权的特许状还没有下达之时，1708 年 11 月就已经有热心的苏格兰绅士在 SPCK 的鼓励之下慷慨捐款，"在靠近尼希斯戴尔(Nithisdale)的科洛布罗克镇(Corlobrock)，1708 年，一位绅士私人捐款 1 000 英镑用于建一所慈善学校，对该城镇及附近的所有贫困儿童进行教育（他还给罗马天主教教会捐赠了同样的数额用于做同样的事）：其中 100 英镑用于建造校舍以及购置男教师的生活设施，其余 900 英镑将根据捐赠指南永远用于该学校，比如支付教师的薪水，送孩子们出去做学徒，等等"。③ 慈善学校运动的热潮甚至跨越海峡发展到了欧洲大陆的其他新教国家，以及大洋彼岸的殖民地。SPCK 的报告中也描述了这种发展盛景：

> 去年冬天波士顿建立了三所慈善学校；这种热情也激励了欧洲大陆其他的新教国家，他们也打算实施这个高尚的方案。俄国沙皇在几个重要城镇建立了好几所慈善学校，瑞典、荷兰、瑞士以及德意志的好几个地方，也都建立了类似的学校。我们所做的年度慈善学校布道以

---

① 此处关于 1704 年全国各地的慈善学校的数据是作者根据文献的内容描述统计而来，参见 *An Account of the Methods Whereby the Charity-Schools Have Been Erected and Managed，and of the Encouragement Given to Them …*，1704，p.4.
② *An Account of Charity Schools Lately Erected in Great Britain and Ireland …*，1710，p.12.
③ *An Account of Charity Schools Lately Erected in Great Britain and Ireland …*，1710，p.47.

及我们关于慈善学校的陈述都已经经由一位非常出名的人士翻译成高地德语,并且在哥本哈根按照我们的模式建立了两所慈善学校,在德意志的好几个地方以及瑞典,人们正努力做类似的事情。①

正因为慈善学校在 18 世纪的迅速发展,1712 年理查德·斯蒂勒(Richard Steele)写道,"近年来创办的慈善学校,是这个时代所产生的最伟大的公共精神实例"②。艾迪森(Addison)则称它们为"我们生活的时代的荣耀",即便是慈善学校的反对者曼德维尔(Bernard Mandeville)在嘲讽之余也承认,慈善学校有着让整个国家着迷的"狂热的激情"。③ 慈善学校的出现,似乎找到了解决贫困问题的关键,同时也符合虔诚和仁慈的最高动机。

2. 慈善学校的运营与管理

(1) 招生

慈善学校的宗旨是为贫困儿童提供免费的宗教指导和读写算之类的基本知识教育,因此它的对象就是贫困儿童。关于具体哪些儿童才可以进入慈善学校学习,笔者在现有的 SPCK 文献中没有找到明确的界定,SPCK 的许多报告中都只是笼统地用"贫困儿童"(poor children 或 children of poor class)来表述。不过,在一些慈善学校自己的报告中倒是有明确的表述。米德尔塞克斯的肖尔迪奇地区的圣莱昂纳德教区有一所成立于 1705 年的慈善学校,到 1793 年时还在运营。根据该学校的报告,这所学校共招收 50 名贫困男童。"这些孩子都是诚实善良的教区居民子女,他们往往因

---

① *An Account of Charity Schools Lately Erected in Great Britain and Ireland…*, 1710, p.51.
② Craig Rose, "London's Charity Schools, 1690 – 1730", *History Today*, Vol.40, No.3 (1990), p.17.
③ A. P. Wadsworth, "The Charity School Movement, A Study of Eighteenth Century Puritanism in Action", *The Spectator*, 160, 2719 (1938); Periodicals Archive Online, p.190.

为家庭成员众多,或者是其他原因造成家庭极其贫困,负担不起给孩子提供合适教育的费用,要么就根本承担不起任何教育费用。"① 接受慈善教育的孩子的选拔有着严格的程序,学校每年都会从捐款者当中挑选24名理事,由他们和财务主管一起管理慈善学校的一切事务,他们也有权填补学生的缺额。② 每个月由学校理事们将学生的缺额情况在主日那天张贴在教堂,以便教区居民如果想要让自己的孩子接受这样的慈善教育,就可以提出申请。申请和录取的程序如下:

> 这个申请必须以申请书的形式提交,至少要有一位赞助者的鉴定认可,上面需要说明申请者家庭的状况和人数,以及其他特殊情况,以便理事们选择谁是慈善学校最合适的对象。理事们在收到所有的申请书后,需要尽自己最大可能认真审核,录取那些最需要这份慈善救助的孩子,这些孩子的父母必须是品行良好之人,只是因为不幸或其他情况而不能为孩子提供教育。必须牢记的一个原则是,七岁以下、九岁以上的孩子不能被接收;孩子出生在本教区,或者是居住在本教区,但是在本教区没有任何合法居所的人也不合格,除非那些缴纳教区税的教区居民申请之后仍有缺额,才可以酌情录取。③

贫困家庭的孩子一旦被慈善学校录取,就会收到一份由SPCK统一发布的《给慈善学校录取学生父母的指令》(图1-2),并且须将该指令张贴在家里。该指令共有七条,主要是要求父母配合学校,按时送孩子上学,上学

---

① *An Account of the Rise, Progress, and Present State of the Charity School for the Education of Boys, In the Parish of Saint Leonard, Shoreditch, in the County of Middlesex*, London: Printed by Acutts and Keeble, 1793, p.3.
② *An Account of the Rise, Progress, and Present State of the Charity School for the Education of Boys …*, 1793, p.12.
③ *An Account of the Rise, Progress, and Present State of the Charity School for the Education of Boys …*, 1793, p.13.

图 1-2 《给慈善学校录取学生父母的指令》①

---

① *Orders Read and Given to the Parents on the Admittance of Their Children into the Charityschools,To be Set Up in Their Houses*,London:Joseph Downing,1708.

之前要给孩子梳洗干净,对于孩子的过错要及时纠正,要给孩子树立良好的榜样,对于孩子在学校因犯错而被老师惩罚不要进行干预,等等。最后一条明文规定,如果父母不能遵守该条令,他们的孩子将会被学校开除并收回他们的校服。

（2）教学内容

慈善学校的教学内容一直很明确,那就是宗教教导加上适当的读写算等实用知识的基本教导。这是和慈善学校的建立目标直接相关的。SPCK 在他们的年度总结中一再强调,慈善学校必须实现它们建校的真正目标,"不仅要教导学生宗教知识并让他们学会虔诚,还需要用各种合适的方式使贫困儿童养成勤勉和劳动的习惯"[①]。也就是说,慈善学校要实现的目标有两个:一是让孩子们形成虔诚的品质,过上有信仰的生活;二是让孩子们养成勤劳的习惯,远离乞讨和无所事事,成为能自食其力、对社会有用的人。

由于慈善学校运动最初是由国教倡导建立的,因此绝大多数慈善学校的宗教教导实际上就是国教的教义问答教导,这部分教学内容是不可缺少的恒定教学内容。阅读也是各个慈善学校除了教义问答之外的必授课程,因为阅读水平的高低关系到教义问答的学习效果。除此之外,各个学校可以根据自己的财政情况以及教师的能力酌情决定教授写字、算术或一些实用生活技能如女孩子学习的编织,等等。除了阅读,教孩子们写字或计算的基本知识是由该学校老师的能力来决定的。至于实用技能的教授,主要出于三方面的考量。一是慈善学校的宗旨之一就是让孩子们养成勤劳的品质,这需要通过让孩子们适当劳动来养成。二是许多学校能获得的慈善捐助有限,需要学生们适当劳动来增加学校的运营资本,比如 1703 年威尔

---

① SPCK, *An Account of the Origin and Designs of the Society for Promoting Christian Knowledge*, 1733, p.13.

特郡的索尔斯伯里有两所慈善学校,分别招收了 30 名男童和 20 名女童,他们除了接受读写算以及教义教导,"还学习纺织和梳理羊毛,因此有些儿童每周能挣 1 先令,有些儿童能挣 1 先令 6 便士,有些儿童能挣 2 先令";林肯郡的斯坦福德慈善学校有 100 名贫困儿童接受阅读和教义教导,所有人都要参加劳动,其中大约有 50 名儿童每天能挣 3 便士。①三是为孩子们未来就业考虑,使他们能多一个立身之本。1719 年,SPCK 向各个慈善学校的管理者发出呼吁,"除了增加贫民的基督教知识之外,协会希望,而且再次恳切地祈求所有通讯成员们,竭尽所能,将某些类别的劳动加进慈善学校的教学内容中。比如农牧业的相关分支,纺纱、缝纫、编织,以及其他有用的工作……这会让他们养成勤劳的习惯,并使他们做好进入未来营生的准备,这样他们以后才能在这个世界上生存下去"②。

(3) 资金筹募

慈善学校的资金来源是人们的慈善捐款,捐款主要有两类,一类是人们给各个学校的自愿捐款(voluntary subscription),另一类是教区的布道募捐(collections at sermons)。这种不稳定的资金来源使得不同教区的不同学校的财政情况大为不同。有的学校比较幸运,能获得较为稳定的年年相续的固定捐款,这些学校的经营就比较容易,不仅能为孩子们提供免费教育和书籍,还能为孩子们提供成套的校服。更幸运一点的遇到像前面提到的那位慷慨捐款 1 000 英镑的苏格兰绅士那样的情况,学校的资金来源就非常稳定了。但这样的情况并不多见,更常态的情况是,

---

① *An Account of the Methods Whereby the Charity-Schools Have Been Erected and Managed*, *and of the Encouragement Given to Them…*, 1704, p.4.
② SPCK, *An Account of the Origin and Designs of the Society for Promoting Christian Knowledge*, 1733, p.14.

学校需要不断地想方设法筹集捐款,学校所在的教区也会通过布道的方式帮助学校筹集教徒们的捐款。1710 年 SPCK 关于慈善学校的年度报告中就专门附录了一份"伦敦及周边各教堂为慈善学校而举行的布道募捐的时间和地点"清单①,便于那些想要捐款的人们及时了解信息。募捐一般就安排在每次布道演说之后。为了让人们更直观地了解慈善学校的作用,许多教区在布道演说之后,也会安排慈善学校的学生公开考试,"考查他们在拼写和阅读上的进步情况,尤其要检查他们对宗教教义的了解"②,向人们展示支持慈善学校的宗教动因,并鼓励人们参与这项事业。SPCK 在每年召集一次的慈善学校年度会议上,也会安排知名神职人员为慈善学校筹款做专题布道。

无论哪种形式的捐款,每位捐款者都需要填写一份格式化的捐款表(如图 1-3)。每所慈善学校对于捐款者都会有记录,并且学校的理事也会从捐款者中选出。理事有权和学校的财务主管共同管理学校的事务,比如学生的报名和录取等。

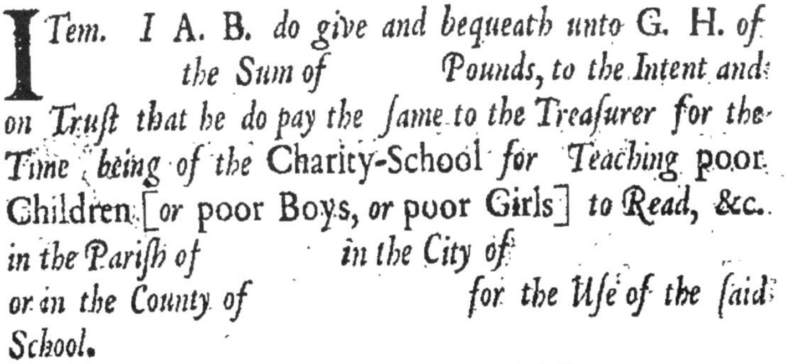

> Item. I A. B. do give and bequeath unto G. H. of the Sum of　　　Pounds, to the Intent and on Trust that he do pay the same to the Treasurer for the Time being of the Charity-School for Teaching poor Children [or poor Boys, or poor Girls] to Read, &c. in the Parish of　　　in the City of　　　or in the County of　　　for the Use of the said School.

图 1-3　慈善学校捐款格式表③

---

① An Account of Charity Schools Lately Erected in Great Britain and Ireland…, 1710, pp.56-58.
② An Account of Charity Schools Lately Erected in Great Britain and Ireland…, 1710, p.58.
③ 图片来源:An Account of Charity Schools Lately Erected in Great Britain and Ireland…, 1710, p.13.

（4）校服

学校筹集到的捐款数额,决定了学校招收学生的人数以及学校能否为入学的孩子提供统一的校服。一般来说,一所招收50名男童并提供校服的慈善学校,正常开销大约是每年75英镑,用来"提供一间教室、书籍,以及取暖的燃料,还要支付男教师的薪水,每年要为每个男孩提供3个饰带、1顶帽子、1件外套、1双袜子和1双鞋子"。① 慈善女校的开销也大致如此。并不是所有的慈善学校都能筹集到这么多的款项。根据1704年的统计数据,伦敦及周边十英里范围内的54所慈善学校共筹集到的自愿捐款为2 164英镑,布道募捐所得为1 042英镑,平均每所学校不到60英镑。因此,对于很多慈善学校来说,因为资金有限,只能为入学的贫困儿童提供教育,而不能提供校服。伦敦的这54所学校中就有19所不提供校服,1 398名男生中有413人只上学没有校服,745名女生中有236人没有校服,只上学但没有校服的学生占30%。② 两年之后,伦敦地区的学校增加到64所,其中完全不提供校服的有13所,两所男校只提供帽子和饰带,一所女校只提供帽子、饰带和围裙,还有2所男校和5所女校的学生要通过自己参加校内劳动挣钱置办校服。③

慈善学校的校服,一般男童校服包括外套、衬衫、袜子、手套、帽子、饰带、搭扣、鞋子;女童校服一般包括外衣和衬裙、头巾、围裙、紧身衣、羊毛袜、鞋子、绑带、手套等,置办一套校服的价格一般在17先令左右。④ 男童

---

① *An Account of the Methods Whereby the Charity-Schools Have Been Erected and Managed, and of the Encouragement Given to Them* …, 1710, p.3.
② *An Account of the Methods Whereby the Charity-Schools Have Been Erected and Managed, and of the Encouragement Given to Them* …, 1710, p.3.
③ *An Account of the Methods Whereby the Charity-Schools Have Been Erected and Managed, and of the Encouragement Given to Them*…, 1706, pp.7-8.
④ SPCK, *An Account of the Society for Promoting Christian Knowledge*, Printed by M. Downing, in Bartholomew-Closs, 1741, p.57.

的衣服都是用约克郡棉布或蓝色克尔塞手织粗呢做成,这些棉布和哔叽布都是以最便宜的价格买的,要么是灰色,要么是蓝色,因此很多地方的慈善学校也因此被称为"灰衣学校"或"蓝衣学校"。比如,威斯敏斯特就有两所慈善学校分别命名为"蓝衣学校""灰衣学校"(如图1-4),牛津大学于1759年创办的慈善学校也取名为灰衣学校①。这些或蓝或灰或绿的统一着装,在这些儿童参加某些庆典仪式时就成为"代表着恩人的赏金徽章"。

"那是一个神圣的星期四,他们纯真的脸庞干净清爽,

孩子们两两而行,穿着红、蓝、绿裳

跟在灰衣领队身后,手里拿着雪白的魔杖,

一直走进圣保罗的圆顶殿堂,他们就像泰晤士河的水静静流淌。"②

图1-4 威斯敏斯特灰衣学校,最早的慈善学校之一,建立于1698年③

---

① *An Account of the Gray-Coat Charity School in Oxford*, *Maintained by the Voluntary Subscriptions of the Vice-Chancellor*, *Heads of Houses*, *and Other Members of the University for Six Years: viz. from Michaelmas 1759 to Michaelmas 1765*, S.n., [1765?].
② P. Wadsworth, "The Charity School Movement, A Study of Eighteenth Century Puritanism in Action", *The Spectator*, 160, 2719 (1938); Periodicals Archive Online, p.190.
③ 图片来源:Craig Rose, "London's Charity Schools, 1690-1730", *History Today*, Mar.1, 1990, Vol.40, No.3, p.20.

这样的场景是中上等阶层展示慈善功勋的标记,也在某种程度上刺激着人们的慈善热情。

3. 慈善学校运动的发展与成就

慈善学校的出现,是在 17 世纪开始多数人的贫困日益加剧,而少数人的财富显著增长的情况下发生的。贫穷越来越被视作危险和罪孽,是游手好闲和愚昧无知的结果,也是需要予以控制的一种社会状况。慈善学校的

图 1-5 心怀感激的穷人:1713 年游行庆典中的慈善学校儿童①

① 图片来源:Craig Rose, "London's Charity Schools, 1690-1730", *History Today*, Vol.40, No.3 (1990), p.18.

兴起,使施与者和受惠者都能受益。贫穷阶层的子女可以远离街道,中上阶层的财产也能因此免受觊觎。学校的主旨就是把这些贫困儿童培养成合格的基督徒、忠诚的子民和勤勉的劳动者。在某些情况下,慈善学校也成为展示上层社会博爱仁善之心的道具。例如,1713 年 7 月,为签订乌特勒支条约而举行的感恩庆典中,近 4 000 名慈善学校的男女儿童,穿着整齐的新衣服,与他们的教师一起坐在斯特兰德大街 8 排长长的阶梯座位上,等待安妮女王的庆祝车队游行通过。在这个高度政治化的盛典上,他们在三个小时的庆典时间里反复吟唱为女王莅临而准备的颂歌。(如图 1-5 所示)

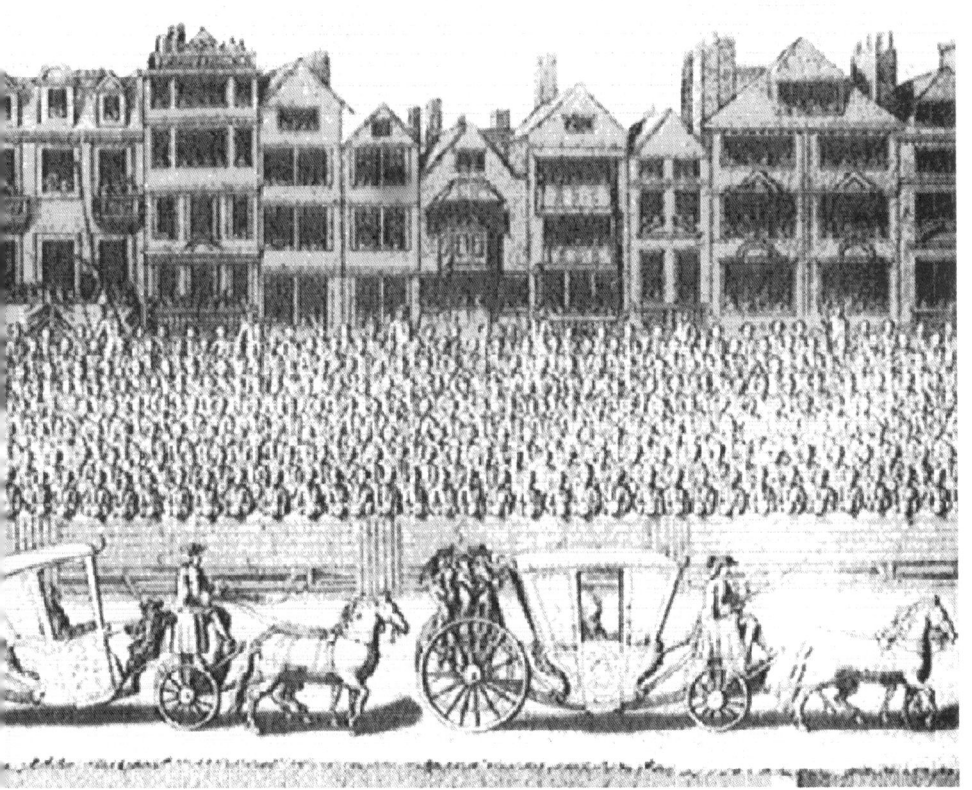

(1) 发展盛势

在18世纪初,慈善学校已经成为当时人从事慈善事业的首要选择。1698年时,伦敦只有屈指可数的几所慈善学校,但是六年后,在 SPCK 的推动和宣传之下,伦敦地区就有54所慈善学校,两年之后又增加了10所。1714年,伦敦地区的慈善学校达到了117所。

伦敦慈善学校的善行很快被各地慈善家们效仿,他们竞相慷慨解囊,资助办学。比如赫特福德郡有一位善心人士捐款,为14名男童和11名女童提供教育机会,诺桑普敦郡也有一位慈善人士赞助,为6名男童提供阅读和教义问答教导以及衣服;沃切斯特的圣彼得教区每年由私人赞助8英镑,用于教导30名男女儿童,圣约翰教区每周由一位绅士捐助1先令6便士,为12名儿童提供教育。贝德福德郡的迪恩(Deane)教区有位绅士每年提供20—30英镑的捐款,用于教导3个教区的贫困儿童。①

笔者根据1704—1714年间每年更新的《大不列颠及爱尔兰慈善学校报告》以及1741—1797年间 SPCK 所出版的《基督教知识促进会年度报告》,对1704—1797年间伦敦及英国的慈善学校的数据进行了收集和整理,如表1-1所示。

从表1-1可以看出,在18世纪最初十几年,慈善学校的发展极其迅速,在伦敦城几乎以每年新建10所的速度增长,招收的学生在1714年时已达4 818人,学成离校去做学徒或进入相关劳动行业的人数也达到了2 474人。总体来说,截至1714年,仅伦敦就有7 292人在慈善学校接受过教育。

同一时期,全国各地的慈善学校也在迅速增加,虽然没有明确的数据,但笔者根据1704年报告,将伦敦以外地区(不包括爱尔兰)凡是有明确人数的慈善学校进行统计,最后得出的数据是学校有40所,招收的学生约

---

① *An Account of the Methods Whereby the Charity-Schools Have Been Erected and Managed, and of the Encouragement Given to Them…*, 1704, p.4.

表 1-1　1704—1797 年间伦敦及大不列颠与爱尔兰的慈善学校数据统计①

年份	伦敦学校数量及在校人数			伦敦已离校工作人数		大不列颠及爱尔兰学校数量及在校人数		
	学校/所	男生/人	女生/人	男生/人	女生/人	学校/所	男生/人	女生/人
1704	54	1 398	745	306	75	约 40	约 1 400	
1705	56	1 462	775	401	136	—	—	—
1706	64	1 573	915	685	200	—	—	—
1710	100	2 480	1 331	1 118	467	—	—	—
1712	119	3 047	1 640	1 385	652	—	—	—
1713	114	3 056	1 656	1 529	721	—	—	—
1714	117	3 077	1 741	1 650	824	—	—	—
1741	132	3 085	1 935	13 908	7 084	1 904	36 816	7 717
1746	146	3 426	2 049	17 420	8 411	2 015	36 555	6 564
1755	155	3 544	2 126	20 910	10 198	1 979	33 053	6 641
1761	153	3 490	2 144	23 833	11 969	1 830	32 528	9 277
1773	157	3 552	2 203	28 937	14 561	1 840	32 800	9 336
1776	157	3 548	2 213	30 530	15 476	1 840	32 974	9 346
1780	164	3 544	2 498	30 737	16 397	1 835	22 623	9 541
1786	167	3 961	2 444	34 557	16 074	1 841	32 995	9 577
1795	182	4 442	2 870	36 830	18 601	1 856	33 476	10 003
1797	179	4 150	2 861	40 636	19 541	1 853	33 184	10 003

---

① 本表数据分别来源于：1704—1714 年间由约瑟夫·唐宁出版售卖的 SPCK 关于慈善学校的年度报告，以及 1741—1797 年 SPCK 的年度报告。1704 年、1705 年和 1706 年的报告题名为"*An Account of the Methods Whereby the Charity-Schools Have Been Erected and Managed，and of the Encouragement Given to Them: Together with a Proposal of Enlarging Their Number，and Adding Some Work to the Children's Learning，Thereby to Render Their Education More Useful to the Public*"，1707—1714 年的年度报告题名为"*An Account of Charity Schools Lately Erected in Great Britain and Ireland: with the Benefactions Thereto；and of the Methods Whereby They Were Set Up，and are Governed*"，这个系列的报告虽然题名有所变更，但报告的主体描述大致不变，只是每年对学校和学生数据进行更新，其中关于伦敦的慈善学校有明确的数据统计，而对伦敦以外的各地慈善学校只是进行文字表述，没有详细数据。1741—1797 年 SPCK 每年更新的年度报告"*An Account of the Society for Promoting Christian Knowledge*"中对伦敦以及包括伦敦在内的大不列颠及爱尔兰的慈善学校及学生数据，都有详细的统计。本表格的数据全部来自上述两个系列相关年份的年度报告。

1 400人,这还不包括有些学校没有提供明确的学生人数。这个数据虽然看起来不如伦敦,但需要注意的是,伦敦是慈善学校运动的发源地,早期的数据高于其他地区很正常。随着慈善学校运动从伦敦向其他地区扩展,伦敦以外地区的数据增长就会更加明显。由于1715—1740年间关于慈善学校的报告笔者没有收集到,无法详细考察这期间的增长情况。但是根据1741年的数据就可以看出,这20多年时间里,伦敦的慈善学校处于缓慢的增长状态,而伦敦以外的地区慈善学校的发展却非常迅速,包括伦敦在内的全大不列颠和爱尔兰共有1 904所慈善学校,招收的在校学生有44 533人。此后的50多年时间里,全国范围内的慈善学校基本维持在这个规模,伦敦仍保持缓慢的增长,而伦敦以外地区略有下降。到1797年时,伦敦有179所慈善学校,7 011名贫困儿童在校学习,这些学校在近一个世纪的时间里共培养并向社会输送有一定文化知识和宗教认知的劳动力达67 188人。① 同年,包括伦敦在内的全大不列颠和爱尔兰共有1 853所慈善学校,仅在校学生就高达43 187人。关于全国范围内接受过慈善学校教育的学生人数没有明确的统计数据,但是根据伦敦和全国的慈善学校学生数据比例(大体在11%—16%),大致可以估算出整个18世纪在全英国接受过慈善学校教育的学生人数大概有四五十万人。这个数字突破了我们对于慈善学校单薄的文字描述带来的印象。在许多学者的著作中,对于慈善学校的评估偏低,人们往往觉得一所学校只招收二三十名儿童,所能培养的人数很有限。比如埃里克·霍普金斯(Eric Hopkins)就曾在他的著作中说过,"1800年前后,伦敦及周边大约有179家慈善学校,但在全国其他地方慈善学校的数目却更为有限"②。实际上,1797年时英国其他地方的慈善学校数目远非"更为有限",而是伦敦慈善学校总数的9倍多(1

---

① SPCK, *An Account of the Society for Promoting Christian Knowledge*, London: Anne Rivington, 1797, p.101.
② Eric Hopkins, *Childhood Transformed*, p.130.

624/179),招收的在校学生数为伦敦的 5.16 倍多(36 176/7 011)。

在英国政府还没有考虑为社会贫困儿童提供教育的情况下,慈善学校的善举确实令人钦佩,为提升下层民众的文化水平做出了重要贡献。难怪斯蒂勒慨叹,它是"这个时代所产生的最伟大的公共精神实例"。1703 年,坎特伯雷大主教(the Archbishop of Canterbury)也曾经说过:"无论是对于贫困儿童的灵魂还是身体,我的确从没见过还有比这更伟大的善行了。"①

(2) 争议与热情消退

关于慈善学校的作用与意义,在 18 世纪 20 年代曾经引起过争议。1723 年,伯纳德·曼德维尔在《蜜蜂的寓言》第二版中专门写了一篇文章《论慈善和慈善学校》对当时风头正盛的慈善学校进行了批评。他认为让贫困儿童接受过多的教育会造就一批游手好闲之人,使得他们将来不甘心从事艰苦、肮脏的工作,"与劳作相比,上学是荒废时光;孩子们过这种轻松安逸生活的时间越长,等他们成年时,无论是在体力还是在意向方面,都越加不能适应真正的劳动生活。对于那些将要在繁重痛苦的劳作生活中过日子的穷人来说,他们越早进入这种状况,就越容易耐心地永远忍受这种生活"②。无独有偶,1723 年 6 月 15 日,辉格派作家加图(Cato)也在《英国日报》(*British Journal*)上对慈善学校发起了猛烈的攻击,抨击慈善学校对国教神职人员的尊敬是"这些野心勃勃的书呆子的盲目工具"③。

无论是加图还是曼德维尔的批评,都给国教如火如荼的慈善学校运动浇了一盆冷水。尽管他们的批判也招致了更为猛烈的反击,如教会人

---

① *His Grace the Lord Arch-Bishop of Canterbury's Letter to the Reverend the Arch-Deacons, And the Rest of the Clergy Of the Diocese of St. David*, London, 1703, p.12.
② Bernard Mandeville, *The Fable of the Bees*, London: Edmund Parker, 1723, p.329.关于曼德维尔论慈善学校的文章,参见曼德维尔:《蜜蜂的寓言》(第一卷),肖聿译,北京:商务印书馆,2018 年,第 211—270 页。
③ Craig Rose, "London's Charity Schools, 1690–1730", *History Today*, Vol.40, No.3 (1990), p.23.

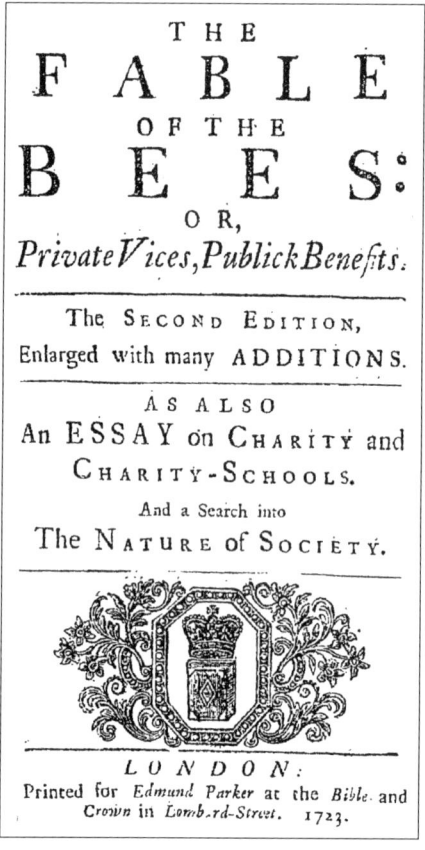

图 1-6　1723 年版《蜜蜂的寓言》

士纷纷通过布道或专题文章的形式为慈善学校运动辩护①，甚至伦敦的

---

① 如圣玛丽伊斯林顿的讲师威廉·亨得利（William Hendley）就写了一篇题为"为慈善学校辩护"的长文，逐条驳斥曼德维尔和加图对慈善学校的攻击，并且在文章最后附录了 1723 年伦敦米德尔塞克斯大陪审团对曼德维尔和加图两人作品的处罚令。参见 William Hendley, *A Defence of the Charity-Schools: Wherein the Many False, Scandalous and Malicious Objections of Those Advocates for Ignorance and Irreligion, the Author of The Fable of the Bees, and Cato's Letter in the British Journal, June 15.1723. are Fully and Distinctly Answered, and the Usefulness and Excellency of Such Schools Clearly Set Forth; To Which is Added by Way of Appendix, the Presentment of the Grand Jury of the British Journal at Their Meeting at Westminster, July 3, 1723*, London: Printed for W. Mears, at the Lamb without Temple-Bar, 1725。1728 年新教徒艾萨克·瓦茨（Isaac Watts）也曾撰文对《蜜蜂的寓言》中攻击慈善学校的观点逐一进行批驳，参见 Isaac Watts, *An Essay Towards the Encouragement of Charity Schools, Particularly Those Which are Supported by Protestant Dissenters, for Teaching the Children of the Poor to Read and Work…*, London: J. Clark etc., 1728, pp.16-46.

米德尔塞克斯大陪审团做出判决,将《蜜蜂的寓言》和《英国日报》视为不虔诚的诽谤刊物,但无可否认,曼德维尔等人的批判代表了当时一部分人的心态,认为穷人的孩子就应该尽早去工作,教育只会让他们对自己期许过高而变得不安于现状。这是一种古老的经济社会观念,站在既得利益者高高在上的立场对下层民众的教育予以否定和怀疑。教会人士的立场有所不同,他们关注的是民众尤其是下层民众的道德状况和慈善施予带给人们的心灵满足及自己侍奉上帝的虔诚。他们认为,慈善学校提供的教育灌输了虔诚、善、服从的宗教美德,虽然教义问答可以通过背诵而被记住,但为了全面理解圣经和教义,就必须更多地教给贫困儿童读写算的知识,使他们将来能更好地适应学徒身份和其他职业的工作。

对于曼德维尔的质疑和批评,教会在反驳的同时也做了应对。SPCK在年度总结中写道,"这个协会一向很小心地避免人们所批评的——慈善学校只会把孩子养得懒惰和骄傲,协会特别希望孩子被教导得真正谦逊,这是救世主给所有要做他门徒的人的戒律,以防他们从虔诚的教育中获得的好处会使他们过分看重自己。因此,教师们要时常牢记,要尽可能地监督孩子,防止他们产生这种危险的想法。要非常仔细地教导他们作为仆人的职责,并服从上级"[①]。不仅如此,SPCK还反复告诫慈善学校,"除了宗教教育和有用知识的教育之外,也需要悉心照料这些孩子,要用合适的方式去教导贫民儿童养成勤勉和劳动的习惯,这样他们可以成为良好的基督徒,成为忠诚而有用的臣民;他们愿意也适合被雇佣,不仅是在交易或服务行业,也可以在家政、航海或其他任何生意行业,被人们认为是对大众最有用也最有益的人"[②]。因此,很多慈善学校在宗教教导和阅读教学之外开

---

① SPCK, *An Account of the Origin and Designs of the Society for Promoting Christian Knowledge*, 1733, pp.17-18.
② SPCK, *An Account of the Society for Promoting Christian Knowledge*, p.4.

设劳动课程,比如纺纱、编织、家务等,使他们将来能更好地适应学徒生活或成为合格的家庭佣工,以至于后来许多慈善学校实质上变成了劳动学校。北安普敦郡就有一位哈里斯夫人,经营一所纺纱学校,招收了 100 名四岁以上的儿童,教授他们教义问答的同时,让这些孩子每天工作十三四个小时,她每年能赚取利润 500—600 英镑。许多地方也纷纷模仿哈里斯夫人,但却赚不到她那样的利润。① 这类慈善学校在办学模式上已偏离方向,尽管在某种程度上缓解了慈善学校的经济压力,也在表面上做到了让贫困儿童养成勤劳的习惯,但逐利的本质仍令人们对慈善学校原有的热情逐渐冷却,这也是慈善学校从 18 世纪三四十年代起就基本维持现有的规模没有进一步扩展的主要原因。到了 18 世纪末,主日学校开始盛行,它只在星期天进行教育,不影响这些贫困儿童其余六天时间里去劳作,更能把道德教化与不改变贫困儿童生活状况有机结合起来。因此人们的仁慈与爱心开始向主日学校倾斜,慈善学校渐渐被取而代之。进入 19 世纪后,慈善学校虽然依旧存在,但无论是在规模还是对下层民众的影响方面,都无法与主日学校相提并论,也无法复制 18 世纪的辉煌。

---

① P. Wadsworth, "The Charity School Movement, A Study of Eighteenth Century Puritanism in Action", *The Spectator*, 160, 2719 (1938); Periodicals Archive Online, p.190.

第二章
社会转型与新劳动者塑造:主日学校

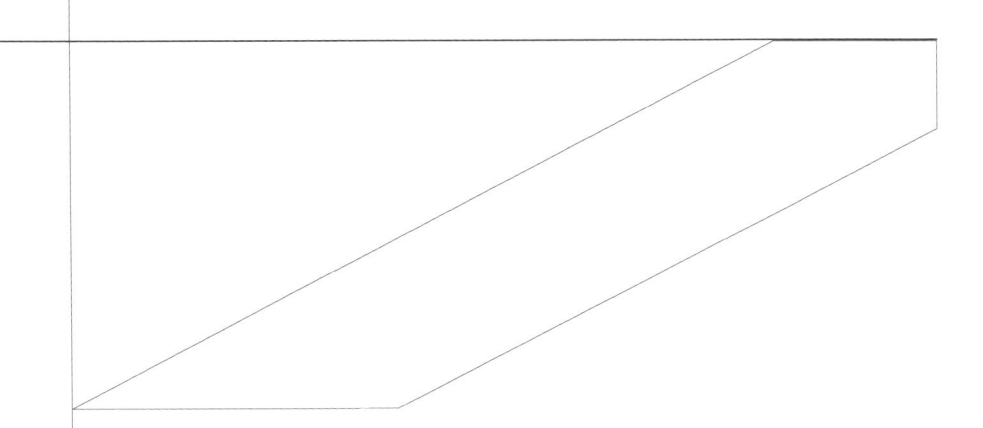

一、工业化早期对劳动者素质的要求及改善途径[①]

工业革命使英国的社会结构发生了根本性的变化,从农业社会渐渐过渡到了新型的工业社会。社会结构的变化带来了社会各阶层的价值理念、生活方式的相应变化。对于下层民众而言,这种变化显得尤其剧烈。那种由自己掌控自己的生活、自己控制家庭生产的过程并控制自己及家人生产节奏的怡然自得的生产生活方式,逐渐被工厂制特定的生产生活方式所取代。人们不再能控制自己的生产过程,不再能控制自己的时间,也不再能控制自己与家人的生活节奏。这种变化对于工厂制来说是必然,也是必需的过程,但对于下层人民来说却是痛苦的经历。他们中有的人逆来顺受,默默而无奈地承受着这种变化;有的人奋起抗争;有的人则消极怠工。与此同时,传统的习惯仍不时影响着下层民众的思想和行为:懒散星期一是其中最传统的习惯,这些习惯与严谨刻板的工厂制格格不入。因此在中上等阶层看来,如何向下层民众灌输守时、遵纪等工业时代必需的新习惯就成为重要问题,对下层民众的子女尽早进行教育则是重要的途径。

[①] 参见施义慧:《19世纪英国工人阶级子女童年生活转型原因探析》,《史学月刊》2006年第12期。

1. 工业化对劳动者素质的新要求

汤普森(E. P. Thompson)曾从时间的角度对工业资本主义社会对劳工的要求进行专题论述①。他认为,在农业社会中,人们对时间的概念是"以工作任务为导向"(task-orientation)的:

> 在农民的社会里,这也许是最有效的导向,在乡村和家庭手工业中这种导向仍然很重要。……关于"以工作任务为导向"可以指出三点。第一,以工作任务为导向的劳动比规定时间的劳动更能为人所理解,这是人类固有的感觉。农民或劳动者似乎总是听命于必须遵守的那些事情。第二,一个工作导向相同的社会共同体似乎在"工作"和"生活"之间几乎没什么区分。社会交往和劳动混合在一起——工作日按工作任务的具体情况延长或缩短——在劳动和"度过一天的时间"之间不存在很大的冲突。第三,对习惯于按时钟来规定劳动时间的人来说,这种对劳动的态度显得浪费,缺乏紧迫性。②

但是,以工作任务为导向的劳动在劳动力被雇佣的情况下变得复杂起来。这时候,时间开始变成金钱——雇主的金钱,一旦雇主必须雇佣家庭以外的其他人手,从工作任务导向的劳动向定时劳动的转变就明显表现出来。从17世纪后期开始,钟表逐渐改进和普及,到18世纪末和19世纪初已经开始进入普通劳动者的家庭(当然,价格昂贵、计时精确的金属表仍是普通劳动者不能企及的奢侈物)。这种发生在钟表上的变化,用汤普森的话来

---

① 参见[英]爱德华·汤普森:《共有的习惯》,沈汉、王加丰译,上海:上海人民出版社,2002年,第382—442页。
② E. P. Thompson, "Time, Work-discipline and Industrial Capitalism", *Past and Present*, No.38 (1967), p.60.

讲,"出现在一个精确的时刻,即恰逢工业革命要求一种更高水平的劳动的时候"①。这个规范工业生活新节奏的小小的工具,也是工业资本主义呼唤出来推进自己发展的比较紧迫的新要求之一。

因此,在工业资本主义社会中,节约时间是对劳动者提出的第一个素质要求,但这种要求显然与传统的劳动习惯格格不入。在以动力推动的大规模机器工业到来以前,劳动方式具有不规律的特点:"在对一个星期和(或)两个星期的工作任务作一般性要求时,如织多少布、打造多少钉子或制作多少双鞋,具体的工作日可以延长或缩短。"②但凡在工人可以自己控制劳动节奏的地方和行业中,人们的劳动节奏很不规律,一般都是在紧张与闲暇轮流交替之中度过一周的工作时光的。这种生产生活节奏中一个最突出的习惯就是"懒散星期一"(St. Monday)的习惯③,这是工厂制时期被许多工厂主和中上等阶层人士诟病的一种习惯。到了19世纪初,几乎没有哪个行业的人不喜欢懒散星期一的:鞋匠、裁缝、矿工、印刷工、陶工、织工、针织品工人、刀匠,所有的伦敦工人都有这个习惯。迟至1903年,一位自称为"一个老陶工"的人——查尔斯·肖,对这种不规律的工作节奏进行了敏锐的观察。他发现,在较古老的陶器制造业里,这种工作节奏一直延续到19世纪中期。在19世纪三四十年代,陶工们"对懒散星期一有一种虔诚的敬意"。星期一和星期二孩子和妇女虽然来上班,但一种"假日的感觉"盛行,日工作时间比平常短,因为陶工们这时多数时间都不在工地

---

① E. P. Thompson, "Time, Work-discipline and Industrial Capitalism", *Past and Present*, No.38 (1967), p.69.
② E. P. Thompson, "Time, Work-discipline and Industrial Capitalism", *Past and Present*, No.38 (1967), p.71.
③ 早在工厂制出现以前的1681年,约翰·霍顿就曾经对"懒散星期一"的习惯有过生动的描述:"当织造长筒丝袜的工匠的产品能卖好价钱的时候,人们看到他们很少在星期一和星期二干活,而是把大部分时间消磨在酒馆里或玩九柱戏……织工们与他们一样,在星期一酗酒,星期二头痛,星期三工具发生故障。至于鞋匠,通常认为,只要他们有一个便士的钱或值一个便士的信用……即使要被绞死,也要在星期一纪念圣克里丝平(St. Crispin, 3世纪时罗马的殉教者,鞋匠的保护神)。"(爱德华·汤普森:《共有的习惯》,第398页。)

上，他们正用上一星期挣来的工资喝酒。从星期三至星期六，他们工作的时间都特别长（每天长达14小时，有时甚至达到16小时）。①"老陶工"是一个持有自由派激进观点的卫理公会（Methodism）的世俗教士，他视这些（他所痛惜的）习惯为制陶工艺缺乏机械装置的结果；②他认为日常工作的纪律同样影响着整个生活方式和制陶业工人阶级的组织，机器意味着工业运转的纪律，如果一台蒸汽机在每个星期一早上六点钟准时开动，工人们就会养成规律的工作作息和持续勤奋的习惯。③"老陶工"查尔斯·肖的话揭示了工厂制中的机械化与传统手工业生产的本质差别：不同的生产体制需求的是不同的生产方式和劳动习惯。在新型的工厂中，工人的工作节奏和工作时间不再由自己控制和安排，而是由冷漠的机器操纵。一旦机器运转，工人必须全力以赴投入工作之中。在这样的工作环境中，一切都必须按部就班。浪费时间的行为不仅对工厂主是一种损失（因为机器一旦开动，必须始终有工人去操作它；对于资本家来说，时间就是金钱，他不可能让自己的机器闲着，而让他的工人在床上睡觉或者请一天的假）④，而且也是工人自己的损失（迟到或耽误了工作会招致严厉的罚款甚至被解雇）⑤。因此，守时是工业社会迫切需要的劳动者新素质之一。

除了时间观念之外，新型的工业社会对劳动者的另一个素质要求是遵守纪律的约束。在某种程度上讲，这和上述的"守时"问题有着密切联系，因为守时本身也是工厂纪律中很重要的一条。除了守时之外，工厂制对于工人还提出了其他方面的纪律约束，比如要正常上下班，不得随意旷工，工作时间内不得随意走动，不得高谈阔论，不能随意休息，等等。这些要求也

---

① Charles Shaw, *When I was a Child*, pp.16, 47, 49, 54.
② Charles Shaw, *When I was a Child*, p.81.
③ Charles Shaw, *When I was a Child*, pp.185, 186.
④ Gregory Clark, "Factory Discipline", *The Journal of Economic History*, Vol.54, No.1 (1994), p.130.
⑤ 比如沃斯利矿井对于星期一早晨旷工的人罚款2先令6便士。参见 Sidney Pollard, "Factory Discipline in Industrial Revolution", *Economic History Review*, Vol.16, No.2 (1963), p.262.

是与传统的手工业劳动习惯截然相反的。在传统的手工业中,工人们可以自由支配自己的时间,控制自己的劳动节奏,在想要休息的时候就可以到酒吧去喝酒散心,他们的劳动习惯与工厂纪律是格格不入的。一个袜商说:

> 我发现从工人的角度来说,他们最讨厌任何规范的工作时间或者规范的工作习惯……这些人自己也非常不满意,因为他们不能随意地进进出出、过他们想要过的节日、像他们过去习惯的那样干活。①

在工业化早期,当许多人到工厂去应聘的时候,"在听了对工作的第一项介绍之后,他们就对必须遵守长时间被困在厂房中从事正规劳动的纪律表示不满"。最为突出的是苏格兰高地人,他们"从来不会安安稳稳地坐在织机旁,这就仿如给一头鹿套上犁一样"。② 在工业化早期,工人们对正规的工厂纪律的不适应具体表现在他们的不正常出勤方面。一位工厂主在工业化早期的抱怨后来得到许多人的回应:"今天我的工人中来上班的还不到一半,我没有什么能力对这些人实施我的权力。"③

传统手工业中工人的自由散漫作风与工厂制严谨的工作作风格格不入。"工厂中的生活必须受到有效的规范。蒸汽驱动的工厂与工匠的手工作坊不同,它不能与不受约束的劳动共存。把酗酒、赛马与照管机器混在一起不仅对操作工来讲是危险的,而且对生产率来说也是糟糕的。"④许多早期的工厂主都经历过传统手工业者自由散漫的习惯给自己以及自己的工厂带来的苦恼。"来自农业或家庭手工业的劳工起初对于工厂的单调生

---

① Sidney Pollard, "Factory Discipline in Industrial Revolution", *Economic History Review*, Vol.16, No.2 (1963), p.255.
② Sidney Pollard, "Factory Discipline in Industrial Revolution", *Economic History Review*, Vol.16, No.2 (1963), p.255.
③ Sidney Pollard, "Factory Discipline in Industrial Revolution", *Economic History Review*, Vol.16, No.2 (1963), p.255.
④ Gregory Clark, "Factory Discipline", *The Journal of Economic History*, Vol.54, No.1 (1994), pp.129–130.

活没有好感,早期的工厂主经常发现自己面临一个最严重的困难:确保一个有效的心甘情愿到工厂工作的稳定的劳动力资源。"许多工人都是"临时性的短工、不能胜任工作的人以及离经叛道的人",要么就是些被描绘为"没有定性的人"。① 因此对于工厂主来说,他们最迫切需要的并不一定是更好的工人,而是稳定的工人;实际上,有过学徒经历的熟练工反而不受重视,因为他们在进入工厂之前已经形成了一些工作习惯。②

此外,工业社会对劳动者素质的另一个要求是勤勉。前面已经说过,传统手工业劳动比较自由散漫,劳动者可以根据自己的意愿决定工作还是不工作。但是工业社会中自动化机器的运转不考虑劳动者的意愿,这就要求劳动者必须养成勤勉的工作习惯,以适应自动化机器恒定的运转节奏。在这一方面,工业化的先驱阿克赖特(Arkwright)本人就曾经有过深切体会。他在自己的工厂中曾经对于"教育工人放弃散漫的工作习惯,并把自己和复杂的自动化机器的恒定规律协调一致起来"感到很困难。"在无法再忍受工人懒散习惯的情况下,他要求工人们工作的时候要注意准确性并保持警惕,而这在以前是闻所未闻的。"他最伟大的成就是"设计和运作了一套成功的工厂工作勤勉的模式"。他"必须训练他的工人学会以前根本不了解的精确和勤奋的习惯,但是他们不愿努力和难以驾驭的老习惯使他们不断对此反抗"③。但是,最终"迫使工人接受工厂纪律的"正是"机器本身"。"当缝制女用外套的工人从座位上站起来去呼吸一口新鲜空气的时

---

① Sidney Pollard, "Factory Discipline in Industrial Revolution", *Economic History Review*, Vol.16, No.2 (1963), p.254.
② A. Redford, *Labour Migration in England, 1800–1850*, Manchester, 1926, pp.18,20; Neil J. Smelser, *Social Change in the Industrial Revolution*, London: Routledge and Kegan Paul, 1960, p.105; Charles Wilson, "The Entrepreneur in the Industrial Revolution in Britain", *History*, Vol.42, No.145 (1957), p.115.
③ A. Ure, *The Philosophy of Manufactures: or, An Exposition of the Scientific, Moral and Commercial Economy of the Factory System of Great Britain*, London: Routledge, 1967, p.15; R. S. Fitton and A. P. Wadsworth, *The Strutts and the Arkwrights, 1758–1830*, Manchester: Manchester University Press, 1958, p.221.

候,她的衣服接缝就慢了一点,事情就是这样:没有人会等着她","在棉纺织厂中所有的机器都在运转,他们必须全神贯注于机器上"。①

2. 改善劳动者素质的途径

众所周知,传统习惯的力量是非常强大的。在英国从农业社会向工业社会过渡的工业化早期,工厂主们曾经遭遇的各种困难就是证明。为了对抗这些传统的习惯,工厂制时期的许多工厂主采用了约束和激励相混合的政策(即"大棒政策"和"胡萝卜政策")②。尽管工人们很不满意,但工厂中的纪律约束是非常严格的。这种约束一般分为罚款、揍打、解雇威胁或解雇等。

对于一般性的工作失误或者违反纪律情况,成年工人更多的是被处以罚款。罚款的额度不同的工厂有所差异,不同的违纪行为所受到的惩罚也有所不同。但比较一致的特点就是,罚款额度总体上来说都比较高,存心要让人心疼。有时,犯一个普通小错误的代价就是被罚掉两个小时甚至更多工作时间的工资。比如,韦奇伍德(Josiah Wedgwood)对于扔东西或者整夜不熄火的行为罚款 2 先令 6 便士,这个数额也是沃斯利矿井对于星期一早晨旷工的罚款。在斯托克波特的弗恩利工厂中唱歌或者醉酒要被罚款 5 先令,在梅瑟的矿井中,偷煤要被罚 5 先令。③ 对于成年工人来说,被解雇应该是最严重的惩罚。1821 年,在约翰·马歇尔(John Marshall)的亚麻厂,"这些指令非常严格,如果某个房间里的监工发现有人在工作时间内

---

① *Committee on the Labour of Children in the Mills and Factories of the United Kingdom* (Sadler's Committee), P. P. 1831 – 1832, XV, QQ, 1881 – 1882, 6065 – 6069; A. P. Usher, *An Introduction to the Industrial History of England*, London: Harrap, 1921, p.350.
② 工业化早期资本家解决自己面临的工厂纪律问题的方法大约可以归为三类:棍棒政策;胡萝卜政策;以及创造一种新的工作秩序和顺从纪律的风气。参见 Sidney Pollard, "Factory Discipline in Industrial Revolution", *Economic History Review*, Vol.16, No.2 (1963), p.260.
③ T. S. Ashton, "The Coal-Miners of the Eighteenth Century", *The Economic Journal*, Vol.38, Iss. Supplement 1 (1928), p.320; V. W. Bladen, "The Potteries in the Industrial Revolution", *The Economic Journal*, Vol.36, Iss. Supplement 1 (1926), p.130.

讲话,他将立即被解雇——每个房间都雇有两个以上的监工……每个人,包括经理、监工、机械师、给机器上油的工人、负责分纱机的工人、纺工和摇纱工,都有自己特定的职责,如果他们违反规定,他们会因为不适合这个岗位而被立即解雇"①。

工厂中的童工违反纪律所受到的惩罚一般是被揍打和罚款,其中揍打是最普遍的做法。揍打一般是成年工人对年幼学徒的惩罚,因为对年幼学徒而言,其他的制裁方法不太适用。在19世纪初的许多工厂调查委员会所收集的证据中,打儿童成了对工厂主的主要不满,也是各种工厂委员会面临的主要问题,尽管其中有一些证据可能夸大其词,但年幼的儿童在工厂中经常遭遇揍打仍是事实。在任何雇佣童工的地方,偶尔对注意力不集中的孩子轻轻地敲打一巴掌是不可避免的,更严厉的揍打并不十分普遍。许多大工厂主并不赞成揍打童工,但是他们可能会对监工的行为睁一只眼闭一只眼。诺丁汉的威尔森工厂经理萨缪尔·米勒(Samuel Miller)说道,"我们只在很少的情况下打孩子,不超过13或14次……我们使用的是鞭子",他是向工厂委员会承认揍打童工这个事实的少数人之一。然而,最诚实也最重要的证据来自棉纺师傅约翰·博林(John Boleyn)的证词。他说自己不能阻止他的纺工揍打孩子,"因为孩子们不时地需要进行行为纠正,但困难在于让他们不要打得过狠……打孩子对于师傅来说根本没有好处。有一天,三个孩子逃跑了,其中一个孩子的母亲把他带了回来,要求我们打他,但我没有允许,她请求我们再收下他,我同意了,然后她自己动手打了那个孩子"②。

---

① W. G. Rimmer, *Marshalls of Leeds*, *Flax Spinners*, 1788 – 1886, Cambridge: Cambridge University Press, 1960, p.119. Belper Round Mill 的建造就像一个圆形监狱:一个监工站在中央,对八个分区的进展情况一览无遗。(R. S. Fitton and A. P. Wadsworth, *The Strutts and the Arkwrights*, 1758 – 1830, p.221.)
② Sidney Pollard, "Factory Discipline in Industrial Revolution", *Economic History Review*, Vol.16, No.2 (1963), pp.260 – 261.

有时,工厂主为了改善劳资关系,也会对比较遵守纪律的工人给予适当的奖励或者津贴。韦奇伍德谈及自己管理传统习惯力量最强大的行业——制陶业工人的经验时说道:"鼓励那些总是按时来的工人,让他们知道厂方已恰当地注意到了他们有规律的工作习惯,对他们经常表示赞许,送礼物或送其他适合他们年龄的标记物,等等,使他们与不太守秩序的那些工人区别开来。"① 与此同时,也有许多比较开明的雇主探索能够改善劳资关系的新方法,偶尔利用宗教斋日和假日这种传统社会的典型特征,举办一些个人的宴会或者旅行活动,例如,马修·博尔顿(Matthew Bolton)在他的儿子成年时举办了容纳700人的宴会,韦奇伍德搬家到伊特鲁里亚的时候举办了容纳120人的宴会,1813年赫库兰尼姆陶器厂在利物浦的厂房开张的时候也为工人提供了饮食。② 这些活动不仅是和工人建立良好个人关系的好办法,而且也能给工人一年中单调的工作生涯带来一些变化。

尽管人们为了让工人阶级变得顺从起来想方设法,用尽了"大棒"和"胡萝卜",但这仍是治标不治本的做法。人们发现,改变已经养成自由散漫习惯的成年工人不仅困难,而且费时费力。因此,一些有识之士开始把目光转向对劳工子女的驯化上面,教育是灌输工业社会必需的劳动品质的最好办法。对贫民子女进行适当教育的思想早在17世纪末开始的慈善学校运动中就有所体现,1755年,道德家克莱顿(Clayton)赞扬把勤劳、俭朴、秩序和规律性教给孩子们的慈善学校:"这里的学生必须按时起床,必须严格地遵守各种时间规定。"但是把它与工业社会劳动品质的培训结合起来却是18世纪后期的事情,这就是主日学校的使命了。

---

① 爱德华·汤普森:《共有的习惯》,第409页。
② Sidney Pollard, "Factory Discipline in Industrial Revolution", *Economic History Review*, Vol.16, No.2 (1963), p.257.

二、主日学校

1780年代,英国已经开始工业化进程。生产方式的变革带来社会生活的剧烈变化。大量人口涌入城市,工业和城市迅速发展起来,由此也带来许多新问题,如贫困阶层生活状况恶化、住房拥挤和父母失业使很多贫困阶层的子女聚集在城市的大街小巷,无所事事,惹是生非。

1. 兴起

1781年,格洛斯特郡的报纸经营者罗伯特·雷克斯(Robert Raikes,1735-1811,如图2-1)创立了主日学校,其后十年里雷克斯陆续在格洛斯特创办了四所主日学校①。他的创举揭开了大规模主日学校运动的序幕。

雷克斯创办主日学校的直接原因,是他发现在当地工厂中上班的贫困儿童大多行为粗鲁,有的甚至对他人财产怀有觊觎之心,在主日这个神圣的日子里,成群的孩子却打打闹闹,他们这种被遗弃被忽视的状态,"让所有体面的人都极其恼火。我立刻下定决心做一些小小的努力来纠正这种

---

① 关于主日学校的起源,史学界有争论。尽管有不少史学家证明在17世纪就已经有主日学校了,但应该承认罗伯特·雷克斯在18世纪80年代通过连续在格洛斯特创办四所主日学校而使得主日学校名声响,同时也使自己成为当时人认可的主日学校运动的奠基者。

不好的情况"①。

雷克斯的做法就是创办一种在主日传授宗教知识的班级,主要招收贫困儿童,尤其是童工,在每个主日来班级里参加宗教仪式,学习宗教条文,附带学习一些粗浅的读写知识。为了教导这些孩子,雷克斯聘请了四名有一定教育经验(擅长教导孩子阅读)的妇女做老师,和她们签订协议,"每人每天一先令,在安息日照顾一定数量的贫困儿童"②。"孩子们主日上午10点到校,学到12点,然后回家,下午1点再到学校,学习一节课的阅读后,由老师带到教堂做礼拜。做完礼拜之后他们需要背诵教义,直到5点半放学,回家路上不准吵闹,也绝不可以在街道上玩耍。这就是大致的规矩。"③

图2-1 罗伯特·雷克斯,
主日学校创始人④

---

① Robert Raikes, "An Account of the Sunday-Charity Schools, Lately Begun in Various Parts of England", *Arminian Magazine*, Vol.8 (1785), p.41.
② Lewis Glover Pray, *The History of Sunday Schools and of Religious Education from the Earliest Times*, Boston: Crosby and H. P. Nichols, 1847, p.135.
③ Robert Raikes, "An Account of the Sunday-Charity Schools, Lately Begun in Various Parts of England", *Arminian Magazine*, Vol.8 (1785), pp.41-42.
④ 图片来源:"Robert Raikes and His Work", *Kind Words for Boys and Girls*, 26 June, 1880, p.408.

雷克斯学习班办学三年，成效显著。1784年6月，雷克斯撰文对他所办的这种班级的学习情况和开办宗旨进行了详细阐述，并将这种学习班称为主日慈善学校（sunday-charity school）。这是在正式场合给这种教学机构加上"主日"的名称，也使得它有别于18世纪一直存在的慈善学校，因为这种学校只在主日这一天上课。雷克斯在文章中称他创办的学校是"改造即将成长的这一代人的计划"，通过让穷人家的孩子在主日来上学，学习读书，背诵教义教规，或者任何有助于开阔他们思维的知识，"使他们认识到他们对上帝、对邻居和对自己的责任"，[1]这就是办校的宗旨。

主日学校在主日那天将贫困阶层的儿童聚集到教堂，既可防范或减少这些儿童在主日因为无须工作而在街道上无所事事可能引发的社会秩序混乱，又可以对儿童进行宗教指导，使上帝的观念渗入这些孩子贫瘠干涸的心田。罗伯特·雷克斯就是想要通过主日学校让贫民子女养成勤劳、遵纪、守时等习惯。他的善举也得到了当地神职人员的支持，"神职人员也提供了帮助，他们在主日下午来到学校，听孩子们背诵教义问答。这具有重要的意义。每季度有一位牧师在教堂里公开听他们背诵教义，并对他们的良好表现给一点奖励"[2]。许多孩子开始展示出学习的潜力，也渴望获得教导。最勤奋的孩子甚至还能获得小奖励（如书、梳子、鞋子以及其他衣物）。最令人惊异的还是这些孩子所发生的变化，雷克斯称之为"奇妙的变化"，一位雇佣了雷克斯主日学校许多孩童的大麻和亚麻制造商告诉雷克斯：

先生，变化大得不得了，他们从野性难驯的虎狼变成了人。他们的脾气、性情和举止，之前与野蛮的动物几乎没什么区别，但自从主日

---

[1] Robert Raikes, "An Account of the Sunday-Charity Schools, Lately Begun in Various Parts of England", *Arminian Magazine*, Vol.8 (1785), p.41.
[2] Robert Raikes, "An Account of the Sunday-Charity Schools, Lately Begun in Various Parts of England", *Arminian Magazine*, Vol.8 (1785), p.42.

学校建立之后，他们已经表现得不再是以前的无知生物了。当他们看到上级过来，温和地指导、劝诫他们，有时对他们的良好举止予以奖励时，他们会非常渴望获得他的友谊和良好评价。他们也变得更驯服和顺从，也不那么爱争吵和具有报复心了。①

从这一简短描述所显示的已经发生的改变来看，主日学校的普遍建立，在中上等阶层看来，会使下层阶级的道德观念有所改变。至少在某种程度上，它可以防止情况变得更糟。

所有早期主日学校的校规中都有规劝守时和守纪的条文："在星期天早上9点，下午1点半，每个学生都必须待在教室里，否则下星期天他将失去他的座位，并最后离开学校。"②因此，主日学校被中上层社会的人士看作通过教化改良社会的良策。各地纷纷仿效，一场规模宏大、影响深远的主日学校运动很快开展起来。

从雷克斯在格洛斯特创办第一所主日学校开始，在其后的半个世纪中，主日学校在全国各地陆续出现，大量招收贫困阶层子女入学。这一运动发展规模之大、速度之快和影响之深令人惊异。在50年的时间里，它从1801年的2 290所学校发展到1851年的23 135所学校③；招收的学生1800年约为20万人④，1818年为42.5万—45万人⑤，1833年在150万人左右⑥，到了

---

① Robert Raikes, "An Account of the Sunday-Charity Schools, Lately Begun in Various Parts of England", *Arminian Magazine*, Vol.8 (1785), p.43.
② 爱德华·汤普森:《共有的习惯》，第411页。
③ Eric Hopkins, *Childhood Transformed...*, p.130.
④ Thomas Laqueur, *Religion and Respectability*, p.xi.
⑤ G. R. Porter, *The Progress of the Nation in Its Various Social and Economic Relations from the Beginnings of the Nineteenth Century*, London: J. Murray, 1851, p.695 中的数字为42.5万人；但在Thomas Laqueur 前引书(p.xi)中这一数字为45万。
⑥ Louis James, *Fiction for the Working Man*, 1830-1850, Harmondsworth: Penguin, 1974, p.3; Thomas Laqueur 书中认为该数字为140万；Frank Smith, *A History of English Elementary Education*, London: University of London Press, 1931, p.220 中认为16 828所学校共招收学生155万人。

1851年大约在240万—260万人①。这些数据令人印象相当深刻,它雄辩地说明了在19世纪尤其在1870年教育法颁布以前,主日学校在为贫民子女提供教育方面做出的重要贡献。约翰·卫斯理(John Wesley)、亚当·斯密、托马斯·马尔萨斯等人都肯定了它的重要贡献,认为它"是人们在几个世纪以来的欧洲所见到的最高尚的机构"②。

2. 学习内容

主日学校主要是为贫民子女提供最基本的宗教教育。从18世纪末开始,这种宗教教育就把重点放在了通过信仰来拯救灵魂上面。它最大的目标是教育儿童阅读和理解圣经,人们期望他们在神的救助下长大成人;世俗的科目特意被排除在学校的课程安排之外。主日学校协会为各个主日学校制定的规章制度第4条明文规定:"基督教安息日的宗教观察是主日学校协会支持和鼓励的一个根本目标,学生们在这一天的练习应限于《旧约》和《新约》的阅读与拼写,并为此做好准备。"③不过有些学校也教一些世俗化的课程,有时也教写字。但是,在安息日是否应该教写字曾经引起激烈争论,卫斯理宗领导人杰贝兹·邦廷就认为在主日教儿童写字"是安息日的非常坏的恶习",从神学角度说这无疑是不恰当的——因为儿童听圣经、读圣经是一种"心灵的善良",而写字却是"凡夫俗子的技艺",可能助长"世俗优势"④。因此他所领导的卫斯理宗和英国国教一起成为反对在

---

① Thomas Laqueur, *Religion and Respectability*, p.246 中给出的数字是260万人;John Burnett, *Destiny Obscure*, p.141 中的数字是240万人。
② 约翰·卫斯理致查尔斯·阿摩尔(Charles Amore)的信,*Wesleyan Methodist Magazine*(1843),p.118.
③ Sunday School Society, *Plan of a Society Established in London, for the Support and Encourgement of Sunday-Schools in the Different Counties of England*, London, 1787, p.15.
④ [英]爱德华·汤普逊:《英国工人阶级的形成》,钱乘旦等译,南京:译林出版社,2001年,第409页。

主日教写字的主要力量；但也有一些教派对这一点几乎或根本不反对①。尽管在关于教写字的问题上，人们尤其是当代的一些历史学家对主日学校的看法和评价不一，但大部分人都认为在1870年教育法颁布以前，主日学校在塑造大众文化方面起着非常关键的作用。主日学校联盟和主日学校协会出版了大量的圣经、期刊杂志、布道书、教理问答、手册、赞美诗集、阅读和拼写的入门书等供主日学校的学生使用。1787年成立于伦敦的主日学校协会在他们的规章制度中就明确规定，"协会将为学生们提供圣经、旧约以及拼写教材"②。

尽管大部分主日学校只教阅读，而且这种阅读又只限于圣经和其他的宗教性的材料，但主日学校的教育仍提高了下层人民的阅读技能和文化水平③。在没有其他教育手段和教育资源向贫民子女敞开大门的时候，这样的教育尽管有着很强的宗教性，但它为提高贫民子女的文化水平所做出的贡献仍是弥足珍贵的。霍普金斯认为，主日学校在某些方面的作用可能被夸大了，"但是确实有相当数量的儿童去主日学校上学了，而且也确实在那儿学会了阅读。由于主日学校最主要的目的是教儿童阅读圣经，因此，无论主日学校的教师教得多差，许多儿童仍然不可避免地了解了基督教的基本知识"④。

许多工人阶级传记作者在自传中都提到了主日学校的学习经历，他们基本上都对去主日学校上学有着深刻的印象，很多人很高兴去那儿上学。约翰·詹姆斯·比泽（John James Bezer）在1851年写道，"我真的很喜欢我

---

① K. D. M. Snell, "The Sunday-School Movement in England and Wales: Child Labour, Denominational Control and Working-class Culture", *Past and Present*, No.164 (1997), p.129 note。
② Sunday School Society, *Plan of a Society Established in London, for the Support and Encourgement of Sunday-Schools in the Different Counties of England*, p.13.
③ Eric Hopkins, *Childhood Transformed*, p.131.
④ Eric Hopkins, *Childhood Transformed*, p.149.

的学校——当主日来临的时候,我不再哭泣"①。其实,主日学校对于贫困儿童的吸引力不仅在于它能为他们提供难得的教育机会,而且也在于去主日学校上学有着社会性的一面。在娱乐消遣机会仍然很有限的时代,主日学校各种各样的社会活动,从著名的圣灵降临节游行和水晶宫的大众合唱音乐会,到简单的幻灯放映以及每年一次的郊游,对于儿童、年轻人甚至他们的父母都具有巨大的吸引力;一些主日学校还成立了专门的儿童组织,如1839年的"少年禁酒会"(the Band of Hope)以及1883年创立的"儿童团"(The Boy's Brigade),它们的活动也增强了主日学校对贫困儿童的吸引力。在匿名的"康沃尔的流浪儿"(Cornish Waif)看来,去主日学校上学是"一生中最快乐的事情"②。这种热情中是否有宗教或者社会因素,我们无法了解,但是主日学校确实善于把这两者结合起来,通过区分各个班级以及组织唱诗班、比赛和各种社会活动来维持儿童和年轻人的兴趣,有些年轻人甚至在主日学校中遇到了未来的人生伴侣。

但是,主日学校的教育似乎不那么吸引人。比泽尽管承认自己很喜爱主日学校,却对主日学校的教育没有好感,"我在新门监狱学到的知识比在主日学校学到的要多",他对主日学校的不满主要是认为"那儿充斥着虚伪的话语和我的老师对圣经经文晦涩难懂的'解释'"。③ 他的观点也得到了父母亲都是主日学校教师的玛丽安娜·法宁厄姆(Marianne Farningham)的回应:

> 在主日学校中接受的知识非常明确而且是教条式的……我要用心去记圣经中的长篇大论……当然,我并不理解它们,甚至也不愿意

---

① John Burnett, *Destiny Obscure*, p.142.
② John Burnett, *Destiny Obscure*, p.143.
③ John James Bezer, "The Autobiography of One of the Chartist Rebels of 1848", David Vincent, ed., *Testaments of Radicalism: Memoirs of Working-Class Politicians 1790 - 1885*, London: Europa Publications, 1977, p.157. 比泽于1816年出生于伦敦东区斯皮特菲尔兹的理发师家庭。

这么做……至于我学习和背诵的赞美诗,我很惊讶竟然让孩子们来学习这样的赞美诗书籍。当然,和学校中的每一个人一样,我学会了这样的赞美诗:"有一个可怕的地狱,和永久的痛苦,在那儿邪恶者必定和恶魔一起生活在黑暗、火和镣铐之中。"地狱对我来说是一件真实的事情……①

许多教师,尤其是在偏远地区的教师,几乎就是文盲。本·布赖尔利(Ben Brierley)回忆道,19世纪30年代他就读于罗奇代尔附近的费士沃斯学校,这儿的老师甚至不认识两个音节以上的"难词"②。但这并不是普遍情况,也有一些主日学校教师教学认真,尽心尽责。比如工匠出身的克里斯托弗·汤普森(Christopher Thompson)是1820年左右的主日学校教师,他为教育学生花费了大量的时间。他习惯于在早晨5点钟起床,然后到各个班级巡视,提供服务并教他们唱诗,一直到晚上10点钟③;19世纪80年代的爱德华·布朗(Edward Brown)"通常一天要在公理教会和主日学校出现四次,十点钟到学校,十一点到教堂,两点半到学校,六点半再到学校一次"④。

3. 影响

严格来讲,主日学校和19世纪以前比较盛行的慈善学校在实质上并没有什么区别。从两者的目的来看,都是为了拯救贫困儿童的灵魂;从办学的方式来看,都是民间自主办学;从教育方式来说,都是以圣经和教理问

---

① Marianne Farningham, *A Working Woman's Life: An Autobiography*, London: James Clarke, 1907, pp.28 - 29.
② Ben Brierley, *Home Memories and Recollections of a Life*, Manchester: Abel Heywood and Son, 1886, p.12.
③ Christopher Thompson, *The Autobiography of an Artisan*, London: J. Chapman, 1847, pp.64 - 65.
④ John Burnett, *Destiny Obscure*, p.144.

答为基础。因此,用琼斯的话来说,"主日学校与慈善学校的区别……仅仅在于主日学校的教育时间只是一周的一天——安息日"①,而慈善学校则是每周六天的全日制学校。不过琼斯忽略了两者根本的差异,那就是它们对贫民阶层的文化水平所产生的影响的不同。1849—1850 年间担任《晨报纪事》(Morning Chronicle)调查员的里奇(Rich)曾引用一句他不断听人说起的话来描述主日学校的作用,"如果没有主日学校……兰开郡将成为一座人间地狱"②。

主日学校为贫困儿童打开了教育的大门。对于许多在 1870 年以前无法进入普通的全日制小学读书的贫困儿童来说,主日学校运动的扩展对他们具有非常重要的意义,它为成千上万每周必须在工作日去工作的儿童带来了教育机会。它的普及和扩展向英国人灌输了普及性的免费教育的观念,正是在这个观念的基础上,最终形成了国有全日制小学教育体制。主日学校通过与教会以及社会上"体面"人的密切联系,打破了中上等阶层对"大众"教育的偏见和抵制,即总是把文化的传播与社会不满情绪的扩散联系在一起的倾向。因此,托马斯·拉克尔(Thomas Laqueur)认为,当工人阶级中到教堂做礼拜的人越来越少的时候,主日学校成了一种独特的宗教亚文化中的重要部分,这种宗教亚文化"深深植根于主日学校所体现出来的教育、宗教和体面方面的伦理精神"③。

主日学校揭开了对贫民子女进行教育运动的序幕,到了 19 世纪中期,这个运动达到了高潮,同时也带动了英国社会对于贫民子女教育问题的关注,促成了英国国民教育体系的形成。这种因社会变化而产生的人们对于下层民众子女教育问题的关注不仅对于英国教育体制的形成具有重要意

---

① M. G. Jones, *The Charity School Movement: A Study of Eighteenth Century Puritanism in Action*, Cambridge: Cambridge University Press, 1938, p.144.
② Jules Ginswick, ed., *Labour and the Poor in England and Wales, 1849 - 1951*, I, Lancashire, Cheshire, Yorkshire, London: Routledge, 1983, p.67.
③ Thomas Laqueur, *Religion and Respectability*, pp.244 - 245.

义,而且对于下层民众子女来说,具有更重大的意义。在 19 世纪以前,教育一直是中上等阶层的特权,下层民众是不敢企及的。贫困儿童的命运本来是注定要从事各种各样的劳动,而不是在教室里接受教育。但是,由于新型的工业社会对于劳动者素质提出了与以往完全不同的要求,中上等阶层从维护自己利益的角度出发,开始把教育的橄榄枝伸向了贫困儿童。这种变化对于贫困儿童的生活来说,具有革命性的意义。

主日学校塑造了工人阶级。在大众识字水平前所未有的提升过程中,主日学校可以说是最关键的机构,它构成了城市生活的一个重要特征。主日学校的创始人最初只是把它当成一个教育工具,希望通过灌输虔诚和勤劳的习惯而控制和安抚社会。但是,事情的发展超出了主日学校先驱者们的预料。原本作为控制工人阶级的教育工具,却成为工人阶级成长的肥沃土壤。[①] 数千所主日学校为两百多万工人阶级子女提供了学习机会,为他们打开了知识的大门,激发了他们对于印刷文字的渴望,这种印刷文字不是那些宗教出版物所能满足的。工人的文化水平一旦提升,其发展就不可能被阻挡。工人阶级中的很多人是通过童年时代在主日学校所获得的粗浅的教育而提升了自己的文化水平,进而开始拥有激进意识。许多工人组织的成员,如工会联盟成员、宪章运动者,他们身上的独特品质,基本上是他们幼年时代在主日学校学习时养成并发展起来的。19 世纪上半叶大众激进主义的中心正是那些主日学校活动最活跃的区域。因此,主日学校在提升大众识字水平的同时,也为自我教育的工人阶级提供了获取文化养分的机会,成为酝酿大众激进主义的温床,其影响延续到了 20 世纪。这是主日学校创办者们始料未及的。对于许多人来说,主日学校的课程乏善可陈,学生的学习效果很差。但是对于有些人来说,主日学校是迈向更全面、更完善的教育的第一步。工人阶级激进分子本·布赖尔利回忆道:

---

① James Walvin, *English Urban Life 1776 – 1851*, London: Hutchinson and Co. Ltd., 1984, p.101.

因为想要学到比霍林伍德的主日学校所能教给我的更多的知识，我进了位于费士沃斯波尔大道的老学校(the old school)……在那里我遇到了一大批意气相投的人，他们和我一样，放弃了童年的信念，期盼成为男人，我们团结起来，形成了现在的技工学院的核心部分，当时的名字叫互助进步协会(The Mutual Improvement Society)。[①]

尽管这样的人并不多，但这些人曾在的各类主日学校的学生却很众多。到1851年时，有200多万儿童在主日学校上学，主日学校已经成为城市化的英格兰地理中的重要地标，也成为平民社会传播思想、提升大众识字水平的重要媒介。

[①] David Vincent, *Bread, Knowledge and Freedom*, London: Europa, 1981, pp.129-130.

第三章
工业社会与世俗化教育：导生制学校

从农业社会向工业社会过渡时期,对劳动者的素质要求是守时、遵纪、勤勉等品质,培养劳动者这些品质的根本方法,是对劳动者子女进行适当的教育,把他们改造成工业社会需要的劳动者。而这种教育强调的核心内容是道德品质的塑造,这种道德教育一般通过学校的宗教教导来进行。因此,在18世纪末19世纪初,大规模盛行的其实是主日学校、贫民免费学校这些以道德品质塑造为主的教育机构。但是,随着英国工业化进程的发展,城市化进程日益加快,19世纪的英国社会日益向工业社会转型,社会生活方式和经济组织方式都有了巨大变化,对世俗知识的需求日益增长,世俗化教育被提上日程。

一、世俗化教育的兴起

迈克尔·桑德森(Michael Sanderson)认为,"教育尽管对实际工作价值有限,但是对造就工业社会的作用非常大"①。进入19世纪后的英国社会需要世俗化的教育,传统的以宗教道德教育为主导的主日学校尽管发展迅猛,但不能满足普通民众,尤其是社会下层最基本的知识需求。

1. 工业社会对三R等世俗知识的新要求

随着工业化进程的发展,工业生产中技术发展程度越来越高,对于劳动者的文化水平提出了较高的要求。设计越来越复杂的机器远非年幼儿童所能驾驭,机械化的日益发展更需要有读写能力的成年工人来操作机器。以纺织业为例,在1779年的捣毁机器运动中,只有20个纺锭以上的机器被捣毁了②,因为这代表了当时最先进的机器;到了1835年贝恩斯(Baines)撰写《棉纺织工业历史》③的时候,五六百个纺锭的机器是正常现

---

① Michael Sanderson, *Education, Economic Change and Society in England, 1780 – 1870*, p.20.
② L. S. Wood and Albert Wilmore, *The Romance of the Cotton Industry*, London: H. Milford, 1927, p.278.
③ E. Baines Junior, *History of the Cotton Manufacture in Great Britain*, London: H. Fisher, R. Fisher, and P. Jackon, 1835, chap.10.

象,1 000个纺锭的机器也已经出现。在技术发展的同时,这种更先进的机器对操作工人的人数要求却降低了。来自国外的竞争也要求国内的工业实行现代化和集中化生产,新的转速更快的大型机器要求工人具备一定的文化水平,这与早年那种技术要求很低、工资很少、对体力要求较多的工人就业状况大为不同。约翰·朱克斯(John Jewkes)在《织工工资》的绪言中非常清楚地写道:

> 面对世界性的竞争,毋庸置疑的事实是,每个棉纺织业工人获得心仪工资的唯一途径是接受尽可能多的技术教育,这样每个工人才能值更高的工资。[①]

因此,技术的进一步发展对工人的素质提出了更高的文化要求。工人们不仅需要具备一定的读写能力,还需要掌握一定的机器运转与维护的技术,在一些危险的矿井和工厂中,能够阅读告示也可以有效减少生产中的安全隐患。阅读、写字和计算这些基本的世俗知识越来越成为工业社会生产必备的条件。

同时,城市工业社会的日常生活也鼓励人们拥有更高的文化水平。城市的经济生活在本质上对雇工的文化程度有一定要求,而城镇也日益成为印刷和出版的中心。[②] 从18世纪后期开始,英国出版业迅速发展。报纸数量增加,发行量也迅速增加,尤其是在伦敦和一些人口集中的大城市。伦敦有4份日报以及9份每周3期的报纸,还不包括那些办了又停、寿命短暂的报纸。地方各郡的情况与此类似,1760年有大约35—37份报纸,1782年已增加到50份。这只是出版界的冰山一角,除此之外还有大量的小册子、传单、文摘,这些印刷资料越来越廉价,面向普通城市民众成千上

---

① E. M. Gray, *The Weaver's Wage*, Manchester: Manchester University Press, 1937, p.viii.
② James Walvin, *English Urban Life*, 1776-1851, p.93.

万地兜售,在政治动荡和时局紧张时期尤其受到欢迎。① 同时,城市生活中书信往来频繁,起草遗嘱、契约,经手汇票,阅读通知广告等的场合也日益增多。这些都对大众的文化水平提出了一定的要求,比如能认字就可以通过阅读广告找到就业机会或买到需要的产品。因此,城市生活对基本的阅读、写字和算术能力有一定要求,这在一定程度上刺激了大众对基本的世俗教育的兴趣。良好的教育是维持日益复杂的城市社会平缓运转的必要条件。②

2. 工人阶级的政治崛起与对教育的渴求

从 1776 到 1800 年,再到 1815 年以后,剧烈的经济变化使得英格兰处于政治和社会运动的浪潮之中。这些年间,地方激进主义开始出现,它们很善于利用印刷文字的力量来扩大自己的影响。1792 年以后,在英国的城市,潘恩(Thomas Paine)的著作,尤其是廉价版和节略本的方便易得使得他对成千上万的工人产生了深刻的影响。潘恩很快成为英国工人激进运动的先知。在制陶业,"潘恩主义者的出版物遍布大多数人手中……尤其是熟练工人"。在曼彻斯特,潘恩的思想"对最底层人民产生了深深的影响"③。社会底层的成年工人中的激进情绪迅速累积,而且他们争辩的观点逻辑合理,表达清晰,文辞通顺。尽管政府试图通过恐吓、逮捕以及歧视法案等手段对这种思想的传播和工人文化的兴起加以遏制,却无法阻挡工人阶级阅读的热情。黑兹利特(Hazlitt)后来写道:"当他们意识到不可能阻止我们阅读时,对学识进步且有阅读能力的大众的恐惧……使教会和国

---

① James Walvin, *English Urban Life, 1776–1851*, p.95.
② Pamela Horn, *The Victorian Town Child*, p.72; Michael Sanderson, *Education, Economic Change and Society in England*, p.20.
③ Edward Royle and James Walvin, *English Radicals and Reformers, 1760–1848*, Lexington, KY: University Press of Kentucky, c1982, p.61.

家……迫切希望给我们提供他们认为最好的食物。"①在法国革命之后政治动荡的年月里,在激进运动达到高潮的19世纪三四十年代,不同的政府都几乎不变地表示出对激进的大众出版物的明显敌视。激进派与他们的对手就一点达成共识,用《贫民卫报》(*Poor Man's Guardian*)的话来说,那就是都意识到"知识就是力量"。激进分子把这一点作为信仰,而他们的对手们有产者阶层也因此竭力抵制它。在19世纪二三十年代,激进派和工人阶级组织及出版物尖锐地抨击印花税法,因为这是对知识的征税,他们认为这是平民阶层学习和掌握知识的障碍,是钝化工人阶级野心的工具。②

在工人阶级对自身的存在和地位开始觉醒的过程中,他们对学习和教育有了自己的认知。最明显的一点就是,他们并不满足于社会中上等阶层为他们提供的教育,尤其是道德改造性质明显的主日学校教育。一位工人出身的传记作者在对上百万人的经历和命运进行评判后愤怒写道:

> 我们的贫困已经成为阻拦我们去任何学校上学的不可逾越的障碍,除了所谓的慈善学校,以及极少量因为欺诈而分配给我们的教育——这些教育只允许学习足够"理解教义"的程度,有些人能书写自己的姓名,极少人学习计算的简单要素。因此,工人子女在取得这样的学识后,在年幼的时候就开始进入工厂或粪场上班,挣那少得可怜的几便士,以保证家里能买上一条面包。③

尽管有点愤世嫉俗的尖锐,但不可否认,他表达了工人阶级对教育收获和社会成就的态度。在家庭经济许可的情况下,许多工人阶级父母宁可选择送自己的孩子去收费略高但教学水平比较好、能让子女切实学到有

---

① Edward Royle and James Walvin, *English Radicals and Reformers*, 1760–1848, pp.59–60.
② James Walvin, *English Urban Life*, 1776–1851, pp.96–97.
③ David Vincent, *Bread, Knowledge and Freedom*, p.97.

用知识的私人学校。1837年,在沃灵顿,与许多工业地区类似,"责任感和兴趣,诱导很大比例的工人阶级对其子女的智力培养付出相当可观的特别费用"①。工人阶级教育消费者在选择时,并非总送子女去当地的教会学校,而是会经过精心鉴别,忽略那些教得差的,钟爱那些声誉好的。无论这种教育看起来多么不足,无论这种教育在未来能提供的社会、经济机会多么有限,无论现代历史学家觉得这种教育的目的和价值多么令人嘲讽,但这种嘲讽却是19世纪初的许多工人不一定能理解的,因为他们付出了如此大的代价来为子女寻求的这种最基本的教育其实是他们对自己及子女未来人生的一种期许。②

尽管很多研究英国教育发展史的历史学家习惯从教育的组织者和发动者的角度来看待工人阶级子女的教育,认为这是中上等阶层的教育家急于为工人阶级及其子女提供他们所认为的最好教育的结果。但是也有学者,比如拉克尔和沃尔文(James Walvin),并不认同这样的分析。他们认为:

> 工人在这里并不仅仅是被动的牺牲品;他们并不像许多历史学家刻意让我们相信的那样,仅仅是制陶工手中的黏土——社会地位比他们高的人可以捏出柔顺的可以控制的社会秩序的模型。他们是成千上万的工人,一代又一代,渴望为自己及子孙后代获得一些教育机会。③

3. 社会心态的调整与变化

随着工业化和城市化进程的发展,一些固有的社会态度和价值观念也受到了冲击。比如,人们对待学习和教育的态度,尤其是对普通民众教育的态

---

① Thomas W. Laqueur, "Working Class Demand and the Growth of English Elementary Education, 1750 – 1850", in L. Stone, ed., *Schooling and Society*, p.197.
② James Walvin, *English Urban Life*, 1776 – 1851, p.100.
③ James Walvin, *English Urban Life*, 1776 – 1851, p.98.

度,发生了巨大变化。在 18 世纪中期,劳工阶层的求知(无论多么粗浅)在中上等阶层的有产者看来,具有危险的颠覆性倾向,是令人怀疑而且也是令他们不喜的,因此遭到他们的强烈抵制。用一位农场主妻子的话来说,

> 下层社会的人命里注定穷困无知而邪恶;我们不应该改变命里注定的东西,让他们变得像我们一样聪明"①。

这里隐藏着对待贫困阶层求知的两种相互矛盾的心态:如果同意下层民众接受教育,可能会使他们变得聪明而有想法,更加不容易被愚弄,这令中上等阶层感到恐惧;如果不同意下层民众接受教育,他们将会继续陷于无知、粗野的状态,对地位高的人也没有太多虔敬之心,甚至会对中上等阶层的人身和财产安全造成威胁,这也令中上等阶层感到忧虑。

但是,一些有思想有远见的人已经注意到普通民众教育的必要性和重要性。亚当·斯密(Adam Smith)就认为,普通民众的教育能使国家受益匪浅。普通民众接受教育,能提高他们的知识与技能,有利于社会生产率的提高,从而促进国民财富的增长。即便给下层民众提供教育不能使国家得到经济上的即时收益,但这种教育仍然是有价值和意义的,因为它能使下层民众不至于陷入无知的状态。"在无知的国民间,狂热和迷信,往往惹起最可怕的扰乱。一般下级人民所受教育愈多,愈不会受狂热和迷信的迷惑。"对于那些煽动民众的不满不平之论,他们因有了见识也能探根究源,看透其本质,那些反政府的言论也就不能迷惑他们了。因此,人民有了教育,国家会受益匪浅。另外,人民受了教育,有了知识,"常比无知识而愚笨的人,更知礼节,更守秩序"。他们会觉得自己的人格更高尚,更可能得到比自己地位高的人的尊敬,因而就更加敬重地位高的人。简而言之,教育能使普通民众更为理性,使他们理智而不轻率任性地判断政府的行动,对

---

① R. Brimley Johnson, ed., *The Letters of Hannah More*, London: J. Lane, The Bodley Head, 1925, p.174. 转引自 James Walvin, *English Urban Life*, 1776–1851, p.98.

政府来说,"确是一件非常重要的事"。①

斯密的教育理念尽管没有得到当时英国主流意识形态的认同,但仍对部分中上等阶层的激进分子产生了一定影响。1807—1820年间,一些激进派议员,如怀特布雷德(Whitbread)、麦考莱(Macaulay)、布鲁厄姆(Henry Brougham)等人发起了为大众提供世俗教育的行动。他们促使议会对英国多个城市的儿童教育状况进行调查,并多次向议会提交有关改善贫困儿童教育状况的议案。1807年,怀特布雷向议会提交了一份初等教育议案,主张在全国各个教区设立小学,由地方政府或教会进行管理,授予地方征收不超过1先令地方税的权力,同时对7—14岁的贫困儿童给予2年的免费教育。此议案在下院通过,但被上院否决。时值约瑟夫·兰卡斯特为实现自己"为所有贫困儿童提供教育"的目标而推广其所创导生制学校模式,他的实验以及他的教育理念得到了这些激进派的欢迎和支持。布鲁厄姆、怀特布雷等人后来都成了兰卡斯特成立的"皇家兰卡斯特协会"的拥趸和核心人员。布鲁厄姆在1816年促成议会成立一个调查伦敦贫困儿童教育状况的特别委员会,历时两年,委员会提交了一份关于伦敦贫困儿童教育状况的报告,认为伦敦贫困儿童的教育状况堪忧,有机会接受零星教育的伦敦儿童不及半数,而且教育的内容基本就是诵读圣经。1820年,布鲁厄姆向下院提交了旨在改善贫困儿童教育的教区学校议案,但遭到否决。他在议会发言时说的一句话非常有名:"如果没有穷人,富人会怎样?如果金字塔没有基座,哪来的塔尖?"②尽管他们的行动没有成功,但他们为之付出心血的事业却在一定程度上使得他们的理念被越来越多的社会人士所了解,也在某种程度上渐渐促成社会观念的变化。到19世纪中期,

---

① [英]亚当·斯密:《国民财富的性质和原因的研究》(下卷),郭大力、王亚南译,北京:商务印书馆,2009年,第354页。
② Brain Simon, *Studies in the History of Education 1780 – 1870*, London: Lawrence and Wishart, 1969, p.151, note 2.

一种完全不同的论调开始流行起来,即无知和文盲对社会有害。确实,这是19世纪最引人注目的转变之一,识字水平和普遍的教育被看作社会凝聚力和社会稳定的黏合剂,而不是溶解剂。①

19世纪中期以后,人们对劳工提出的文化水平的要求越来越高。比如,"大北方"以及伦敦和西北地区铁路的主管拒绝雇佣不会读写的男孩子,大北方铁路公司的书记向纽卡斯尔委员会解释:

> 我们并不坚持要求行李搬运工获得教师颁发的教育合格资格证,但是他们必须能阅读和写字。所有人来的时候工资都是一样的,但是根据能力和坚持程度可以升到更好的位置。我们的职员中有许多人进来的时候是行李搬运工,现在有些人已经开始负责比较好的车站管理了,每年的收入在70英镑到100英镑之间,还包括一所房子。②

正因为如此,伦敦两条线路终点站周围的区域,许多工人阶级父母为了能让子女获得这些公司提供的就业机会,尽可能地让自己的儿子在学校里学习较长的时间,达到这些公司对雇工提出的文化要求。其他的工人阶层也认识到对教育投资能够获得良好的就业机会。比如,普利茅斯和布里斯托尔的技术工匠阶层,如泥瓦匠、木匠等,对绘画非常看重。"他们发现绘画在解释他们自己的观点以及理解他人的意图时非常有用。"一个木匠的话揭示了生意行业中可能存在的等级差别:

> 我是一个木匠,我儿子也可能成为一个木匠。现在能做楼梯的木匠获得的工资要高于不能做楼梯的木匠。做楼梯必须会画图,因而为了让我儿子将来获得更好的机会,我送他去学习绘画;为了这个目的,

---

① James Walvin, *English Urban Life*, 1776-1851, p.97.
② J. S. Hurt, *Elementary Schooling and the Working Class*, 1860-1918, London: Routledge and Kegan Paul, 1979, p.33.

我每周要多花一个便士。①

时代和社会的发展要求，使得 19 世纪的英国社会逐渐对于教育的价值形成了一种积极的观念，取代了 18 世纪末认为教育贫民识字只会导致反叛文学的传播以及使他们不愿意从事卑下的仆役工作的观念。② 转型中的英国社会对下层民众的文化水平提出了越来越高的要求，传统的以道德教育为主的宗教教育已经不能满足社会发展的需求，也不能满足劳动者自身对知识和自身发展前景的渴求，以阅读、写字和算术为主要内容的世俗化三 R 教育取代道德说教的宗教教育是适应当时社会发展需求的必然趋势。

---

① J. S. Hurt, *Elementary Schooling and the Working Class*, p.33.
② Michael Sanderson, *Education, Economic Change and Society in England*, p.21.

二、导生制与全日制普通小学

1. 贝尔、兰卡斯特与导生制

19世纪初,在英国政府还没有为贫民子女教育采取行动的时候,一种可以为贫民子女提供教育的新型教学组织方式却在实践中应运而生,这就是导生制(monitorial system)。这个体制是由安德鲁·贝尔(Andrew Bell,1753-1832)和约瑟夫·兰卡斯特(Joseph Lancaster,1778-1838)在各自的教育实践中摸索发明出来的。其基本原则是由教师对被挑选出来做导生的儿童进行教育,然后再由这些导生去教其他儿童。这些被挑选出来的导生一般都是10—11岁的儿童,他们负责实施对其他儿童的具体教学,教师的主要功能是指导导生,惩罚、奖励和维持整个学校的秩序。通过这种方法,一个教师在导生的帮助下可以教200多名儿童。因此,这种导生制又被称为"贝尔-兰卡斯特体制"。由于兰卡斯特在推广这种教育体制上做了更大的贡献,有时这种体制也被直接称为"兰卡斯特体制"(Lancasterian system)。

安德鲁·贝尔,1753年出生于苏格兰的圣安德鲁斯,英国国教牧师。16岁时,贝尔进入圣安德鲁斯大学学习数学和自然哲学。完成学业后,移居美国,在弗吉尼亚州一个烟草种植园主家里担任家庭教师。1781年返

图3-1 安德鲁·贝尔

回圣安德鲁斯,并接受国教委任,成为国教牧师。1787年,他去了印度的马德拉斯(Madras),在印度军中当牧师。1791年,他奉命担任马德拉斯男子孤儿学校的负责人,这所孤儿学校是由东印度公司为其士兵遗孤所设。学校教师的工资很低,教学质量也比较差。贝尔计划用沙盘来教学生书写,一些教师拒绝帮助。面对教师短缺的困难,贝尔认为有些教学可以由学生自己来完成。他挑选了一个聪明的8岁男孩,教他在沙子上写字,然后让这个孩子去教其他孩子们学习字母。这种方法很成功,贝尔把这种新的教学方式称为"互教互学"(mutual instruction),因为这种方法最初是在马德拉斯孤儿学校发明使用的,通常也被称为"马德拉斯制"(Madras system)。1796年,贝尔返回英国伦敦。1797年,他出版了小册子《一个教育实验》(An Experiment in Education),介绍了自己创立"马德拉斯制"的思想和具体方法。他把这种方法称为"整个学校在一名教师监督之下学生自教的方法"。贝尔曾经说过:"今天给我24个学生,明天我给你24个老师。"[①]他说,一名教师可以教1 000名学生,而费用相当节省,一英镑足够

---

① https://spartacus-educational.com/EDmonitorial.htm.

图 3-2 约瑟夫·兰卡斯特

500 名学生用,因为用小教师来教不需要费用。1798 年,阿尔盖特的圣波托尔夫学校成为英格兰第一所使用"马德拉斯制"的学校。

贝尔的思想当时并未引起人们太多注意,除了圣波托尔夫学校采纳了他的体制之外。在之后的几年中,另一位英格兰教育家异军突起,他就是约瑟夫·兰卡斯特。

约瑟夫·兰卡斯特,1778 年出生于伦敦的索斯沃克,是一位小店主的儿子,贵格会教徒。他很小的时候就意识到他对教学和赢得孩子们信任有着强烈的爱好和能力。他相信自己应该成为西印度群岛的传教士,为此,他在 14 岁时孤身离家前往布里斯托尔,打算从那里乘船前往牙买加,去为那里的穷人传播上帝圣言。但由于付不起船费,不得不作罢。[①] 1798 年,20 岁的兰卡斯特在父亲的屋子里办了一个班,把附近的几个穷孩子聚集起来,免费给他们传授基本的教育知识。1801 年,他在索斯沃克的巴洛路上租了一个很大的房间,在房间外贴了一个告示,"凡是愿意送孩子来接受免费教育的,可以入学;凡是不希望孩子免费接受教育的人,只要愿意也可

---

① https://spartacus-educational.com/RElancaster.htm.

以付学费"①。这所学校非常受欢迎,但由于大多数孩子都无法付学费,兰卡斯特发现自己雇不起助手来帮他教这些孩子。这迫使他采用利用年纪大的孩子教年幼孩子的方式。这个方式与贝尔的"马德拉斯制"异曲同工,兰卡斯特挑选几个年龄稍大的聪明好学的男孩子担任导生(monitor),他亲自教导生,然后由导生再分别去教授其他孩子。兰卡斯特精心设计了一套规范化的培训体系,使得那些被他挑选出来的导生可以同时向大批孩子传授阅读、写字和算术的基本知识。他把学生分成几个小班级,每个班级都有一名导生管理班级,班级里秩序井然,但气氛活跃,给所有关心并观察这种班级的人留下了深刻的印象。学校的最大宗旨是将费用维持在最低限度。学生的平桌上放着均匀地铺着干燥沙子的石板,他们就用手指在干燥的沙子上写字。从拼写或数学书上剪下来的页面被贴在墙上,供学生们抄写、学习和研究。这些课程由已经掌握了这门课的导生教授。兰卡斯特把他的这种教学组织方式称为"导生制"。兰卡斯特让最有前途的学生为他服务,这些学生将来也会成为教师。正因为如此,兰卡斯特也可以被视为英国教师职业培训工作的第一位先驱。②

兰卡斯特的教学实验取得了令人惊异的成功,他的巴洛路学校迅速发展,很快就有1 000多名贫困男孩进入学校接受教育。导生教学的引用使得兰卡斯特可以从繁重的教学中抽身出来,他频繁去附近城镇做讲座,宣传他的教学方式。1803年,兰卡斯特出版了他的第一本小册子《教育的改良》(Improvements in Education),详细解释了他在自己的学校中使用的教学方法。兰卡斯特的教学实践、讲座及其著作,使得其教育方式得到了上层社会人士的关注,贝德福德公爵、萨默维尔勋爵、萨塞克斯公爵、怀特布雷

---

① Jeffrey Stern, "Introduction", in Joseph Lancaster, Seven Pamphlets, Introduced by Jeffrey Stern, Reprint of the 1806 - 1811 Editions, Bristol: Thoemmes Press, 1995, p.vii.
② Jeffrey Stern, "Introduction", pp.vii - viii.

德先生等人注意到了他的尝试,为他提供了资助,供他建造教室。① 1805年,国王乔治三世把兰卡斯特召到韦茅斯,承诺他的教育计划不仅会得到他本人,还会得到王后和公主们的支持和庇护。关于这次召见,克罗斯顿(Croston)在为兰卡斯特所写的《约瑟夫·兰卡斯特生平传记》(*Sketch of Joseph Lancaster's Life*)中作了生动的描写:

> 进入皇宫后,国王说:"兰卡斯特,我找你来是让你给我介绍你的教育体制,我听说,你的体制遇到了反对意见。一位老师同时教 500 名儿童! 兰卡斯特,你是如何让他们守秩序的?"兰卡斯特回答说:"陛下,是按照陛下的军队所执行的同样的原则,即口头命令来管理的。"国王陛下回答说:"好,好,这不需要上了年纪的将军来发号施令,年轻人也可以做到。"兰卡斯特对国王说道,在他的学校里,教学任务被分派给导生,由他们实施教学。国王深表赞同,说道:"好。"兰卡斯特随后描述了他的体制;王室成员非常关注,而且非常高兴。当他介绍完后,陛下说:"兰卡斯特,我非常赞同你的体制,我希望我的国家中每个贫穷孩子都能学会阅读圣经;为了实现这个目标,只要你有所求,我都会帮你。"……陛下随即说道,"兰卡斯特,我会每年捐助 100 基尼",他又对王后说,"你应该捐 50 基尼,夏洛特,公主们每人 25 基尼",随后他又补充道,"兰卡斯特,你可以直接拥有这笔钱"。兰卡斯特说道:"陛下,这将会为贵族们树立一个良好的榜样。"王室成员都笑了,但王后对陛下说道:"这么好的事情,竟然有人竭力阻止他的发展,多么残忍啊!"国王回答道:"夏洛特,善良的人所寻求的回报在未来世界。"②

---

① Jeffrey Stern,"Introduction",p.viii.
② "Interview Between George III and Joseph Lancaster",*Chambers's Edinburgh Journal*,Iss. 462(1840).

王室的赞助给兰卡斯特带来了大量的资助,也给他带来了声誉。乔治三世希望在他统治下的英国,每一个贫穷孩子都能学会阅读圣经,兰卡斯特也被国王的愿望所鼓舞,他扩大了自己的学校规模,又开办了新学校。但是兰开斯特并不擅长经营,他的虚荣、鲁莽和奢侈使他很快债务缠身。1808 年,两位贵格会教徒——约瑟夫·福克斯和威廉·艾伦,以及激进政治家塞缪尔·怀特布雷德(S. Whitbread)替兰卡斯特偿还了债务,接管了学校的管理。他们随后成立了皇家兰卡斯特协会(Royal Lancasterian Society),鼓励并资助成立不受国教控制的学校。①

兰卡斯特把大部分时间都花在全国巡回宣传他的导生制教育方案上。1798 年至 1810 年间,他旅行了 3 775 英里,在 23 480 人的见证下发表了 67 次演讲。② 据他自己声称,截至 1810 年,在他的推动下建立了 50 所新学校,他的新的严格的"导生制",帮助 14 200 名儿童满足了教育需求。③

1816 年,兰卡斯特与皇家兰卡斯特协会的受托人产生矛盾,愤而离开这个组织。之后他在图廷建立了自己的学校,不久便破产,并因债务入狱。1818 年,兰卡斯特移居美国。之后的 20 年间,他尝试在纽约、费城、波士顿等城市传播自己的教育方式,并在巴尔的摩创办了一所学校,甚至还远赴委内瑞拉和加拿大创办学校,但这些学校都没有成功。1838 年 10 月,兰卡斯特在纽约出了车祸,不久因伤去世。尽管兰卡斯特本人在经营学校方面并不成功,但他的教育方式却对 19 世纪初的美国初等教育产生了一定影响。

---

① https://spartacus-educational.com/RElancaster.htm.
② https://spartacus-educational.com/RElancaster.htm.
③ Jeffrey Stern, "Introduction", p.viii.

2. 导生制教学的组织方式

在使用导生制的学校里,一个大教室安置许多排长课桌,每排约 10 多个学生,整个教室就是一所学校,共分 8 个班级。兰卡斯特在《教育的改良》以及其后出版的小册子中详细讲解了班级的划分以及组织不同科目教学的具体操作方式。

分班。按照兰卡斯特的划分,每个学校都需要根据学生的实际水平,把学生分成 8 个班级。以学习认字为例(如图 3-3),1—5 班属于字母班,1 班学习单个字母,2 班学习两个字母的词,以此类推,5 班学习五六个字母的单词,6 班学习旧约或圣经文本选读,7 班学习圣经,8 班层次最高,学习精选的阅读材料。学习写字和算术,也是如此按照由低分班到高分班学习。

关于导生制的教学组织方式,兰卡斯特在《英国教育体制》中用几幅图直观地予以展示。

GRADATION OF CLASSES IN LEARNING TO READ.

CLASS.	LESSONS.
1.	A, B, C.
2.	Two letters, as ab, &c.
3.	Three letters.
4.	Four letters.
5.	Five and six letters.
6.	Testament, or selection of Scripture lesson.
7.	Bible.
8.	A selection of the best proficients in Reading.

图 3-3 识字班的分班①

---

① 图片来源:Joseph Lancaster,*Improvements in Education*,London,1808,p.2.

教室布局。图3-4展示了教室的布置方式。教室顶端的平行四边形,表示的是教师的讲台。1—8的数字代表孩子们所在的班级,按照孩子们的学习水平由低到高排列。在这个平面图上,长条代表课桌,长条上的点代表在座位上的男生,他们都在石板上写字。每个班级的课桌前面都有一个小点,用来代表导生。导生的职责就是在课桌间来回走动,检查学生们在写字板上的写字情况和进步情况。当孩子们开始朗读时,靠墙有圆点的位置表示被导生选出来朗读的男孩子们,他们要在导生的监督下去朗读。每个班级课桌旁都有一个这样的朗读席位。课桌上有一块没有标注圆点的部分,表示这些座位上的孩子离开课桌去朗读或做其他事。在教室的另一边,空白的半圆代表的是阅读站(reading station),孩子们站着朗读或学习新课。半圆旁的空白条代表的是,当铃声响起时,孩子们从阅读站回来,站成一排,然后绕着教室走到自己的班级,并坐回自己的座位。① 这些活动使得教学变得多样化:它们能激发孩子们的活力,通过这些活动,使

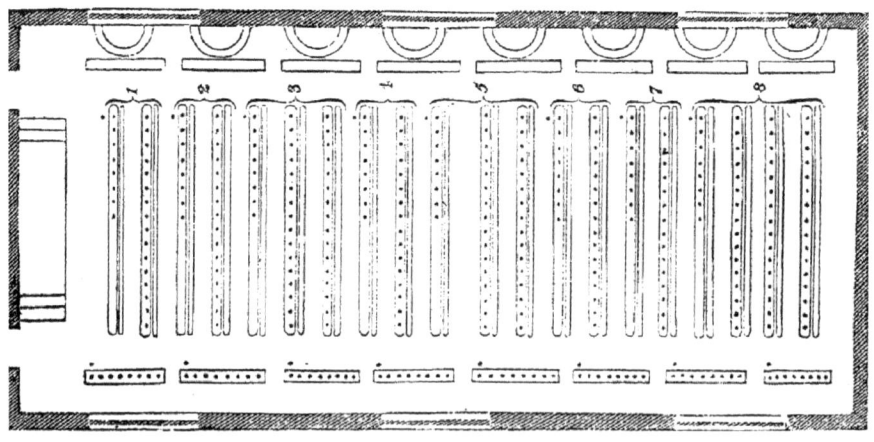

图3-4 兰卡斯特设计的导生制学校教室布局②

---

① Joseph Lancaster, *The British System of Education*, Bristol: Thoemmes Press, 1995, pp.54-55.
② 图片来源:Joseph Lancaster, *The British System of Education: Being a Complete Epitome of the Improvements and Inventions Practised at the Royal Free Schools*, London: Printed and Sold by J. Lancaster, and by Longman and Co. Paternoster-Row, 1810.

得教学场面更加生动,不仅对孩子们的健康有益,而且也使得孩子们更加快乐,他们从来没有连续两三个小时被限定在自己的座位上。教室四周的走道以及每排课桌之间的通道,对学校的秩序和活动有着很大的帮助。

上课。当导生开始教学时,他所教班级的孩子就站到本班的阅读站,围成半圆,墙上挂着或贴着从课本里撕下来的页面,导生则对着墙上的课文教孩子们认字或阅读。如图3-5所示,8个男孩子正在学习一篇课文,整个班级合用一份教材,导生手中拿着教棒,正指着课文中的某处。图中的8名男孩站姿端正,双手交握于背后,目光专注,学习态度很认真。

按照兰卡斯特的要求,导生制学校的教室一般很大,需要将8个年级都容纳进去,因此一般会选择空旷的仓库或大厅做教室。如图3-6所示,19世纪30年代的一所导生制学校可容纳1 000名儿童,只需要一位教师即可,导生们承担了教学的职责。

图3-5　导生教学场景①

---

① 图片来源:Joseph Lancaster,*The British System of Education*,1810.

图3-6 1830年代的导生制学校,一名教师可教1 000名儿童,导生负责教学①

在学习新课时,每个班的孩子会在导生的带领下到本班的阅读站去上课。如图3-7所示,学生们在8个阅读站上课。每个阅读站对应的是不同的年级。实际上在这里除了可以学习阅读,同样可以学习拼写和算术。图中的8个阅读站中共有56个孩子在上课,他们每人只需要交2便士,但这个费用不包括他们学习用的纸板;当他们学完了,就回到自己的座位,在石板上练习书写,而另外的56个孩子则可以去阅读站学习同样的课程,之后再是另外的56个孩子;因此,一个上午,这8个班可以教授300多个孩子学习阅读和拼写,这相当于发挥了300本书的价值,这可值很多个先令,而通过这样的方式组织教学,只需要花费不超过16便士的纸张和印刷平均费用。②

当学生们在阅读站学习了新课回到自己的座位上后,就由导生教导孩子们在石板上练习书写。如图3-8所示④,导生站在他的地盘上,手拿一根尖棍,这样便于他指出谁写得最好,而不至于碰到石板上的字,不小心把

---

① 图片来源:Brain Simon, *Studies in the History of Education*, 1780-1870, p.129.
② Joseph Lancaster, *The British System of Education*, p.54.
③ 图片来源:Joseph Lancaster, *The British System of Education*, 1810.

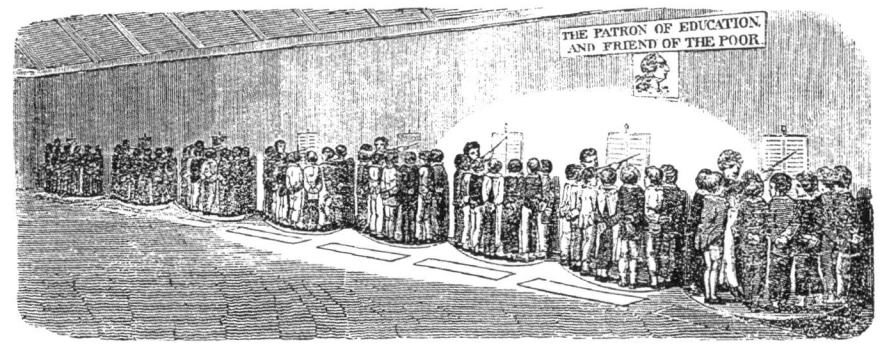

图 3-7　导生制学校上课场景：8 个班的孩子在导生带领下在阅读站学习新课①

图 3-8　导生制学校的导生教习孩子们在石板上写字

字擦掉。图中的男孩子们坐在教室的第一排桌子旁,他们在导生下达"展示石板"的命令时,展示着自己的石板。图中的孩子们写的并不是一个单词,而是一个句子:"国王万岁!"(Long Live the King)这是每一个真正的英国人都希望镌刻的话,不仅刻在记忆中,而且刻在年轻一代的心中,以此表达对君主的敬意,他在人民的爱戴中统治着国家。

---

① 图片来源:Joseph Lancaster,*The British System of Education*,Preface.

3. 导生制的兴盛

在兰卡斯特的努力之下,兰卡斯特制即导生制在19世纪初迅速传播开来。许多社会上层人士对于这项给社会下层贫民子女提供教育福祉的善行产生浓厚的兴趣,甚至英王乔治三世也领着王室成员为兰卡斯特的学校捐款。兰卡斯特在1808年再版的《教育的改良》的序言中描写了几年间他的教育体制所取得的进展以及所获得的认同:

> 近来,王后和公主参观了我的学校,她们怀着仁慈之心,对这个体制的节省费用以及学校的秩序感到高兴。
>
> 改善贫民状况协会也雇佣了我学校中的一名男孩子去为他们组织成立一所学校。这所学校容纳150名男童,他们的纪律情况令人愉快,堪称典范,他们的进步也显而易见。这个男孩子还曾经去达勒姆帮助教区主教实现他仁慈的教育穷人的计划。
>
> 还有一位18岁的小伙子,苏塞克斯的西福德,应约翰·里奇议员以及当地的法官所请,建立了一所学校,为60名儿童提供教育。另一个不到17岁的小伙子,在一个码头院子里创办了一所学校,可容纳250名儿童,为当地的许多工人子女免费提供教育。另外还有一个男孩子打算在英国的第一个海港创办一所学校,为700名儿童提供教育。威尔士亲王慷慨地为利物浦的学校捐献了100基尼,用于建一个教室,这是我所见过的最好的教室。①

兰卡斯特本人的巴洛路免费学校也有了极大的改善,有4 000多名儿童享受了免费教育的福祉。坎特伯雷市的上层人士也对兰卡斯特的教育方案非常

---

① Joseph Lancaster, *Improvements in Education*, Preface, p.ii.

感兴趣,在市长 J. S. 布朗以及副市长约翰·阿伯特等人的推动之下,在坎特伯雷大主教的旧宫殿中开办了一所可容纳 300 多名儿童的学校,两天的时间内就有将近 300 名儿童申请入学。多佛的议员代表约翰·杰克逊也在多佛建立了一所可容纳 250 名男童的学校,主要供领航员和航海人员的孩子入学。因此,1808 年时,兰卡斯特自信地宣称:"根据我的所为以及所见,我相信整个国家的声音,是赞成对帝国所有的年轻人提供教育的。"①

1808 年,贵格会教徒约瑟夫·福克斯和激进政治家塞缪尔·怀特布雷德等人成立了新教徒性质的皇家兰卡斯特协会,1814 年改名为"英国及海外学校协会"(the British and Foreign School Society,一般简称"英国协会")。该协会的目的是建立没有教派之分的学校,"引导学生学习有益的不带争议的基督教基本原则"②。兰卡斯特一直主张,教育不应该具有明显的教派特征,而应该是不分教派的宗教指导。1811 年发表的一份报告显示,在兰卡斯特所教育的 7 000 名儿童中,没有一人受他影响成为贵格会教徒。③ 但后来这个协会后来越来越倾向于新教。

新教性质的皇家兰卡斯特协会的成立以及兰卡斯特制的迅速普及,使得国教中的贝尔支持者们对事态的发展开始关注起来。萨拉·特里默(Sarah Trimmer)曾经用贝尔的教学方式对她的 12 个孩子进行教导,她在 1805 年写了一本书对兰卡斯特的教育方案进行了抨击,书名极其冗长,《约瑟夫·兰卡斯特先生在他关于贫民子女教育的短文中鼓吹的教育新方案,与我们虔诚的前辈们根据改革后的宗教原则为国教的年幼成员们的启蒙所奠定的宗教教育体制的比较》④。她在书中警告国教徒,兰卡斯特的

---

① Joseph Lancaster, *Improvements in Education*, pp.iii – iv.
② John Burnett, *Destiny Obscure*, p.147.
③ https://spartacus-educational.com/RElancaster.htm.
④ Mrs Trimmer, *A Comparative View of the New Plan of Education: Promulgated by Mr Joseph Lancaster, in His Tracts Concerning the Instruction of the Children of the Labouring Part of the Community; And of the System of Christian Education Founded by Our Pious Forefathers for the Initiation of the Young Members of the Established Church in the Principles of the Reformed Religion*, London, 1805.

例子可能会促进非国教派在英国的发展壮大,"国教处于危险之中"①。贝尔在 1808 年回应了特里默夫人的担忧,他出版了《全国协会概述》(Sketch of a National Institution),在这个小册子中他敦促国教在全国范围内推广使用他的教学方法。但是,进展很缓慢。因此,贝尔在 1811 年成立了"英国国教改善贫民教育全国协会"(the National Society for Promoting the Education of the Poor in the Principles of the Established Church,一般简称"全国协会"),他亲自担任这个协会的负责人,在威廉·华兹华斯(William Wordsworth)、萨缪尔·柯勒律治(Samuel Coleridge)和罗伯特·骚塞等人的帮助下,这场运动迅速发展起来。②

全国协会的目标是在全国各个教区建立一个国教的学校,它的学生需要学习教义和礼拜仪式,而且要长期坚持参加他们所在教区教堂的礼拜仪式。

这两个团体都依靠其教徒的自愿资助,最初提供的都是免费教育,但很快就因为经费问题而被迫收取学费。两者相比之下,全国协会的规模和影响要大一些。它们都运用了导生制,英国协会应用的是由兰卡斯特发明的导生制,全国协会应用的是贝尔的马德拉斯制。

无论是英国协会的兰卡斯特制还是全国协会贝尔的马德拉斯制,其本质都是导生制。由于这一体制的运作费用非常低廉,两个协会都在尽可能大的范围内建立面向贫民子女的普通全日制小学。据 1830 年全国协会的统计,在全国协会领导之下的学校共有 3 678 所,招收的学生达 34.6 万人,在这些学校中单纯的主日学校有 1 083 所,既是全日制普通小学又是主日学校的共有 2 595 所。③ 从这个数字可以看出,宗教性很强的教育团体在

---

① 转引自《爱丁堡评论》发表的关于特里默夫人所写书的批驳书评,参见 Francis Jeffrey, ed., *The Edinburgh Review*, 1802 - 1929, Vol.9, Iss. 17 (1806), p.180.
② https://spartacus-educational.com/EDbell.htm.
③ Henry James Burgess, *Enterprise in Education: The Story of the Work of the Established Church in the Education of the People Prior to 1870*, 1958, pp.42 - 43.

为贫民提供教育方面做出了巨大的贡献。从 1833 年开始,在少量(后来日益增多)的政府补助的帮助之下,这两个协会在为贫困儿童提供就学名额方面取得了更加令人瞩目的成就。据统计,1851 年全国 210 万普通全日制小学就学名额中有 140 万是由这两个协会提供的,而且正是它们的努力才使得全国人口中的上学比例在过去的三十年中由 1/17 上升到 1/8。①

尽管导生制成就斐然,但因其追求费用廉价的内在原因,也招致了一些有识之士的严厉批评。人们认识到导生制所取得的成就是"以低水平、大班级和适应'导生制'的机械化教学方法为代价的"②。当时有的学校招收的学生人数高达 1 000 多人,却只有一名男教师。这些男教师主要是不能从事其他行业劳动的男人,他们正好能够达到教会团体对教师学术水平的低要求。无论是兰卡斯特还是贝尔都在他们的学校中创办了培训部门,这样可以使得新招募的教师能够"达到"教师的要求,但他们都抱怨这些人素质太低,有许多人"不会写字,甚至不会阅读"③。导生们除了学习需要教授给其他儿童的那些内容之外,几乎没有时间学习超出这些内容的其他知识,因此人们批评这一体制也使得他们成为其受害者。这样的批评似乎在托马斯·邓宁(Thomas Dunning)的回忆中得到了印证,他在 1820 年自己七岁的时候在纽波特帕格内尔的全国协会学校中上学,"学到的东西很少",他如此说道:

> 能够读得有点差强人意的男孩子被任命去教那些年幼的孩子或者低年级班级。我就是其中之一,我几乎没有时间去学习写字或算术,也没有时间去学习语法或地理。我们的校长约翰逊先生是教区执事,他必须在星期三和星期五负责敲响教堂祈祷的钟声;为此他把年纪最大的几个孩子送去负责敲钟,我也是其中之一。所有的学生都必

---

① John Burnett,*Destiny Obscure*,p.147.
② John Burnett,*Destiny Obscure*,p.147.
③ John Burnett,*Destiny Obscure*,p.147.

须在星期三、星期五和星期天去教堂做礼拜,而且要喋喋不休地吟唱圣歌。①

但是在19世纪前期,盛行长达三十多年、招收了数以百万计的贫困儿童的事实让我们不得不相信导生制的成功。以费用低廉为特征的导生制,不仅适用于普通全日制小学,也适用于当时的主日学校,甚至还普及到了普通中学和公立学校。② 19世纪上半叶几乎所有上过学的贫困儿童都是在导生制的指导下接受知识的。在当时人看来,它的优点在于它展示了"适用于教育目的的劳动分工"。学校中所教的内容是以这样一种简单的方式分解的:导生们根据卡片来教课,每一课分解成能够让学生用心记住的几个部分,导生的讲解不能超出卡片的内容。实际上,由于导生自己也所知无几,他们根本不可能超出授课范围。因此这被当成导生制的一个优点。当孩子们学会了一篇稿子的内容之后,他们就可以升到另一个班,根据学生的学习能力划分学习小班的原则可以说是英国教育的一个重要创新。一百多年后的教育史家亚当森(J. W. Adamson)评价道,"这种交互体制的关键是只雇佣一个老师,他只负责教导生,导生再把学到的知识传授给他的同学们……尽管有缺点和不足之处,但贝尔和兰卡斯特的工作还是产生了重要的影响。这使得在全国范围内提供普及教育变得可行,它在一定程度上弥补了教师缺乏的状况,并且提供了一个粗略的教师培训方案,为学生—教师教育体系做好了准备"③。《英国人物传记词典》(*Dictionary of National Biography*)也对贝尔和兰卡斯特的导生制进行了客观的评价:

兰卡斯特有资格被当作英国教师职业培训工作的第一人……兰

---

① Thomas Dunning, "Reminiscences of Thomas Dunning 1813 – 1894", in David Vincent, ed., *Testaments of Radicalism*, pp.119 – 120.
② Eric Hopkins, *Childhood Transformed*, p.135.
③ J. W. Adamson, *English Education*, *1789 – 1902*, Cambridge: Cambridge University Press, 1930, pp.24 – 25.

卡斯特和贝尔的工作在当时的环境下是对特殊需要的尝试,也是针对当时穷人教育的恶劣状况所作的尝试,具有巨大的价值。他们以很小的代价把成千上万的孩子带进令人钦佩的纪律中,给了他们最基本的教育,并赋予他们学习更多知识的雄心。更重要的是,他们从一开始就在学校实施"交互"教学,把学校当作一个有组织的团体,在这个团体中,所有成员都要相互帮助……①

应该说,由教会资助或直接创办的学校无疑为贫困儿童提供了很有价值的教育机会。但也应该看到,这些学校的建立只不过是人们为建立一个充分的大众教育体制所进行的长期斗争的起点,它们所触及的也只是英国儿童人口中很少的一部分。显然还需要建立更多的学校,但自助办学团体的资源非常有限,政府的资助成为解决这一问题的关键。但正是围绕着政府对教育的介入和资助问题,各教派之间以及教会和国家之间对国民教育的控制权进行了长达几十年的斗争,这种斗争在一定时期内阻碍了国民教育体系(national education system)的进程,但最终却促成了国民教育体系的建立。

---

① Jeffrey Stern,"Introduction",p.ix.

三、以女私塾为主的贫民私立学校

在 19 世纪针对贫困儿童的教育机构中人们争议最大的是一种被称作"女私塾"(Dame School)的贫民私立学校。在 19 世纪中期的一些议会委员会报告以及学校督导们的年度报告中不断出现对这类学校的批评,使得这类学校给人们留下了效率不高、环境恶劣的印象,甚至还被贴上了"肮脏"和"污秽"的标签。但是在许多维多利亚时期贫困儿童的经历中贫民私立学校却给他们带来了与政府官员不同的感受。

1. 女私塾的历史渊源

女私塾是一种有着较深历史渊源的学校类别。从其名字中的 Dame 就可以看出,它是一种由中上层社会受过教育、有一定年纪的女子所办的学校,更准确地说,是一种学前预备班,是中上等阶层的孩童在去公学或其他正规预备学校之前接受启蒙教育的地方(如图 3-9)。后来,这种模式也被下层社会所模仿,一些识字的妇女在自家房间,收几个邻居家的幼儿,对他们进行最基本的文化启蒙。《柯林斯字典》对它的解释是:(formerly) a small school, often in a village, usually run by an elderly woman in her own home to teach young children to read and write。即旧时年长妇女在

图3-9 伊丽莎白时代的女私塾①

自己家里开办的教授阅读和写字的乡村小学堂。本书为了阅读和理解的便利,统一使用"女私塾"这个名称。

19世纪以前,在教会和慈善团体为下层民众提供的慈善教育以外,贫困儿童能够接受教育的唯一机会就是一些私立小学。这些私立小学往往以女私塾为主。

从现有的零星资料可以看出,在一些工业生产不太发达的农业地区,贫困儿童上学的机会可能多一些。许多村庄有女私塾,尤其在东盎格利亚

---

① 图片来源:John Lawson and Harold Silver, *A Social History of Education in England*, London: Methuen and Co. Ltd., 1973, p.138.

一带,这类乡村学校比较多。在萨福克的每一个城镇,无论规模大小,比如德伯纳姆、博克斯福德、伍德布里奇、拉文纳姆或者朗梅尔福德,都有自己的学校。许多村庄也是如此。伊普斯威奇除了不登广告的文法学校和慈善学校以外,有八所这样的学校,另外还有四所在附近的村庄,图登纳姆两所,克莱顿一所,欣特尔沙姆一所。① 18世纪的利明顿也有这样的学校。利明顿现在是一个人口超过4.5万人的繁荣的自治城市,但在18世纪只是一个人口300人左右的贫困小村庄。在温泉泉眼发现以前,利明顿人祖祖辈辈的生活方式以农业为主,那儿的人民生活非常贫困。在1783年利明顿仍没有一所学校。当地贫民能够接受教育的渠道主要有两种,一种是师傅在家中对学徒的教导,另一种是不知名的妇女所创办的女私塾,她们"一边向他们传授自己非常有限的知识,一边充当保姆的角色。18世纪30年代,在米尔弗顿还存在着一所这样的学校"。一个生活在利明顿的人回忆说:

> 我被送到一所女私塾去接受少量教育,这所学校是一位叫哈孟德的女教师开办的,它坐落在现在的利明顿温泉(Leamington Spa)的尤宁路西北角的一个很小的棚屋中。②

在大多数的大城镇中,教育设施要稍差一些,但会有一些收费比较低廉的夜校。③ 学校设施最差的地方是约克郡西区(West Riding)。许多地方的教区牧师通过教阅读和基督教宗教原则可以得到几个先令的捐赠。对于大多数父母来说,经常要依赖"有用的人来教育他们的孩子,他们把子女送到那人家里去学阅读英语,有些孩子也学写字,家长们则付给那人一

---

① J. H. Plumb, "The New World of Children in Eighteenth-Century England", *Past and Present*, No.67 (1975), p.74.
② Frances O'Shaughnessy, *A Spa and its Children*, p.2.
③ N. Hans, *New Trends in Education in the Eighteenth Century*, pp.87-92.

图3-10　雷兹贝克的女私塾，始建于1780年，主人是雷兹贝克的约曼农民，1857年翻修，20世纪后期用来居住。该建筑石墙，斜顶铺瓦，两层单间。

定的学费"[1]。这就是女私塾。

这种在乡村地区和城市贫困地区出现的女私塾与中上层社会流行的女私塾实际上有着较大的差别，用伦斯特麦凯的话来说，两者具有不同的阶级含义。"从一般性的传记和国民传记辞典中可以发现，'女私塾'这个术语不仅可以用来描述工业城镇中肮脏的街道后面最低等的教育，也可以用来表示男童在入学前所上的较早的、有健康意识的预备学校。中上等阶层的男孩子在去公学或者其他正规的预备学校上学前有可能被送到女私塾接受最基础的教育"[2]。但是，本书所要讨论的女私塾是这种教育机构的低层次——针对贫困儿童的女私塾，也就是伦斯特麦凯所说的"工业城镇中肮脏的街道后面最低等的教育"。

---

[1] J. H. Plumb, "The New World of Children in Eighteenth-Century England", *Past and Present*, No.67 (1975), p.73.
[2] D. P. Leinster-Mackay, "Dame Schools: A Need for Review", *British Journal of Educational Studies*, Vol.24, No.1 (1976), p.34.

图 3-11　上斯特拉顿的格林路 19 号，该建筑为茅屋，最早可能建于 17 世纪，是一所女私塾。

2. 女私塾的兴盛——19 世纪前期

19 世纪初，导生制的兴起为下层社会的儿童打开了一扇教育大门。但这种学校的学习效果不尽如人意，因此许多父母选择将子女送到某个邻居开设的女私塾。

到了 19 世纪 60 年代，据统计大约有 1/3 的在学儿童上的并不是导生制小学，而是私人学校或者由女房主经营的女私塾。这种私人学校主要是由一些个人出于盈利（更准确地说是谋生）的目的而创办的。到底有多少贫困儿童在这种家庭私立学校中接受过教育，这个数据比较难统计，一是因为在 19 世纪初这方面的统计数据很少；二是因为在 19 世纪中期对这类学校的统计总是和其他私立学校混在一起。但是，从一些间断性的调查中,我们可以对这类学校的数字窥见一斑。

19世纪三四十年代的伦敦数据统计协会对一些地区贫民子女教育情况进行过调查,调查结果刊登在协会的官方杂志《伦敦数据统计协会杂志》上,在其调查报告中,也有对女私塾的统计情况。1841年,肯里克(G. S. Kenrick)对威尔士的梅瑟蒂德菲尔教区的教育进行了调查,该教区共有各类学校32所(不包括主日学校),其中女私塾17所;该教区学龄儿童6 857人,在各种学校中接受教育的只有1 313人,其中在女私塾上学的有379人。① 关于这些学校的教学情况,肯里克认为,这些学校的教师总体上是不合格的:

> 父母们对女私塾并没有太多指望,因此当我们发现一个女教师竟然不会写自己的名字,我们也不会太过惊讶。女私塾的主要目标似乎就是让儿童可以远离伤害;大多数的女私塾既嘈杂又混乱。有一个女私塾和一个小酒馆在同一个屋檐下,屋主既是私塾老师又是酒馆老板。当孩子们的教育和道德培育被交托给一个不识字的酒馆老板时,我们就不能抱怨孩子们的学识和品德毫无进步,也不会惊讶于人们会变得无知、堕落、邪恶、爱酗酒。②

1851年,霍勒斯·曼(Horace Mann)对人口调查中的教育数据进行了统计(表3-1),其中私立学校有29 425所,学生共计约86万人。他把这些私人学校按照三个类别进行分类:高级学校,中等水平的学校以及低级的学校。在"低级"这一类中,主要是女私塾,共有13 495所学校,学生在36万人左右。③

---

① G. S. Kenrick, "Statistics of Merthyr Tydvil", *Journal of the Statistical Society of London*, Vol.9, No.1 (1846), p.19.
② G. S. Kenrick, "Statistics of Merthyr Tydvil", *Journal of the Statistical Society of London*, Vol.9, No.1 (1846), p.20.
③ D. P. Leinster-Mackay, "Dame Schools: A Need for Review", *British Journal of Educational Studies*, Vol.24, No.1 (1976), p.37.

表 3-1 1851 年人口调查教育统计数据①

学校类型	学生数/万人	学校数/所	贫民阶层学生数/万人	贫民阶层学校数/所
私立学校	86	29 425	36	13 495
公立学校	169.2	—	164	—

根据曼对全英格兰和威尔士的统计,在 1851 年大约有 18% 的贫困儿童是在女私塾上学的。十年以后,在纽卡斯尔委员会的报告中,助理委员詹姆斯·弗雷泽(James Fraser)在第二卷中对女私塾的状况进行了汇报。他负责调查的地区是萨默塞特的查德济贫法联盟、约维尔济贫法联盟和伍斯特郡的塞文河畔厄普顿济贫法联盟这三个联盟所属地区。表 3-2 选自报告的表格 V(Vol.2,p.30),它表明了这三个联盟中公立学校和私立学校的数据对比。

表 3-2 詹姆斯·弗雷泽负责调查的三个联盟的公立、私立学校数据比较

联盟	公立学校/所	公立学校学生/人	私立学校/所	私立学校学生/人
查德	26	1 880	39	750
约维尔	24	1 419	57	1 339
塞文河畔厄普顿	20	1 565	22	369
总数	70	4 864	118	2 458

这个表格尽管只是三个地区的数据,但从中也可以窥见当时全国的总体形势。弗雷泽所调查的私立学校主要指女私塾,可以看出女私塾招收的学生数量大约占全体学生数的三分之一。②

---

① 本表数据来自两份资料:一份是 D. P. Leinster-Mackay,"Dame Schools: A Need for Review",*British Journal of Educational Studies*,Vol.24,No.1 (1976),p.37,对私立学校数目的统计;另一份是 Horace Mann,"The Resources of Popular Education in England and Wales: Present and Future",*Journal of the Statistical Society of London*,Vol.25,No.1 (1862),p.51,对公立学校和私立学校学生数目的统计。
② D. P. Leinster-Mackay,"Dame Schools: A Need for Review",*British Journal of Educational Studies*,Vol.24,No.1 (1976),p.38.

当然，这些女私塾在数量和质量上都有着比较大的差异。一般情况下，这种学校是由年纪比较大的妇女经营的。菲尔·加德纳(Phil Gardner)在对布里斯托尔的工人阶级私立学校的研究中发现，1851年这些学校中的女教师平均年龄是40.3岁，1861年为43.5岁，1871年为37.1岁。[1] 学校的所在地其实就是这些妇女的家里，条件最好的是把家里的起居室变成教室，比较常见的是把家中的阁楼、地窖或者厨房当成教室。一般来讲，这种学校的规模并不大，学生人数在二三十个左右，有时只有十几个。比如简·波特所经营的学校就坐落在一个已经住了17个人的非常拥挤的住宅中。[2] 严格来讲，经营女私塾的妇女不能算作合格的教师，她们中有人甚至没有受过教育。她们一般教孩子们认字母、阅读，有时也教他们简单的算术。她们的报酬是每周几个便士；在某些地区，当地的地方手工业如果发达的话，孩子们在很小的年纪就要劳动，因此他们的"专门性学院式的"学习是与制作蕾丝花边、编织草帽或手套、纺纱等技能教育结合在一起的。[3]

图 3 - 12 女私塾陶像，1820年左右制作于斯塔福德郡。女教师一只手捧着书，另一只手拿着一把扫帚。

---

[1] Phil Gardner, *The Lost Elementary Schools of Victorian England: The People's Education*, London: Croom Helm, 1984, p.250.
[2] Phil Gardner, *The Lost Elementary Schools of Victorian England*, p.254.
[3] John Burnett, *Destiny Obscure*, p.145.

3. 女私塾受欢迎的原因

19世纪中期，公立小学在政府资助以及慈善团体和个人的捐助下，学费已经比较低廉，在这样的情况下，为什么贫困儿童的父母们依旧会偏爱像女私塾这样的私立学校，确实令人好奇。

绝大多数贫困儿童父母在能够负担子女学费的情况下宁愿选择学费略高一点的女私塾，主要原因在于这种学校的非正式性。它们愿意接受学生时断时续地上学；学费的交纳也不像公立学校那样严格限定时间，父母们可以在有钱的时候付学费；这种学校的创办者一般都是学生家的邻居，彼此熟悉信任，而且父母可以随意地把自己的孩子叫出来帮自己跑腿或做一件事情。① 它们的家庭式环境以及较少的学生人数使得它们对年幼孩子更具有吸引力，对学生的照顾也比较周全，这一切与公立学校中冷漠的氛围和"纪律严明有如军营般的教室"很不一样。全国协会秘书的抱怨也从另一个角度证明了下层人民对公立学校的反感："父母们很无知，他们不会根据学校所提供的教育来评判好坏，他们考虑的是自己是否能够违反学校的规定。他们对学校纪律的抵制到了令人惊讶的地步；他们讨厌学校制定的规定，如按照规定的时间上学、遵守学校纪律、衣着整洁、头发整洁或剪短。"② 当督导布罗迪（Brodie）询问兰开郡的一些母亲们为什么偏爱私立学校，她们给出了各种各样的答案："那儿对小孩的照顾更好些""它们分别照看孩子""不会得传染病""不会太野蛮""不会学到坏语言"。③ 在1870年教育法通过之后，女私塾以其相对方便的服务方式和宽松的出勤要求适应

---

① Gillian Sutherland, "Education", in F. M. L. Thompson, ed., *The Cambridge Social History of Britain 1750–1950*, Vol.3, p.128.
② Thomas Laqueur, "Working-Class Demand and the Growth of English Elementary Education", in Lawrence Stone, *Schooling and Society*, p.199.
③ Pamela Horn, *The Victorian Town Child*, p.80.

了许多上班母亲的需求，这对于女私塾的延续有着关键的影响。

父母们偏爱女私塾的第二个原因是父母对孩子的期望。从19世纪三四十年代开始，教育的世俗化趋势日益明显，父母们对子女学习内容的选择更为挑剔。他们希望自己的子女能够真正多学一些世俗化的知识，如阅读、写字和算术等，但是19世纪初普通日校所实行的导生制实际效果比较有限，不仅学生难以学到真正有用的知识，而且还可能使学生沾染上一些不好的习惯。一些教会团体所经营的学校对于宗教教育的过分强调也让部分贫困儿童父母反感。因此，一些父母为了子女能多学到一些真正有用的知识，在可能的情况下情愿多支付一点学费送子女到学生人数较少而自己又比较了解的女私塾去上学。1861年纽卡斯尔委员会也认为，私立学校的部分魅力使愿意支付学费的父母们感到，与自助团体创办的学校相比，他们更能控制子女的教育内容。[1]

父母们偏爱女私塾的另一个原因是他们对自我身份的认识。去公立学校上学"始终不能让人摆脱接受救济的耻辱"[2]，而送子女去私立学校上学显示出他们对子女教育的"挑剔"，也显示出自己的独立性，自己不是在接受社会地位更优越的人施予的恩惠，在地位上要高于那些送子女去收费低廉的公立学校上学的家庭。这也是出生于1879年的埃塞克斯制模工工头的女儿选择私立学校的动机。最初她上的是一所普通学校，但是当她发现邻居的女儿在私立学校上学之后，她也要求上私立学校。尽管她在私立学校的两年中什么也没有学到，她仍认为这么做值得，"去私立学校上学非常好，因为你觉得自己……比普通孩子要高一等……当你去其他的学校时，你会发觉他们不太干净——在我们很小的时候，我妈妈不得不每天为

---

[1] Pamela Horn，*The Victorian Town Child*，p.80.
[2] Thomas Laqueur，"Working-Class Demand and the Growth of English Elementary Education"，in Lawrence Stone，*Schooling and Society*，p.201.

我们梳头"①。

4. 女私塾的教学效果

如果完全从教育成就的角度来说,许多女私塾并不太成功。从 1861 年的纽卡斯尔委员会强烈表达的官方观点来看,它们"一般都效率很差"②。但是,弗雷泽比较公正地报告了女私塾的情况,他发现这种学校有着实用的功能,尤其是在缺乏幼儿学校的地方:

> 老妇人从每家门口把孩子从父母手中接过来,把一打或者半打孩子集中到她家简陋的厨房中;她并不打算提高他们的智力水平,或者进行实物教学,或者让他们感知形状和颜色,或者进行抽象的数字教学,而仅满足于教他们教义问答集,给他们阅读圣约书的内容,教他们拼出三四个音节的单词,要求他们反复背诵乘法口诀表。我承认,大多数这样的教育都是机械性的,几乎没有对智力进行开发;但是我也要强调,即便是机械式的阅读和拼写,也为人们构筑随后的智力上层建筑打下了不太糟糕的基础。父母当中一个几乎带有普遍性的观点是,女私塾教育孩子的阅读要比公立学校中低等班级(**尤其是由导生进行教育的班级**)快得多,也好得多。我在私立学校中不断发现从公立学校转学过来的儿童,正如女私塾的女教师告诉我的,因为"他们在那儿什么也学不到"。③

像弗雷泽这样比较公允地评价女私塾的官员,在纽卡斯尔报告中很

---

① Pamela Horn, *The Victorian Town Child*, p.80.
② *Report of the Royal Commission in the State of Popular Education in England*, 21, 1861, Part 1, Vol.1, p.29.
③ D. P. Leinster-Mackay, "Dame Schools: A Need for Review", *British Journal of Educational Studies*, Vol.24, No.1 (1976), pp.38 – 39.

少,在当时人中也比较少见。引起人们争议最多的是对这种学校教育功能的评价。大多数人认为这种学校从教育上来说并不太成功,它提供给学生的是最基本的阅读知识,它们更主要的是照顾孩子。① 在某种程度上说,这样的评价也未必失之公允。很多经营这种学校的妇女都是把教育儿童和自己的家务活或者手工劳动结合在一起的,比如住在切尔西的哈思克尔大街的寡妇巴斯比夫人就在她的厨房里办了一个班,她在这里把洗衣服和教育儿童结合在一起。1871 年有十个孩子在她那儿上学,只有一个七岁多的女孩子能够较好地阅读,一个孩子能够写字。②

如果完全否定这种学校在开启儿童智慧方面的教育功能,显然也是有失偏颇的。用拉克尔的话来讲,尽管"女私塾和其他私人学校在 18 世纪后期和 19 世纪初期并不是教育改革家想要的学校,但是这些学校的确教了一些基本文化技能"③。

这些学校也给那些曾经就读于其中的孩子们留下了比较深刻的印象,比如查尔斯·肖在 19 世纪 30 年代后期曾就读于斯塔福德郡的"老贝蒂"的女私塾,七岁之前,他一直在那儿上学。他回忆,当天气好的时候,孩子们坐在外面,学习课本或织布,老贝蒂则"不停地织布、来回踱步,听孩子们读书并观察他们的织布工作"。在肖看来,老贝蒂这样的老师是非常难得的,因为"她们使得那些希望继续学习的人能够有机会去上夜校,比如,去学习写字和算术,而且也使得主日学校的教师们能够少做一点基础性的苦差事"④。其实,像肖这样对没有受过教育的女私塾教师怀着深厚感情的人并非少数。1820 年左右,约瑟夫·格特里奇(Joseph Gutteridge)在考文垂的一个女私塾上学,那位女教师是一位"面容温柔宁静,有如慈母"的贵

---

① Pamela Horn, *The Victorian Town Child*, p.79; Eric Hopkins, *Childhood Transformed*, p.131.
② Pamela Horn, *The Victorian Town Child*, p.79.
③ Thomas Laqueur, "Working-Class Demand and the Growth of English Elementary Education, 1750－1850", in Lawrence Stone, *Schooling and Society*, p.199.
④ Charles Shaw, *When I Was a Child*, pp.4－5.

格派教徒;她从不使用体罚,因为她有"一种灵巧、迷人的吸引学生注意力的方法"。七岁的时候格特里奇就可以不费劲地阅读当地的报纸了。① 托马斯·库伯(Thomas Cooper)对女私塾的赞美最为热切,他自己后来也创办了一所学校:

> 当我到了能够上学的年龄时,我就被送到了附近一所女私塾,这是由年迈的格特鲁德太太开的,人们都叫她"老盖蒂"。她的教室——她的两层茅屋下层稍大一点的房间——总是满的;她在阅读和拼写方面是个专家,她也是个勤勉的教师。她的编织手艺——她在教男孩子的同时也教女孩子编织——是镇上的奇迹。我很快成为她最喜欢的学生,而且用她常说的话来讲,能够"像教堂的牧师一样"朗读尼希米记的第十章,其中一些很难的名字也难不倒我,我能够令人惊奇地把它们拼出来。②

女私塾的名字一直到20世纪初期还存在,但是那个时候它们的性质发生了变化,类似于学前学校。它们的课程安排也拓宽到包括自然科学学习和钢琴学习在内的一些课程。较为低等的女私塾通过提供最基本的小学教育来维持存续,通常是针对较为贫困的阶层的,出现于国家还没有对贫困阶层的子女教育采取措施之时,结束于它向较为富裕阶层的儿童提供比普通小学内容更丰富的课程教育之时,这个时候,它已经进入了以后比较漫长的正规教育的准备期。

---

① Joseph Gutteridge, "The Autobiography of Joseph Gutteridge 1816 – 1899", in Valerie Chancellor, ed., *Master and Artisan in Victorian England*, London: Evelyn, Adams and Mackay, 1969, pp.84 – 85.
② Thomas Cooper, *The Life of Thomas Cooper*, Leicester: Leicester University Press, 1971, p.7. 库伯于1810年在林肯郡的根兹博罗上学。

第四章
犯罪与控制:被忽视儿童的教育

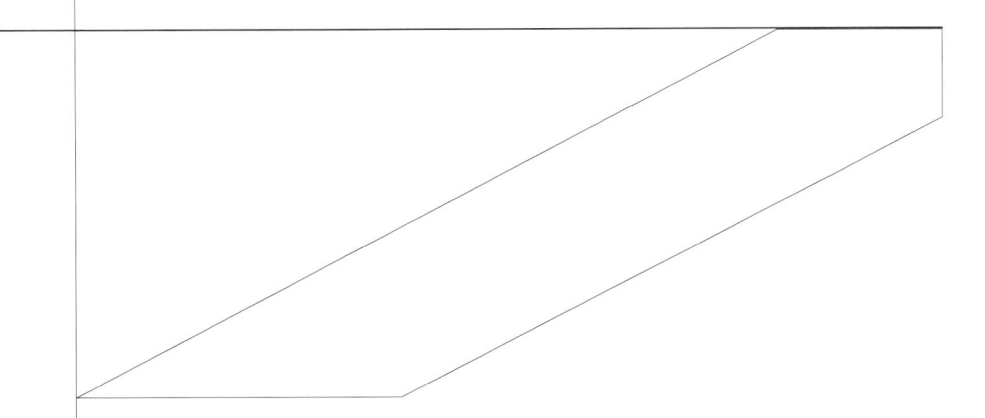

一、被忽视儿童群体与青少年犯罪

维多利亚时期的英国至今在怀古的英国人心中仍是繁荣、发达和文明的象征,但是辉煌的背后也隐藏着痛苦的记忆。亨利·梅休在《伦敦劳工与伦敦贫民》一书中对19世纪50年代挣扎在伦敦大街小巷中的贫困儿童的描述,至今让人难以忘怀。贫困是这些儿童共同的特征,失学是他们普遍的命运。为了生存,他们有的已经失足成为少年犯(juvenile delinquent),有的挣扎在犯罪边缘,他们是一群被忽视的儿童(neglected children)。

1851年,萨尔福德郡警察局长史蒂芬·尼尔(Stephen Neal)对该郡的青少年教育与犯罪情况进行了调查,他的调查报告向人们描绘了一幅不太乐观的图景。1847—1850年间,萨尔福德郡因为违法而被逮捕的有6 452人,其中20岁以下的青少年就有1 393人,占了21.3%。这些人中,因为违法情节严重而被判刑的比例高达64.1%。

尼尔报告的附录中还统计了1846年中萨克斯(包括伦敦市)、兰开郡以及英格兰和威尔士的因犯罪而被判刑的数据,其中也包括青少年犯罪的数据:

表 4-1　1847—1850 年间萨尔福德郡违法被捕人员情况统计①

年份	逮捕总人数	20 岁以下被捕人数				释放人数	判刑人数
		10 岁以下	10—15 岁	15—20 岁	总人数		
1846—1847 年	1 576	4	106	239	349	553	1 023
1847—1848 年	1 714	6	101	300	407	626	1 088
1848—1849 年	1 624	8	83	282	373	575	1 049
1849—1850 年	1 438	4	58	202	264	462	976
总计	6 352	22	348	1 023	1 393	2 216	4 136

表 4-2　1846 年因犯罪而被判刑的数据②

(单位:人)

年龄	中萨克斯(包括伦敦市)	兰开郡	英格兰和威尔士
总数	4 641	3 072	25 107
15 岁以下	382	166	1 640
15—20 岁	1 314	698	6 236
21—25 岁	1 039	710	5 856
26—30 岁	605	504	3 655
31—40 岁	669	557	3 972
41—50 岁	364	283	2 120
51—60 岁	143	95	859
60 岁以上	64	32	456
年龄不辨	61	37	413

---

① 本表数据来源:Stephen Neal, *Special Report on the State of Juvenile Education and Delinquency in the Borough of Salford*, Salford, 1851。逮捕总人数及释放和判刑人数的数据取自该报告附录第 1 页表格,20 岁以下被捕人数的数据取自该报告第 15 页表格。本表对原文数据进行了整理。

② Stephen Neal, *Special Report on the State of Juvenile Education and Delinquency in the Borough of Salford*, Appendix, p.4.

这组数据中最令人触目惊心的是青少年犯罪数据:在中萨克斯,罪犯人数最多的年龄组是"15—20岁",兰开郡罪犯人数最多的是"21—25岁"年龄组,且"15—20岁"年龄组的罪犯人数也差不多;在英格兰和威尔士,仍然是"15—20岁"年龄组的罪犯人数最多;在这一年英格兰和威尔士被判刑的罪犯总数 25 107 人中,15—25 岁的年轻人占了将近一半(48.3%)。这是一幅令人恐怖的图景,他们刚刚脱离少年期,就成为犯罪的主体;而15 岁以下的少年犯人数看似要少得多,但也占了各种年龄段罪犯总数的6.53%,这个年龄组在未来几年内即将成为第二大犯罪主体。仅从 1846 年这一年的数据,我们就可以发现青少年犯罪现象在当时的严重程度,如何预防青少年犯罪并减少青少年犯罪现象,在当时成为一个迫切需要解决的社会问题。

关于少年犯罪现象日益严重的原因,早在 1828 年伦敦警察调查委员会就通过调查进行了总结,他们认为主要有以下几个方面的原因:人口的增加;白酒的低廉价格(据说儿童在 10—11 岁就开始喝酒了);父母对儿童的忽视。最后一个原因被看作儿童堕落的主要原因。① 尼尔对萨尔福德郡的调查显示,萨尔福德郡 14 岁以下的儿童有 11 666 人,约占该郡总人口的 1/6。这些儿童中在普通全日制学校上学的有 4 593 人,其余的儿童中有 1 111 人没有去全日制学校上学,2 962 人因为贫困或父母的疏于管教,既没有去工作也没有上任何学校(包括主日学校),合计有 4 073 名儿童的教育被严重忽视。还有大约 2 000 名儿童已经参加工作,即便可以在主日学校接受教育,其受教育程度也严重不足。② 总体来说,萨尔福德郡有一半以上的儿童处于教育严重不足的状态。尽管尼尔所统计的只是萨尔福德郡一地的情况,但它的糟糕情形却让人们可以管窥当时英国不容乐观的

---

① Eric Hopkins, *Childhood Transformed*, pp.195 - 196.
② Stephen Neal, *Special Report on the State of Juvenile Education and Delinquency in the Borough of Salford*, p.13.

贫困儿童教育状况。尼尔在分析儿童犯罪现象的原因时也认为,无知是犯罪的主要原因:

> 尽管无知与阅读写字之间并没有密切联系,但是人们仍然发现,到目前为止,罪犯中人数最多的群体正是那些最无知的人;由此可以推断,犯罪主要是无知造成的。①

19世纪三四十年代,英国工业化过程中的社会转型所带来的各种问题累积到了极端严重的地步,疾病、卫生、贫困、童工劳动等社会问题日益引起人们关注,集中成为"英国状况"问题,贫困儿童尤其是由于贫困或者父母失职而被忽视的儿童群体的教育也成为"英国状况"问题中亟待解决的一部分,因为它牵涉到青少年犯罪现象的日益严重以及对社会安定秩序的控制问题。

这些被忽视的儿童,有的已经堕落成为少年罪犯,偷窃、抢劫的恶习已经养成。如何对他们进行改造,让他们迷途知返,脱离罪恶的深渊?还有更多的被忽视儿童为了生存而挣扎在城市的街道,游走在犯罪的边缘,这个群体虽然还不是罪犯,但几年之后他们很有可能成为青少年犯罪大军中的一员,如何阻止他们滑向堕落的深渊?这些问题冲击着19世纪前期英国许多社会改革家的心灵,他们或出于慈善,或出于对社会控制的关切,纷纷开出了药方,并投身到这个被忽视儿童群体的教育事业上,先后掀起了贫民免费学校、感化学校和劳动教养学校运动。

---

① Stephen Neal, *Special Report on the State of Juvenile Education and Delinquency in the Borough of Salford*, Appendix, p.6.

二、贫民免费学校[①]

贫民免费学校(Ragged School)可以说是19世纪英国的一个独特的教育机构。它的教育对象是那些被排斥在其他任何教育机构以外的少年阶层。从"贫民免费学校"的名称"Ragged School"就可以看出,它希望为那些衣衫褴褛的贫困儿童(ragged children)提供最基本的教育机会。这些儿童要么由于衣着破烂(ragged),根本达不到普通学校的要求;要么因为父母过于贫困根本付不起哪怕是一周一便士的学费,而被拒之于校门之外。这是一个被当时的教育改革家玛丽·卡朋特描述为"令人烦恼的阶层"。他们不仅"社会地位极其低下",而且"在做坏事方面显得更加有智慧"。[②] 尽管从法律角度来说,他们还不是罪犯和流浪者,但是罪犯和流浪者主要来自这个群体。[③] 这样的儿童不适合去那些为普通穷人创办的学校,那些学校也拒绝录取他们进校。正因为如此,从19世纪30年代中期开始,这个"令人烦恼的阶层"逐渐引起社会上一些有识之士的关注与同情。在他们

[①] 参见施义慧:《维多利亚时期英国的贫民免费学校运动》,《淮阴师范学院学报(哲社版)》2005年第1期。
[②] Mary Carpenter, *Reformatory Schools, For the Children of the Perishing and Dangerous Classes, and For Juvenile Offenders*, London, 1851, p.2; "The Claims of the Destitute", *Ragged School Union Magazine*, 3 (1851), pp.58 – 59.
[③] H. W. Schupf, "Education for the Neglected: Ragged Schools in Nineteenth-Century England", *History of Education Quarterly*, Vol.12, No.2(1972), pp.162 – 163.

的努力下,人们想方设法为这个"令人烦恼的阶层"提供尽可能的教育和救助,由此掀起了一场独特的贫民免费学校运动。

1. 贫民免费学校运动的兴起

贫民免费学校的出现与兴盛在19世纪中期英国的社会改革运动中异常瞩目,它的兴起,不仅有人们对于这个"令人烦恼的阶层"的忧虑,还有一些其他原因。

首先,人们对宗教的热忱是促成这场运动的根本动因。许多人参与并支持贫民免费学校运动,主要是对贫困儿童道德状况的恶劣以及其宗教知识的贫乏感到震惊和担忧。他们希望通过为贫困儿童提供最基本的宗教知识教育,使其具备良好公民的必备品质。许多学校宣称其办校宗旨是"对那些被遗忘的贫困儿童进行感化,使他们享受到良好的基督教福音主义的教育"[1],这样就可以"把犯罪现象终止在萌芽阶段,阻止邪恶行为发展并危害社会"[2]。在贫民免费学校运动的发源地伦敦,大部分早期的贫民免费学校都是由伦敦城市传教团(city mission)创办,他们在著名的福音派中心如巴思、约克郡等地都创建了这类学校,萨夫茨伯里伯爵(Earl Shaftesbury,即阿什利·库伯勋爵)等著名的福音主义者经常出席每年的大会并发表演讲。正是这种宗教热情使得许多志愿工作人员多年如一日地利用自己的晚上和主日休息时间去那些肮脏甚至是危险的地方,在昏暗而且没有取暖设备的房间里教育那些无法无天的贫困儿童。[3]

---

[1] W. Logan, *Moral Statistics of Glasgow*, Glasgow, 1849, p.52; *1st Annual Report York Ragged Schools*, 1849, p.11; *12th Annual Report Stockport Ragged and Industrial School*, 1866, p.2.
[2] C. J. Montague, *Sixty Years in Waifdom*, London: Chas. Murray and Co., 1904, p.163.
[3] E. A. G. Clark, "The Diffusion of Educational Ideas: The Case of Ragged and Industrial Schools, 1841–1857", *Journal of Educational Administration and History*, Vol.20, No.1 (1988), p.22.

图 4-1 阿什利·库伯,第 7 任萨夫茨伯里伯爵,1843 年在议会下院为贫困儿童呼吁①

其次,维多利亚时代博爱主义精神也促成了这一运动的形成和发展。许多人或者为贫困儿童知识的贫乏而感到震惊,或者为这些儿童在饥寒中挣扎求生的痛苦所触动,他们希望能够教育贫困儿童学习一些生存的技能,或者为他们提供衣食和住宿等庇护措施。这种博爱精神使得许多人抛开教派纷争,携手合作。这在维多利亚时期英国各宗教派别对教育控制权争夺十分激烈的情况下,是一道独特的风景。

再次,对于中上等阶层人士来说,对社会秩序的追求与控制也是他们致力于贫民免费学校运动的一个重要原因。为贫困儿童提供教育,社会也会因此获利:不仅有利于减少犯罪现象,也能够使贫困儿童认同自己在社会中的地位,进而维护现有的社会秩序;不仅可以教导贫困儿童成为善良的基督徒,也达到了把这些儿童从街道中清理出去,维持社会秩序的目的。比如,在伦敦靠近帕丁顿附近的圣乔治菲尔兹(St George's Fields),慈善团体创办学校的

---

① 图片来源:C. J. Montague, Sixty Years in Waifdom, p.16.

特殊目的是为少年犯以及那些被认为可能会犯罪的儿童提供教育,使他们不再走上犯罪的道路。① 正如当代历史学家理查德·约翰逊所强调的:"维多利亚早期,英国人对贫民教育的沉迷可以最好地说明他们对权威、权力以及控制问题的关注;他们企图决定工人阶级的思维方式、情感和行为。"②

其实,对于多数人来说,他们支持、参与这一运动是多种因素的综合。而在各种动机的背后,还有一个基本的信念,那就是所有的儿童,不论其社会背景如何,都应该享有接受教育的平等机会。为所有儿童提供教育机会是让他们团结起来的共同理想。尽管随着时间的推移,人们在创办贫民免费学校的过程中经历了各种各样的困难和波折,但他们对这一理想的信仰却坚定无比。

2. 贫民免费学校运动的发展

贫民免费学校运动从 1841 年第一所正式以"贫民免费学校"命名的学校的建立到 1906 年最后一所学校的关闭,历时半个多世纪。它的主要发展时期是 1870 年以前的 30 多年,1870 年以后由于公办学校的普及,贫民免费学校逐渐衰落。具体来说,在 1870 年前,贫民免费学校的发展可以分为以下两个阶段。

第一阶段:1835—1844 年,酝酿和开始阶段。

在这一阶段中,最先行动起来的是伦敦城市传教团。这是一个成立于 1835 年致力于向城市贫民传播《新约圣经》的福音派组织。自成立之后,他们便最先在伦敦的贫民窟地区为贫困儿童设立免费学校。这些学校成了后来的贫民免费学校的最初模型。到 1840 年:

---

① C. J. Montague, *Sixty Years in Waifdom*, p.36.
② Richard Johnson, "Educational Policy and Social Control in Early Victorian England", *Past and Present*, 49(1970), p.119.

由于他们的努力,好几个学校建立起来了,其中有 5 所是广泛针对那些衣衫褴褛的儿童的。第一所在西区,第二所在朗伯斯,第三所在罗斯玛丽大道,第四所在贝斯纳尔格林,第五所在肖尔迪奇,共有 570 名学生就读在这些学校。①

伦敦城市传教团的工作得到了人们的关注与支持。他们或者为已有的学校捐助,或者为这些学校提供志愿帮助,或者直接创建新的学校。到 1845 年时,这样的学校增加到了 43 所。

第一所以"贫民免费学校"命名的学校是菲尔德大道主日学校(Field Lane Sunday School)。这所学校是由传教士普鲁范在 1841 年创建的。1843 年当该校因为资金缺乏,准备在《泰晤士报》上登载一则寻求资助的广告时,该校的司库斯塔里(R. S. Starey)"给这个学校加上了'Ragged'这一限定词,因为它生动却又平实地表达了这些学生品行比较低下的状况:他们道德上极其堕落,外表上衣衫褴褛"②。自从"Ragged School"这一词语出现以后,一些原有的学校也在它们的名字上冠上了"Ragged",但真正把贫民免费学校运动推向高峰的是 1844 年伦敦"贫民免费学校联盟"(Ragged School Union)的成立。

第二阶段:1844—1870 年,发展和高潮阶段。

1844 年 4 月 11 日,在斯塔里的倡议下,四位贫民免费学校教师在斯塔里家里开会,他们开会的目的是寻求某种方法,"把伦敦大批被人遗忘的贫困儿童从堕落和悲惨的境地中解救出来"④。最后他们达成共识:最好的

---

① H. W. Schupf, "Education for the Neglected: Ragged Schools in Nineteenth-Century England", *History of Education Quarterly*, Vol.12, No.2 (1972), p.163.
② *Ragged School Union*, *Ragged School Union Magazine*, Vol. 2, London: Partridge and Oakey, Paternoster Row, 1849.
③ 图片来源:C. J. Montague, *Sixty Years in Waifdom*, p.185.

图 4-2　伦敦白教堂附近的乔治花园贫民免费学校①

办法就是成立一个联盟,不仅可以把现有的贫民免费学校团结起来,也能够促进新学校的成立。1844 年 7 月,伦敦 19 所贫民免费学校结成了联盟——"伦敦贫民免费学校联盟"(下文简称"联盟")。11 月,萨夫茨伯里伯爵被邀请担任联盟的主席,他的名字在福音主义者圈子里是对这项事业价值的认可和保证。诺里奇主教告诉萨夫茨伯里伯爵,只要有伯爵在场,他将参加所有这样的会议。② 萨夫茨伯里伯爵不仅是联盟的领袖,他也为联盟带来了声誉。对于这个弱小的慈善团体来说,他给它带来了世界上最崇高的机构所享有的美好品质:崇高的理想和追求,充沛的精力,火热的激情和振奋人心的鼓励;他具有一个伟大的演说家所应具备的一切条件:良好的形象,威严的面容,优美的声音和激奋人心的语言。这一联盟在他心中具有非常重

---

① Claire Seymour, *Ragged Schools*, *Ragged Children*, London: Ragged School, Museum Trust, 1995, p.4.
② E. A. G. Clark, "The Early Ragged Schools and the Foundations of the Ragged School Union", *Journal of Educational Administration and History*, I (1969), pp.13-14.

要的地位,他甚至说道:"我宁愿做贫民免费学校联盟的主席也不愿指挥一支军队或者操纵国家的命运。"① 在他的领导之下,联盟逐渐走向辉煌。

随着联盟的成立,贫民免费学校数目日益增加。1847 年,在联盟的第三次年会上,萨夫茨伯里伯爵公布,附属于联盟的学校已达到 80 所,共有学生 4 776 人,教师 450 人。其中有 16 所是日校,31 所是夜校(每周上课三到五次),33 所是主日学校。由于这三种学校在每天的不同时间上课,因此许多学校共用校舍:这 80 所学校坐落在 44 幢建筑中。②

在 1844 年到 1870 年间,贫民免费学校的数目处于持续稳定增长之中。1869 年,伦敦共有 195 所日校、209 所夜校和 272 所主日学校附属于联盟。另外,还有一些学校独立于联盟之外。在此期间,在伦敦以外成立了另外两个联盟:一个是 1847 年成立的"利物浦贫民免费学校联盟",另一个是 1858 年成立的"曼彻斯特、萨尔福德贫民免费学校联盟"。③ 在它们之下,还有许多地方上的"贫民免费学校协会"。这样,19 世纪 40 年代在伦敦燃起的贫民免费学校运动的星星之火,到 1870 年教育法颁布以前,已迅速在全国形成了燎原之势,运动达到了高潮。

1870 年教育法以及随后一系列法案的通过,使得贫民免费学校运动迅速由盛转衰。来自公立学校日益强大的竞争、资金的缺乏以及政府对贫民免费学校强加的标准让许多学校不得不停办。1874 年,联盟沮丧地汇报,26 所学校共计 3 000 名学生由于缺乏援助而不得不解散,6 所学校变成了"收费学校",还有 39 所学校(共计 9 000 名学生)转归校务委员会(school board,1870 年教育法所设立的教育管理机构)。④ 夜校因为招收的学生与日校有所差别,状况要稍好一点。但是,从 80 年代开始,校务委员

---

① *Ragged School Union Magazine*,1860,p.166.
② Claire Seymour,*Ragged Schools*,*Ragged Children*,pp.6-7.
③ Claire Seymour,*Ragged Schools*,*Ragged Children*,p.7.
④ Claire Seymour,*Ragged Schools*,*Ragged Children*,p.8.

会接手夜校;1891年,所有学校免除学费。从此以后,夜校的数目日益减少。① 1906年,在贫民免费学校联盟成立60多年以后,伦敦的最后一所贫民免费学校终于关门。② 从某种意义上说,贫民免费学校通过实际行动向政府表明,所有的儿童不论其社会背景如何都应该有接受免费教育的机会,但它们自己却为了这种理念光荣"牺牲"。

3. 贫民免费学校的教学特色

与普通学校相比,贫民免费学校在教育对象、教育内容、经营方式、师资队伍等各方面都具有自己的特色,从而在维多利亚时期的英国形成了小学教育中一道独特的风景线。

(1) 以宗教知识为主,三R教育为辅的教学内容

对于贫民免费学校来说,教育学生阅读上帝的教导并理解其中的简单道理是学校的主要任务和教育的主要内容。"圣经,而不是世俗教育,是解决那些正在吞噬着我们社会的罪恶现象的唯一万灵丹。"③因此圣经成为课堂中的主要教材,学生们的大部分时间花在了学习圣经经文的片段、祈祷和阅读圣经上。这可以从1850年约克郡贫民免费学校的课程表中清晰地看出。④

7:00—8:00 学生入校——洗澡,换洗衣服

8:00 学校关门

8:15 对学生进行操练,并检查他们衣服和身上是否清洁——学

---

① E. A. G. Clark, "The Last of the Voluntarists: the Ragged School Union in the School Board Era", *History of Education*, Vol.11, No.1 (1982), pp.30 - 31.
② T. S. Ridge, *Dr Barnardo and the Copperfield Road Ragged Schools*, London: Ragged School, Museum Trust, 1993, p.20.
③ *RSU Magazine*, 1869, editorial.
④ Claire Seymour, *Ragged Schools*, *Ragged Children*, p.25.

生有秩序地列队进教室

8:15—8:45 唱赞美诗,教师阅读圣经片段,学生们对其含义进行提问,教师讲解经文,短暂地祈祷

8:45—9:30 早餐

9:30 开始上课

9:30—10:30 写字和算术;女孩子退到她们自己的房间

10:30 学生到操场上——对教室进行通风

10:45—11:15 拼写和阅读

11:15 圣经课程

11:45 学生到操场上——教室通风

12:00 操练

12:00—1:15 在操场上散步或休息

1:15—2:00 用餐——学生们清洗

下午的课程大致相仿,最后以唱赞美诗、阅读圣经和祈祷结束一天的课程。晚饭以后,孩子们换回自己的衣服之后就放学。在约克郡贫民免费学校上学的儿童比较幸运的地方是,他们每天下午 3:45 到 5:30 之间可以"一边唱歌一边进行劳动"。

尽管贫民免费学校十分强调宗教教育,但它们也进行一些最基本的三R教育,即阅读、写字和算术。尽管圣经仍然是主要教材,也有一些激励人心的著作增加了进来,譬如 1859 年出版的萨缪尔·斯迈尔斯(Samuel Smiles)的《自助》(*Self-Help*)。少数学校还增加了诸如历史、地理、音乐课程,但这些始终处于基本课程以外的次要地位。由于贫民免费学校从来没有打算为学生提供最好的世俗教育,而只是希望训练学生遵守纪律、养成稳定习惯并具有道德心和宗教心,因此这些学校的教学内容始终以宗教性的道德教育为主,三R教育始终处于辅助地位。

图4-3 贫民免费学校的学生进入校园的第一件事是去盥洗间将自己清洗干净①

(2) 知识传授与劳动训练相结合的教育模式

尽管贫民免费学校的主旨是进行宗教性的知识传授,但在可能的情况下也尽力教学生一些实际的技能。正如托马斯·格瑟里(Thomas Guthrie)在1847年所解释的那样,"劳动课程"的宗旨是训练学生"养成勤劳的习惯",而且这么做可以增加他们离校后的就业机会。② 从19世纪50年代开始,由于政府愿意对"劳动学校"给予小额资助以帮助其支付房屋租金以及购买劳动工具,更加刺激了贫民免费学校中劳动课程的增加。而在以爱丁堡为中心的苏格兰,甚至形成了一种以"工艺劳动"为主的贫民免费学校办学模式。在50年代的伦敦,约翰·麦克格里高(John MacGregor)

---

① 图片来源于:Claire Seymour, *Ragged Schools*, *Ragged Children*, London: Ragged School, Museum Trust, 1995.
② Thomas Guthrie, *Report of a Discussion Regarding Ragged Schools*, Edinburgh, 1847, p.vi.

图 4-4 擦鞋队创始人约翰·麦克格里高①

报告说,有 50 所贫民免费学校设立了劳动课程。每个学校的劳动各不相同,通常取决于老师自己的技能与兴趣。简单的木工、伐木或糊纸袋比较流行,但女孩子最喜爱的是针线活,男孩子最喜爱的是缝纫或鞋匠活。这些劳动不仅能使儿童在较短的时间内掌握一些生存技能,而且其所需要的原料也相对比较便宜,学习成本并不高。②

这种糅合知识传授与劳动技能训练的教学模式是贫民免费学校的重要特色(图 4-5),不仅区别于普通的小学,也区别于后来一些专门针对犯罪儿童的劳动教养学校。它不仅为贫困儿童提供了接受知识教育的机会,也使他们掌握了一定的谋生技能,改善了他们未来的就业前景。

---

① 图片来源:C. J. Montague, *Sixty Years in Waifdom*, p.257.
② Miciah Hill and C. F. Cornwallis, *Two Prize Essays on Juvenile Delinquency*, London: Smith, Elder and Co., 1852, p.216.

图4-5　布鲁克街贫民免费学校的学生在接受劳动技能训练①

（3）以志愿教师为主，支薪教师为辅的师资队伍

贫民免费学校的学生们平时自由散漫惯了，进入学校后依然保持着野性难驯的个性，因此很多贫民免费学校的课堂秩序较为混乱。在这样的环境下教学对于贫民免费学校教师来说是一个考验，不仅需要付出极大的耐心和爱心，也需要有坚定的意志和高尚的人格魅力。

从一开始，贫民免费学校的教师就注定是一个非常特殊的群体。起初，由于贫民免费学校没有用于支付老师薪水的资金，许多学校出于非常现实的原因不得不依赖志愿教师。随着运动规模的扩大、学生数目的增加以及日益增多的服务项目，雇佣支薪全职教师负责日常管理成为一种迫切需求。但即便如此，支薪教师在贫民免费学校教师中的比例依然很小。1870年，贫民免费学校处于高潮时期，这些学校总共有支薪教师440人，

---

① 图片来源：Asher Tropp，*The School Teachers*，London：William Heinemann Ltd.，1959，pp.56－57。

另外还有3 200名志愿教师,他们主要在晚上或主日来学校工作。① 由于对志愿教师的需求非常大,以至于有的学校并不总是能找到需要的教师。② 因此,这样就形成了贫民免费学校与其他学校迥然不同的特点——以志愿教师为主,支薪教师为辅的师资队伍。

尽管贫民免费学校教师具有不同的社会背景,能力也各不相同,但大多数人坚信一个原则,即他们可以通过爱心和坚定的意志获得学生的服从,而不是通过恐吓和粗暴手段。而且确实有不少像昆廷·霍格(Quintin Hogg)这样的教师,通过自己的实际行动获得了学生以及时人的尊敬和赞扬。他们的奉献比人们对他们的期望还要多,他们不仅对教育学生有着浓厚的兴趣,而且也真正关心自己学生的幸福。正是这种既务实又具有人道主义的品格使得这些教师能够对他们的学生产生影响。乔治·阿科恩(George Acorn)曾经在伦敦好几个贫民免费学校上过学,他认为,在学校中唯一学到的东西就是对老师的崇敬。

图4-6 贫民免费学校教师
昆廷·霍格,工艺学校之父③

---

① C. J. Montague, *Sixty Years in Waifdom*, p.105.
② Claire Seymour, *Ragged Schools*, *Ragged Children*, p.22.
③ 图片来源:C. J. Montague, *Sixty Years in Waifdom*, p.178.

但是，贫民免费学校教师的特殊状况，尤其是他们的教学水平经常成为人们抨击的对象。在当时人眼中，贫民免费学校教师的社会地位比济贫院教师还低。对于贫民免费学校这样专门致力于拯救、教育社会上最贫困儿童的民办教育机构来说，用苛刻的学术标准去要求、评价这些教师是有失公允的。如果没有这么多富有爱心的人利用业余时间担任志愿教师或者只收取微薄的薪金全身心去照顾那些被遗忘的贫困儿童，贫民免费学校运动很难支撑几十年之久，也不可能获得他们所取得的成就。

（4）教育和救助相结合的运营方式

从严格意义来说，贫民免费学校并不是纯粹的教育机构。他们在为贫

图4-7 贫民免费学校的免费早餐，1889年①

---

① 图片来源：T. S. Ridge, *Dr Barnardo and the Copperfield Road Ragged Schools*, p.7.

困儿童提供免费教育的同时，还为他们提供必要的物质上的救助，如提供饮食和衣物。

贫民免费学校经常为贫困儿童提供衣物和食宿。截至1868年，单是与伦敦贫民免费学校有联系的"衣服俱乐部"就有82家。针对那些无家可归的流浪儿，联盟创建了许多收容所为他们解决住宿问题。1847年，联盟在威斯敏斯特的旧帕伊街成立了第一家少年收容所和劳动之家。在整个19世纪，这种收容所的数目一直在增加。到1856年时，伦敦有16家隶属于联盟的收容所。

同时，贫民免费学校还举办其他活动，包括建立图书馆、举行演讲和对话、圣经宣讲课、少年禁酒会、唱诗班、板球俱乐部、鼓乐队、未婚母亲协会以及一便士银行等。他们还向贫民赠送清洁材料，借给他们桶和刷子等工具，让他们改善家庭生活环境。对于那些生病或垂死的人，他们还进行家访。

这样的活动远远超出了为最贫困的儿童提供免费教育的初衷，在为儿童提供免费教育的同时，其所提供的福利救助拉开了19世纪后期儿童福利问题的序幕，"禁止虐待儿童全国协会"的成立以及为学生提供饮食就是其中的杰出例证。贫民免费学校举办的各种活动直接使贫困儿童受益。收容所使无数无家可归的儿童有了栖身之所，不必再流落街头。许多学校提供的简单但维持生命的饮食对于饥寒交迫中的儿童来说，具有强大的吸引力。这种救助不仅仅是贫民免费学校学生生活质量的改善，对于部分学生来说，有时甚至是他们维持生存的底线。一个曾经在贫民免费学校上学的学生回忆，"他和他的哥哥在学校中的饮食使得他们不至于挨饿"[1]。这也可能是其他许多学生的感受。从福利救助这个意义上说，贫民免费学校无论是行动还是他们所追求的理念，都比当时的英国社会和英国政府早半个世纪。

---

[1] D. Williamson, *Lord Shaftesbury's Legacy: A Record of Eighty Years' Service by the Shaftesbury Society and the Ragged School Union*, 1844-1924, London: Hodder, 1924, p.119.

图 4-8　贫民免费学校联盟年度夏宴①

图 4-9　贫民免费学校的圣诞宴会②

---

① 图片来源：C. J. Montague，*Sixty Years in Waifdom*，p.89.
② 图片来源：C. J. Montague，*Sixty Years in Waifdom*，p.72.

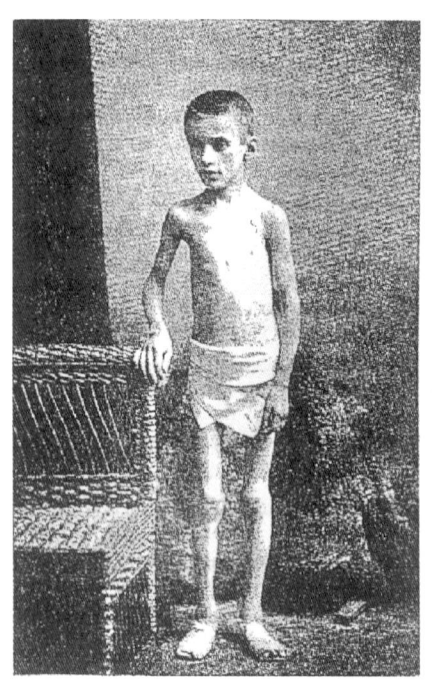 

图 4-10　禁止虐待儿童全国协会救助的一名儿童,被救助 6 个月后对比

图 4-10 为禁止虐待儿童全国协会救助的一名儿童。这个孩子的保险金是 10 英镑,贪心的父母或监护人为了获得保险金而想刻意饿死这个孩子。两幅图分别为被救助前与被救助 6 个月后的对比。

贫民免费学校运动在 19 世纪英国历史舞台上尽管兴盛和存在的时间并不长,但却对转型中的英国社会产生了一定影响。

贫民免费学校基本实现了其创办者和支持者的初衷——降低少年犯罪率,稳定社会秩序。贫民免费学校把众多贫困儿童从城市的大街小巷中召集起来,送进学校。尽管其教育可能不尽如人意,却使这些儿童远离了进一步堕落的深渊。格瑟里对爱丁堡贫民免费学校的教育效果相当满意,该校成立于 1847 年,之后五年时间里,爱丁堡 14 岁以下儿童的犯罪率逐年下降:1847 年 5.6%,1848 年 3.7%,1849 年 2.9%,1850 年 1.3%,1851 年 0.9%。格瑟里认为,如果不是受到贫民免费学校的影响,"这些儿童将全

图 4-11 格瑟里，贫民免费学校使徒①

部会堕落成犯罪分子。没人会在意他们的灵魂，或怜悯他们的境况"②。纵然贫民免费学校在记载自己的成绩时可能会有点夸大其词，但它的确有助于帮助一小部分儿童远离街道，进而防止了一些儿童沿街乞讨或为了谋生而从事犯罪勾当。至于那些在学校就读时间比较长，接受了一定教育并获得了一定劳动技能的儿童，他们找到合适工作的机会的确有所增加。

在将近 30 年的时间里，贫民免费学校恪守其办学初衷，想方设法为最贫困的儿童提供尽可能多的教育机会。尽管 1870 年教育法是贫民免费学校运动衰落的原因和起点，但从另一个角度说，1870 年教育法也是其成功的见证，教育法规定所有的儿童，不论其身份、地位和贫富状况如何，都享有同等的受教育权利。当 1870 年教育法通过的时候，尽管联盟对于自己以后的命运非常担忧，但仍对法案表示了欢迎，因为议会"终于意识到贫民子女与那些通过自己体力劳动来维持生活的社会阶层的子女一样享有同等的教育权"。贫民免费学校运动让英国社会和英国政府明白了为所有儿

---

① 图片来源：C. J. Montague, *Sixty Years in Waifdom*, p.145.
② C. J. Montague, *Sixty Years in Waifdom*, p.61.

童提供教育机会的重要性。

从一定程度上说,贫民免费学校运动是当时人解决关于"英国状况"问题的一个举措,但这一举措反过来又加深了"英国状况"问题在社会上的影响力。贫民免费学校联盟自成立后就创办了自己的刊物《贫民免费学校联盟杂志》(Ragged School Union Magazine),定期出版,不仅有各地学校的建设状况,也有贫困儿童道德状况的调查,这些文章以及贫民免费学校本身的存在,使中等阶级志愿者了解了贫困问题并使他们相信这个问题并不是个人的弱点造成的,而是社会因素的后果。而贫民免费学校为贫困儿童提供的各种社会服务,在某种程度上成为儿童福利理念的萌芽。对于那些无家可归的儿童,贫民免费学校竭尽一切可能为他们提供住宿场所。尽管收容所的数量有限,但其重要性并不在于收容儿童的数量,而在于它揭示了对这些儿童进行救助的迫切性。对于贫民免费学校运动的直接对象——贫困儿童来说,他们是直接的受益者。他们不仅获得了原本无法享有的教育机会,而且还感受到了温暖和庇护。尽管贫民免费学校的教育水平无法与正常小学相提并论,但仍然有许多贫困儿童经过教育之后发生了很大的变化。作为教师的霍格注意到:"1864年,这些男孩子衣衫褴褛,邋遢、无知,而且没有任何改良的欲望;但在四年里,这些儿童已经变得遵守秩序,衣着整洁,举止文雅。"① 并非所有学生都能取得这种进步,有些学生在学校里待的时间不长,受益也不多;也有些学生根本不能改变自己原先的生活方式。然而对于有些学生来说,这种变化不仅非常大,而且可能为他们带来很多好处。伦敦圣贾尔斯贫民免费学校对1860—1861年间在校生毕业以后的工作状况进行了统计,在543名男孩中,99名移民出国,55名进入了皇家海军或商船中做事,113名找到工作,104名继续在学校读书,还有172人逃跑了。这个数字非常清楚地说明,贫民免费学校改变了大部分

---

① Ethel Wood, *A History of Polytechnic*, London: Macdonald, 1965, pp.39-40.

原本只能在大街上混日子的贫困儿童的生活。

贫民免费学校运动为英国国民教育体系的建立奠定了基础。尽管这一运动兴盛的时间不长，却显示了维多利亚时代英国博爱主义精神令人感动的内涵，它是一种仁善，对无助者的关怀。它让我们更加深刻地理解了每个儿童都有接受教育的权利，这是不以他的身份、地位和贫富而决定的。在一百多年前的英国，在工业革命行将结束、社会发生剧烈变化的情况下，贫民免费学校运动的兴起留给人们的远非历史的回顾。它让人们了解的也远非一批热心人士的慈善行为，而是一些理性的感悟：每个人不论贫富贵贱都享有平等的教育权；对于那些因为贫困而失学的儿童，伸出援助之手是社会每个成员的职责；在国家机制还不能为所有儿童提供相应的教育机会的情况下，社会办学也可以成为一种有效的补充。当然，让所有儿童都获得平等的教育机会，享受教育的福祉，仍需要国家制度和立法的根本完善来加以保障。

三、感化学校

1. 惩罚或改造？少年犯管教模式之争

在19世纪前期，犯了过错的少年和成人一样接受法庭的审判，如果被判定有罪，他们就可能被判罚款、流放或监禁，包括单独关禁闭。按照现代标准来衡量，英国对少年犯的定罪是相当严厉的。1833年，一名9岁的男童因为盗窃价值2便士的画被判死刑（尽管最终没有执行），两名15岁的少年因为盗窃一双靴子被判流放7年。[①] 尽管法庭通常会因为他们的年幼而对他们有所同情，但是却没有任何合法的权利使他们能够被与成年人区别对待。与成年犯人的共同监禁生活不仅不能震慑住年幼儿童，让他们改邪归正，反而会使他们受到成年犯人的教唆，在犯罪的道路上越走越远。工业化过程中，下层人民生活贫困的加剧也使得许多贫困儿童，尤其是弃儿游荡在社会的各个角落，他们用各种可能的手段包括不法手段来维持自己的生存。为了养活自己，他们显示出无与伦比的智慧。有些儿童靠乞讨或在大街上卖东西维持生存，但更多的儿童养活自己的办法是去偷盗能够拿到手的任何东西，无论是鸡棚里的鸡、鸽房的

[①] http://www.childrenshomes.org.uk/Rfy/.

鸽子还是挂在晾衣绳上的衣服。玛丽·卡朋特(Mary Carpenter)忧虑地写道,"这个令人烦恼的阶层厚颜无耻地认为,他们可以通过偷窃而获得比劳动更多的养活自己与父母的东西。他们的手伸向每一个人,因为他们不知道所有人都是自己的兄弟"①。因此,在19世纪初,少年犯罪现象的日益增加引起了人们的关注。

把少年犯与成年罪犯隔绝开来,是19世纪初人们关心的首要问题。

19世纪一二十年代,少年犯一般被收监在普通监狱,与成年犯人一同对待。其实早在19世纪初就有人建议在监狱系统中对少年犯进行隔离监禁,使之与成年犯人隔绝开来。1823年通过的《皮尔监狱法案》(Peel's Gaol Act)从理论上要求对少年犯进行区别对待。在19世纪20年代以及30年代初,英国虽有了一些尝试对少年犯进行隔离监禁的专门机构,如希尔内斯(Sheerness)的"柏勒罗丰号囚船(Bellerophon)",这是单独针对男孩子的囚船,在1823—1825年间收容了320名男孩子,之后这些男孩子被转到了查塔姆的另一艘囚船"尤里亚勒斯"号上;②一些民间团体经营的机构,如伦敦最老的一个团体——"海事协会(the Marine Society)",成立于1788年的慈善协会,贫民收容所(the Refuge for the Destitute)以及儿童互助协会等。③ 但所有这些团体都是自助性质的,没有政府的资助,对于数目庞大的少年犯群体来说,这些机构所接纳的少年犯数目非常有限。至于在监狱中将少年犯和成年犯人隔离监禁,其实际执行效果也很微弱。而且,也缺乏统一性。比如,在格罗斯特监狱,就没有实行隔离监禁,也没有针对少年犯的教育规定;而在沃切斯特监狱,少年犯被隔离开来,每天能接受两个半小时的教育引导。很显然,《皮尔监狱法案》的执行情况很不

---

① Mary Carpenter, *Reformatory Schools, For the Children of the Perishing and Dangerous Classes, and For Juvenile Offenders*, London, 1851, p.2.
② Eric Hopkins, *Childhood Transformed*, p.196.
③ Ivy Pinchbeck and Margaret Hewitt, *Children in English Society Vol.2: From the Eighteenth Century to the Children Act 1948*, London: Routledge and Kegan Paul, 1973, pp.455-459.

理想。

1828年首都警察调查委员会对少年犯罪现象进行调查后的报告中指出，监狱本身并不适合年幼的违法者，因为他们通过与其他成年犯人的接触再次受到感染。① 尽管从19世纪初开始就不断有人呼吁对犯罪儿童区别对待，以改造为主、惩罚为辅，但当时人们普遍认可的观念仍然是"劣等处置原则（less eligibility）"，改革的呼吁被置若罔闻。1831年，冷浴泉场（Coldbath Fields）惩戒所的主管曾如此描述该惩戒所的少年犯："监狱的惩罚对他们而言并不算惩罚；我并不是说他们宁愿住在监狱也不愿出狱，而是指他们完全能够承受这样的惩罚，而且监狱提供的食物如此好，他们的精神状态如此愉悦，作为惩罚，这样的效果令人愤慨。"② 换句话来说，把监狱弄得如此吸引人是非常不明智的。

这种状况直到19世纪30年代中期才有所改变。政府终于意识到有必要对少年犯进行某种形式的单独处置。1835年监狱和惩戒所特别委员会建议建立一所单独的少年犯监狱，经过20年的呼吁和努力，社会氛围终于改变。1838年，英国在怀特岛设立了第一所专门针对少年犯的监狱——帕克赫斯特监狱（Parkhurst Prison）。帕克赫斯特监狱的宗旨是，对那些被判流放海外的少年犯进行两到三年的惩戒训练，然后把他们移民到殖民地。在帕克赫斯特监禁期间，少年犯们需接受户外劳动、学习指导和宗教教育。帕克赫斯特监狱有40间单独禁闭室，每个入狱的少年都要接受4个月的单独禁闭，如果其间表现不好，单独禁闭一直延续到表现好了为止。禁闭期间，每天除了去礼拜堂和学习的有限时间外，其他时间一个人被关在小小的禁闭室，除了编织手工和阅读书籍外，无人交流。③ 1842—1843年，帕克赫斯特监狱遣送123名儿童到新西兰，1842—1852年

---

① Eric Hopkins, *Childhood Transformed*, p.196.
② *Select Committee on Secondary Punishments*, 1831, p.33.
③ Mary Carpenter, *Reformatory Schools*, p.318.

间向新西兰和澳大利亚遣送了约1 500名少年犯。帕克赫斯特监狱的原则是,以惩戒阻止失足少年继续犯罪,"'改造(reformation)'……只能通过道德、宗教和劳动训练起到作用,但改造所采用的手段不能与总体的惩治纪律相冲突"[1],因此帕克赫斯特监狱从一开始就因其严厉的管教和惩戒手段而闻名。但严厉的惩戒管教并没有起到很好的改造效果,反而使得这些男孩子更加恶性难驯。他们不仅不遵守纪律,随意讲话,还不断顶撞监狱官员,打架,随意破坏财产,甚至盗窃。1844年,有445人接受了4 105次单独惩罚,其中165次鞭刑,平均下来将近每人10次受罚。[2] 帕克赫斯特监狱作为少年犯特殊监狱的时间并不长,由于遭受广泛的社会批评,该监狱于1864年关闭。总体而言,第一所少年犯监狱是一次不算成功的试验。

帕克赫斯特模式的不尽如人意使得社会改革家们把目光投放到对少年犯的改造上,惩戒体制遭到他们的抨击。在这个领域,19世纪的女性社会活动家玛丽·卡朋特(1807—1877)以其坚韧而矢志不渝的形象给当时以及后世的人们留下了深刻印象。玛丽终身未婚,早在30年代就积极投身于贫困儿童的救助与问题儿童的改造事业中,其名字也被铭刻在1895年竖立于伦敦肯萨尔格林公墓的改革家纪念碑前列。1847年在布鲁厄姆的动议下,上院任命了一个特别委员会,"对犯罪法的执行情况,尤其是少年犯和流放问题进行调查",这是第一个专门对少年犯进行调查的委员会,委员会经过广泛调查取证之后在报告中建议废除对少年犯人实行流放的惩罚措施,同时建议设立更多帕克赫斯特模式的监狱。[3] 1847年委员会在关于审判少年犯人的模式方面,对某些比较激进的观点给予了较大的支

---

[1] "Reports Relating to Parkhurst Prison", *Parliamentary Papers*, 1839, Vol.22, Dublin: The Irish University Press, 1968, p.643.
[2] Mary Carpenter, *Reformatory Schools*, p.321.
[3] Ivy Pinchbeck and Margaret Hewitt, *Children in English Society Vol.2*, pp.468-469.

持,但它鼓励帕克赫斯特监狱模式的做法以及它对于"感化学校应该成为改造少年犯人的主要场所而不是可能的场所"的观点的犹豫不决的态度激起了玛丽·卡朋特的强烈不满。她抨击帕克赫斯特模式是"帕克赫斯特瘟疫","种种证据表明,监狱中的互相感染可能是相当致命的,对于第一次犯罪的少年人而言必定是非常有害的,他们会因为一个非常轻的犯罪行为坐牢之后被训练成一个最糟糕的罪犯"。① 既然专门的监狱也不能阻止少年犯罪行为,卡朋特认为,只有感化学校才能完成这个任务。"感化学校……会取得令人期盼的效果:阻止那些还没有触犯法律的孩子走上犯罪道路;改造那些已经犯罪的孩子,使他们迷途知返。"②

图 4-12　玛丽·卡朋特

---

① Mary Carpenter, *Reformatory Schools*, p.310.
② Mary Carpenter, *Reformatory Schools*, p.vi.

受此激发,她开始写作她的名著《论感化学校》,并于 1851 年正式出版。该书奠定了她在感化学校倡导者中的权威地位,在随后的 20 年时间里,她的身影穿梭于讨论会、委员会会议、公众讲坛、王室委员会以及特别委员会的证人席、各种协会和游说团体中,凡是她相信可以推动她的事业的地方,她都去。①

玛丽·卡朋特并不反对把少年犯与成年犯人分别囚禁的观点,她反对的是那种认为帕克赫斯特模式能够成为改造犯罪儿童的体制的观点。她认为,监狱不仅算不上防止儿童犯罪的合适场所,反而是青少年犯罪的学校。② 尽管帕克赫斯特监狱组织规范,但它"无论从名义还是从实质上看都是一种监狱";她坚持认为,"在没有触及儿童心灵的情况下,对他们进行任何实质上的改造都将是徒劳无益的","在帕克赫斯特刻板的军事化纪律下是不可能获得任何实质上的改造成果的"。③

她认为最适合犯罪儿童的教育改造场所是感化学校。她归纳了感化学校三个完全不同于其他普通学校的原则:第一也是最重要的一条原则,致力于这项事业的人们必须坚信这样的思想:人类的灵魂是永生的,上帝如父般的统治无所不在,上帝能够洞察每一个可怜孩子身上所具有的和我们一样的高贵品质。第二个原则,爱应该是所有力图感化这些儿童的人最重要的感情。这种爱从本质上说不仅是和善的爱,也应该是聪明的爱;老师应该将这种爱渗透进对待学生的感情中,他不能使用惩罚的手段疏远与学生的感情。除了这两个主导原则之外,感化学校的第三个原则是,应该对童年时期人类的自然法则(不论是精神的还是肉体的)进行悉心研究,还要对不同的行为模式对社会所产生的效果进行认真研究。④

---

① R. J. W. Selleck, "Mary Carpenter: A Confident and Contradictory Reformer", *History of Education*, Vol.14, No.2 (1985), p.107.
② Mary Carpenter, *Reformatory Schools*, p.262.
③ Mary Carpenter, *Reformatory Schools*, pp.312, 322.
④ Mary Carpenter, *Reformatory Schools*, pp.73-76.

在这场争论中,无论是惩罚还是改造,都体现了19世纪三四十年代的英国社会对于犯罪儿童教育问题的强烈关注。这是英国社会转型时期社会问题的一个表征。在维多利亚时代初期,无所事事的贫困儿童所引发的社会秩序问题已经让中上等阶层极度忧虑,除了正在酝酿中的国民教育体系,主日学校运动、贫民免费学校运动都是英国社会对这种忧虑的反应,也是中上等阶层通过教育实行社会控制的一种手段。对于犯罪儿童群体而言,惩罚或改造也是当时中上等阶层实行社会控制的手段,区别在于哪种方式更有效、更能符合当时人的心理接受度。到了40年代末,玛丽·卡朋特的观点其实表达了许多人期待已久的关于犯罪儿童教育问题的想法,只不过她的论述比较全面而且有说服力,因而吸引了很多人的关注。在惩罚还是改造这场争论中,认同卡朋特的感化教育观点的人逐渐增多,社会氛围也逐渐对感化教育这种改造模式越来越宽容。但是观念的争论并不能真正解决问题,以观念为指导的实际行动才能最终证明这种观念的有效性。正因为如此,玛丽·卡朋特在布里斯托尔先后创办了两所改造犯罪儿童的学校,这既是对她信奉的观念的证明,也启动了英国的感化学校运动。

2. 民间试点与政府立法的碰撞与汇合

(1) 感化学校在英国的兴起

19世纪三四十年代,感化学校(reformatory school)其实是法国、德国、美国等国家已经成功运用的改造少年犯的方法。德国的劳厄豪斯学校(Rauhe Haus)、法国的梅特莱学校(Mettray School)是其中影响最大,也最知名的代表。尤其是梅特莱学校,为英国的社会改革家们提供了有益的经验,英国"凡是关于感化学校运动的著作几乎都会提到这个伟大的机构"。梅特莱是一个针对少年犯的农业监禁地,以农业公司的形式存在。其创办者的一个主要原则就是使这个机构成为施加道德影响而非身体惩罚的地方,通过对少年犯进行农业训练,引导他们互帮互助,激发他们的进取和竞争精神。①

1846年,霍顿勋爵(Lord Houghton)向议会提交了一份关于建立感化学校体制的议案,尽管该议案在下院二读后被否决,但它让人们对这一体制愈加关注。慈善协会再次走在运动的前列。1849年,在参观了法国梅特莱针对少年犯的农业监禁地之后,慈善协会在萨里的雷德希尔创办了英国第一所感化学校——雷德希尔学校(Red Hill school)。它采用了梅特莱模式(Mettray model),开办成农业监禁地,犯罪的男孩子们在移民之前可以在这儿学习一些耕作技能。这种学校努力"缓和与改善"这些儿童的顽劣性情,"完全用宗教的真理来引导他们,使他们养成清洁、勤劳和守秩序的习惯"。威斯特敏斯特监狱的儿童也被委托给雷德希尔。随着该校声誉日隆,地方法官给予犯罪儿童"有条件的赦免",允许他们到雷德希尔来学习,以此代替坐牢。沃里克郡邓斯莫尔附近的斯特雷顿(Stretton-on-Dunsmoor)也建立了同样的机构,收容伯明翰地区的犯罪少年。② 在改造期结束之后,雷德希尔的少年立刻就被送到国外去,以免被以前的同伙"污染"。这种感化学校的宗旨就是,通过教育(尤其是宗教教育)的手段,对犯罪儿童进行道德净化,达到改造并阻止其继续犯罪的目的。

因此,从宗旨和手段上来讲,感化学校和当时似乎比较先进的帕克赫斯特监狱模式完全不一样。感化学校的宗旨是对儿童进行改造以阻止其继续犯罪,帕克赫斯特监狱的宗旨是对儿童进行惩戒来阻止儿童继续犯罪。在手段上,感化学校倡导的是道德教化辅之以一定的劳动技能训练,使得儿童能够从思想上和实际生存的角度远离犯罪生活;而帕克赫斯特监狱则是通过严厉的纪律和惩罚来震慑儿童,力图使他们远离犯罪生活。

---

① "Reformatory Schools", *The Quarterly Review*, Dec. 1855, p.44.
② Lionel Rose, *Young Offenders and the Law*, London: Batsford Academic and Educational Ltd., 1984, pp.30, 33.

(2) 改革遭遇重重困难

1851 年 12 月 10 日,感化学校事业最杰出的三位领袖——玛丽·卡朋特、达文波特·希尔(M. Davenport Hill)以及西德尼·特纳(Sydney Turner,雷德希尔学校的负责人)邀请所有对感化学校感兴趣的人在伯明翰聚会,探讨感化学校的相关问题。这就是伯明翰改造少年犯问题大会(Conference at Birmingham on Preventive and Reformatory Schools)。这是英国历史上第一次专门就少年犯问题进行会议研讨。会议记录随后以小册子的形式出版,广泛流传。参加会议的人员虽然不多,但都从事与少年犯相关的职业,如管教所牧师、监狱牧师、感化学校管理者、地方法官、刑事法庭法官等等。与会者纷纷通过自己身边的事例来探讨感化学校所遇到或应该注意的问题。[①] 此次大会最后综合了与会者的意见,提出了建立更多的针对少年犯的感化学校的决议,并在大会上讨论通过。大会决议认为,"对于少年犯,尤其是不满 12 岁的少年犯,用惩戒成年罪犯的严厉方法来对待他们,是一个重大的失误;他们需要的是感化所或感化学校,而不是监狱。通过监狱等方式来处置这个阶层,极其糟糕,所有案例都说明它们弊大于利,会增加犯罪并使得犯罪长期延续,而不是抑制或根绝犯罪——监狱罪犯的再犯率多数情况下达到 40%—50%,有些甚至高达 70%。(目前仅有的几所)感化学校要好得多,学员的感化率达到 40%—50%,有一所甚至高达 80%。与贫民免费学校、劳动教养学校或者感化学校相比,监狱现有的年度开支要高得多。因此,无论从哪个方面来看,预防犯罪要远远好于惩治犯罪"[②]。伯明翰大会以令人信服的方式归纳总结了能够佐证的证据,这些证据不仅能证明犯罪儿童中的绝大部分是可以感化改造的,

---

[①] "Reformatory Schools", *The Quarterly Review*, Dec. 1855, pp.57 – 58.
[②] "Conference at Birmingham, Dec. 10, 1851, on Preventive and Reformatory Schools", *Ragged School Union Magazine*, Vol.4, No.37 (1852).

而且能证明对这些儿童的改造费用与他们作为罪犯对社会所造成的危害相比,是微不足道的。大会决议以及证据随后被呈送给当时的内政大臣乔治·格雷(George Grey),请求他予以立法考虑,但是格雷的回复是:现在还没到对此进行立法的时候。

格雷作为内政大臣对感化学校问题的态度是有现实考量的。在1850年前后,大众对于感化学校的态度仍然游移不定。关于阻止青少年犯罪,到底是惩罚这种传统的威慑手段有效,还是感化这种和风细雨的改造方法更能改变年轻人?当时的争议也比较大。卡朋特的《论感化学校》出版后也并非收获一致好评,一些认可传统的惩罚体制的人甚至对卡朋特进行冷嘲热讽。《雅典娜》(The Athenaeum)杂志发表书评,批评卡朋特关于感化学校通过教育手段能改造少年犯的观点是一种想当然,认为她对于监狱的描述太过感情化,并没有进行深入探讨,讽刺她"作为一个女性,监狱理论不是她能掌握的"[①]。惩罚(punishment)或感化(reformation)是针对少年犯的两种完全不同的体制。惩罚是有罪定论,感化是无罪定论。1854年,托马斯·巴维克·劳埃德·贝克(Thomas Barwick Lloyd Baker)在利物浦的一次会议发言中指出,"在最近几年中,绝大多数人所思考的是前者(即惩罚),而感化的方案通常比较模糊,务实的人都拒绝聆听,而且认为它们的提倡者纯粹是热情过头"[②]。

对于感化学校的真正效果,人们也持怀疑态度。1853年,奥布莱恩在为下院作证时,比较了帕克赫斯特和雷德希尔两种机构,他认为:"帕克赫斯特针对的是各种少年犯,他们性情各异,所犯罪行各异,在那里我们能控制住那些彻底变坏、无法无天的少年犯。慈善机构不能这么做。好几个曾经在慈善机构改造的少年在离开之后又被送到帕克赫斯特接受纪律管教。

[①] "Reformatory Schools, for the Children of the Perishing and Dangerous Classes, and for Juvenile Offenders", *The Athenaeum*, Sep.13, 1851.

[②] Thomas Barwick Lloyd Baker, *On Reformatory Schools: ... Read at the Meeting of the British Association, at Liverpool, Sep.26, 1854*, Gloucester: Printed by Edward Power, 1854, p.1.

我想,帕克赫斯特运行机制的基础是,即便普通人担任主管也会产生良好的效果。而慈善机构则不同,完全依赖于管理者的智慧、耐心、决心以及个人的手腕。如果把慈善机制作为一个模型,模仿者一般都会因为管理者的能力不足而失败。我们并不能每天都能找到一位像特纳先生那样的人去负责这样的机构。"[①]奥布莱恩的最后一句分析可谓一针见血,正中慈善性质的感化学校的软肋,优秀管理者的缺乏在以后蓬勃兴起的感化学校运动中一直是困扰这一体制的核心问题。

显然,卡朋特关于感化学校的观点在当时仍备受质疑,其推广仍需要其他的助力。

(3)玛丽·卡朋特的实验——红馆感化学校

图4-13 红馆女子感化学校旧址(背面),现为红馆女子感化学校博物馆

---

① "Reformatory Schools", *The Quarterly Review*, Dec. 1855, p.55.

图 4-14 19 世纪的红馆女子感化学校(正面)①

为了证明自己关于感化学校的观点是正确的,卡朋特在朋友们的帮助下于 1852 年在布里斯托尔的金斯伍德创办了自己的感化学校,开始用实际行动来证明自己的观点。这所学校兼收男女少年犯,在两年的时间里,男孩子的进步比较明显,但是女孩子,尤其是年纪大一点的女孩子很难教化。就因为这点,人们对金斯伍德学校的实验效果批评比较多。为此,卡朋特于 1854 年在朋友,尤其是已故著名诗人拜伦的遗孀支持之下,在布里斯托尔创办了一所专门针对女少年犯的感化学校——红馆感化学校(Red Lodge Reformatory),这也是英国第一所女子感化学校。从 1854 年学校创办到 1877 年卡朋特去世,她把绝大部分的时间和精力都放在了这所学校的经营和管理上,成功地改造了许多顽劣不化的女孩子。可以说,红馆感

---

① 图片来源:红馆女子感化学校博物馆。

化学校充分体现了卡朋特关于感化学校的理论和实践操作原则,因此,我将以这所学校为例来剖析感化学校的教育。

红馆(Red Lodge),如名所示,是一幢红砖三层老楼房,建于伊丽莎白时代,位于布里斯托尔幽静的城市边缘,背后是繁华的城市,前方是顺坡而下的郊外乡村。房子背靠街道,但是没有一扇窗户是临街而开的,可以避开邻居的窥探和热闹城市生活的诱惑(图4-13所示房屋背面的三扇窗户是20世纪改建的)。楼房前是开阔的庭院花园,三面围墙相合,使得这所房子既安静又不与世隔绝。楼内的房间宽敞高大,从房子里还可以观赏到庭院前方宜人的乡村风景,使得入住者避免了与世隔绝的痛苦感觉。这所房子是已故著名诗人拜伦的遗孀在1854年9月为卡朋特买下的,专门交由卡朋特经营管理。这所学校创办之时,《少年犯法案》已经通过,因此,学校从一开始就得到了由内政大臣帕默斯顿(Palmerston,又译"巴麦尊")亲自签署的许可证①:

> 我特此许可格洛斯特郡布里斯托尔城的红馆女子感化学校:根据监狱督察的检查和汇报,该校的条件和规则令我满意,能够有效地履行其教育目的,达到了法律②规定的感化学校的标准。
>
> 维多利亚女王第十八年,经我本人于政府白厅签名盖章,1854年12月9日
>
> 签名:帕默斯顿

这所学校的宗旨是"对那些因为不诚实的行为而使自己被迫与社会隔

---

① *Red Lodge Girl's Reformatory School*, *Bristol: Its History*, *Principles*, *and Working*, Bristol, 1875, p.2.该书为笔者从布里斯托尔档案馆(Bristol Record Office)复印来的1875年私人印刷版本。1854年,帕默斯顿通过了《感化学校法案》,根据该法案,内政大臣有权遣送少年犯到感化学校而不是监狱去接受教育。不过,他不得不接受一个修正案,确保少年犯在被遣送到感化学校之前必须先在监狱至少呆满三个月。1854年10月,帕默斯顿参观了帕克赫斯特监狱,和三名少年犯人进行了交谈,他们的行为举止给他留下了深刻印象,随后下令将他们送到感化学校。

② the Act 17 and 18 Victoria, cap.86.

绝开来的女孩子进行感化教育,使她们重新回到社会上去。它的主要对象是那些根据法律被判进入感化学校的儿童,但是学校的管理者在经过慎重考察之后也可以接受其他道德缺乏的儿童"①。鉴于此,学校收容的女孩子一般是被法官判刑的女孩子,但也有个别是被父母送来的无法管教的女孩子。她们"必须是年龄不到14岁的未犯重罪的女孩子",进了学校之后"必须在学校中生活五年,如果表现良好,可以提前获得自由,回到社会"。②

卡朋特非常重视对学生行为规范的管教。每个新来的学生必须首先认真聆听卡朋特亲自起草的规矩,并要一直遵守这些规矩。学校力图让每一个来到这所学校的女孩子记住,"她们来这儿是为了使她们成为这个社会中诚实、勤劳的一员,并且要转变成另一个品性更好的人"③。这些规矩共有十条④:

1. 每个女孩子一旦进入本校,就要开始全新的人格训练,她必须尽可能地忘记过去的罪恶生活;

2. 禁止任何女孩子以任何理由没有获得许可而离开学校,除非有教师陪同;

3. 必须严格服从校长、主任和教师的管理,尊敬老师,爱护同伴;

4. 对上帝之名的无礼、低俗的语言、骂人以及给人起绰号都是被严格禁止的;

5. 必须要特别注意遵守秩序、保持整齐和清洁;

6. 每个人必须勤奋、积极地对待工作;

7. 必须悉心爱护他人的财产以及学校中的一切物品;

8. 禁止任何女孩子瞒着主任,自己身边存放钱;

---

① *Red Lodge Girl's Reformatory School*, p.2.
② *Red Lodge Girl's Reformatory School*, p.3.
③ *Red Lodge Girl's Reformatory School*, p.6.
④ *Red Lodge Girl's Reformatory School*, pp.7 - 8.

9. 未经校长许可,禁止携带任何书籍、图片或任何种类的纸张进入学校,也不允许收发任何信件;

10. 对于任何违反上述规定的行为知情不报者,以从犯处理。

红馆感化学校的学习以心灵改造为主、劳动训练为辅。正式进入红馆之后,这些女孩子们将和过去放荡不羁的生活彻底隔绝,开始接受一种全新的生活模式。红馆的学校生活主要有三方面:首先也是最主要的内容是圣经经文的阅读和解释、日常的祈祷以及其他的宗教指导。其次是必要的智力教育,目标是激发学生对有用知识的兴趣,唤醒她们的潜能。具体来讲,她们所接受的世俗教育内容主要是阅读、写字和算术,也包括一些地理知识。再次是日常的劳动训练,这是为了刺激她们的活力,培养她们的勤

图 4-15 红馆学校的女孩子们学做针线活①

---

① 图片来源:红馆女子感化学校博物馆。

劳习惯;她们所从事的劳动总是那些适合女孩子做的家政服务工作,这样可使她们以将来能够适应各种可能的工作环境。具体来讲,每个女孩子每天至少要做一到两个小时的家务劳动,每天下午要做三个小时的针线活和织布工作;年龄大的女孩子主要做一些洗衣、熨衣、煮饭以及其他能够对她们将来出去做家庭女佣有帮助的家务劳动。① 下面这份红馆的一天日程表②比较清晰地为我们揭示了这所学校中的女孩子的日常生活和教育的情景:

  6:00 起床,祈祷,整理床铺,开窗

  6:25 去教室

  6:30 除一部分需要进行特别教育的学生跟随老师去一个单独的房间外,其余学生留在教室里和教针线活的老师一起缝补衣服,并为当天的针线活和编织工作做准备(教室也是吃饭的地方)

  8:00 祈祷铃声响,祈祷

  吃早饭(不准讲话,有教师在场维持秩序)

  早饭后 开始工作

  年纪大的女孩子去做洗衣的工作,一直到喝茶时间为止;9点钟到10点钟是学生们最忙的时间

  10:00 铃响,所有学生去教室准备上早课,上课一直持续到12:00

  早课结束后到1点钟 吃午饭时间

  午饭后,学生们可以在学校的花园中娱乐,直到下午2:00的缝纫课开始

  2:00 下午的缝纫课,这将持续三个小时

---

① *Red Lodge Girl's Reformatory School*,pp.4 – 5.
② *Red Lodge Girl's Reformatory School*,p.34.

5:00 晚餐铃响,所有学生集合在一起吃晚饭,然后她们一直待在一起,直到 8 点钟

8:00 睡觉

红馆学校在初期遇到了困难,学生的顽劣不化、教师队伍素质的参差不齐以及不稳定,都在一定程度上影响了学校的教学效果。1857 年,卡朋特在年度报告中分析了这种困难状况。1856 年元旦,学校有 21 名学生(其中 10 人于当年离校),1856 年入校的有 41 名女孩,到 1856 年底,学校共有学生 52 人。新入校的 41 人中,粗通文字的有 21 人,完全不识字的有 20 人。即便粗通文字的女孩子人数达到了入校生的一半,但卡朋特认为,"这些数字无法描述大部分女孩刚进校时的绝对无知(absolute ignorance)——知识和道德的无知,使得她们在一段时期内不能从学校的总体课程中受益;尤其是与圣经或圣经知识相关的事情,这种无知状态表现得特别明显"。令她感到惊讶的是,几乎所有的女孩子都承认,自己曾上过学,就连最无知的孩子也曾断断续续地在一所学校上过几年学,因此卡朋特认为,"这种可怕的'知识缺乏'并不是因为缺少机会(opportunity),而是因为缺少意愿(will)"。极度的无知增加了学校感化的难度。而部分犯罪女孩不良的家庭环境使得感化变得更加棘手:1856 年在校的 52 名女孩中,有 10 人的父母曾经或者正在坐牢,她们的犯罪行为几乎都可以追溯到其父母身上。面对这样无知而桀骜难驯的问题少女,卡朋特不得不承认,"在整个学校充斥着恶劣行为举止的氛围下,短期的感化并不能造就长期稳定的良好行为举止"。1856 年离校的 10 名学生中,有两名女孩很快就故态复萌,其中一名已经就业的女孩因此被雇主辞退回家。但不可否认的是,卡朋特的努力仍然获得了一定的回报,至少在已经离校的这 10 人中,除了故态复萌的两人,以及移民美国却落入坏人之手的一名女孩之外,其余 7 人(移民美国 2 人,父母领回 3 人,留校做助理 1 人)的进步很大,无论

是就业还是在家里,都表现良好,能相当好地控制自己,学校也收到了对她们的良好评价。①

在经历了最初的困难之后,红馆在卡朋特的不懈努力之下,作为她所倡导的感化学校的试点取得了令人满意的效果。到1865年的时候,红馆的在校生总数66人,此前四年有70名女孩子离校,其中只有一人又被重新关进了监狱,60人能够通过诚实的劳动维持自己的生存,有的人甚至生活得较为体面。② 这样的效果的确令人鼓舞,大众对这种学校的印象也开始发生变化,他们开始乐于接受这些女孩子到自己家里做女佣。到了1874年,也就是学校创办了20年之后,红馆共教育了417名女孩子,在此之前的四年中有87人离校,64人体面地用劳动养活自己,除少数人仍重操旧业之外,没有人再被重新送进监狱。这是长期耐心细致的工作所取得的成果。因此,卡朋特在回顾20年的工作时很骄傲地宣称,"鉴于我们的教育对象的特殊性,这20年工作的成果比我们预想的还要令人满意"③:

> 第一,20年前存在的那种少年犯罪现象已经绝对地减少了。那时候,存在着许多有组织的少年盗贼帮会,她们使用一种特殊的语言。我认识的一个妇女吹嘘她自己已经训练了50名小偷,而且她自己的女儿更是行家里手……第二,公众已经清醒地意识到感化少年犯的责任和作用,许多慈善的人已经开始为此而行动起来……第三,我们的感化学校这么多年来工作的效果非常令人满意,以至于公众已经认可它的实用性。④

也许卡朋特在描述感化学校的效果时有点乐观,但不可否认的是,卡

---

① "The Red-lodge Girls' Reformatory School", *Bristol Mercury*, Feb. 28, 1857.
② *Red Lodge Girl's Reformatory School*, p.23.
③ *Red Lodge Girl's Reformatory School*, p.27.
④ *Red Lodge Girl's Reformatory School*, pp.58–60.

朋特在自己的学校中用事实证明了这项工作的价值。在她和其他致力于这项工作的人们的共同努力之下，感化学校在19世纪50年代得以迅速发展，并在之后的几十年中成为改造犯罪儿童的重要场所。而她自己亲手创办的金斯伍德感化学校（Kingswood Reformatory School）直到1984年仍在经营，红馆女子感化学校也在她去世后继续运营，直到1918年才关闭。卡朋特在少年犯刑罚改革方面的尝试和努力，对人们用更为开明的方式来对待少年犯人富有启发意义。她的文章、她的政治活动以及她的公开演讲，对英国、欧洲其他国家、印度和美国的感化教育产生了深远影响，极大地推动了19世纪和20世纪的改革运动。

3. 感化学校运动的发展

1852年，议会下院成立了一个委员会，专门考察少年犯现状以及如何处置少年犯的问题。委员会历经两届议会，于1853年递交了一份报告，强烈推荐感化学校体制。同年12月20日，热心感化学校事业的人们再次在伯明翰召开大会，商讨与感化学校有关而且最值得人们关注的八个方面的问题。这次会议的备忘录点明了感化学校体制的实质，使得大众对感化学校的认知越来越全面。大会还委托阿德利（Ardleigh）先生起草了一份新的议案提交给下院。

1854年2月，在卡朋特等人持续的呼吁和努力之下，阿德利的议案得到了当时的内政大臣帕默斯顿的关注和认可，他亲自向议会提交这份议案。最终这份名为"一项更好地照料和改造全英国少年犯人的法案"（即《1854年少年犯法案》，也被称为"感化学校法案"）得以通过，成为英国第一份有关少年犯改造的法令。[①] 根据这个法令，任何16岁以下触犯了法

[①] 《1854年少年犯法案》之后在1855年和1857年经过两次补充和扩展，最终在1866年大幅修正并经议会通过后成为《1866年感化学校法案》。

律应该被惩罚的少年可以被判进入感化学校就读,前提是该少年犯在进入感化学校前必须在监狱中接受至少两个星期的监禁。法案也规定,被判进入感化学校的少年至少要在这种学校中接受两年的监禁教育,但最长不超过五年。① 然而,这是一个比较宽容的法案,并不是强制性的:它允许地方法官把定罪后的少年犯送到这些机构,但不是强制要求。此外,它也没有赋予中央政府或地方政府某种权力来建造感化学校。相反,这个法案试图利用现有的(以及未来的)私人感化学校。因而,政府的权力是"督查"这些想要接纳判刑后的少年犯的学校,然后给它们颁发许可证。不过,这个法案也规定,对于这些被送到政府特许的私人感化学校中进行改造的判刑后的少年犯,政府可以帮助支付他们的生活费。

《1854 年少年犯法案》的通过使得感化学校运动在 1850 年代开始迅速发展。1854 年 10 月,这项事业的狂热倡导者贝克先生(Baker)在家中聚集了将近 30 位致力于创办感化学校的人士,比较、交流办校的费用以及困难。这次聚会的一个成果就是成立了名为"感化学校联盟(Reformatory Union)"的协会。② 法案通过之后不久,就有好几所私立感化学校得以创办。其他许多地方也开始致力于这项事业。德文郡第一个采取行动,1855年上半年在埃克塞特附近开办了一所感化学校。约克郡西区、伯克郡、汉普郡、诺福克郡、柴郡、北安普敦郡以及多塞特郡都取得了巨大的进展。威尔特郡、埃塞克斯、贝德福德郡、萨福克郡、沃里克郡、苏塞克斯、斯塔福德郡、威尔士北部等地也推进了这项工作。法案通过之后的五年是各地办校的高峰期。

---

① "Reformatory Schools", *The Quarterly Review*, Dec. 1855, p.59.
② "Reformatory Schools", p.61.

表 4-3　1855—1861 年间英格兰新办感化学校①

年份	新办数量/所	年份	新办数量/所
1855	10	1859	6
1856	17	1860	1
1857	9	1861	2
1858	6		

注：其间有 6 所因为多种原因停办。

截至 1861 年底，全英有 62 家获得政府许可证的感化学校，其中英格兰有 50 家，苏格兰 12 家。② 由于被判刑的男孩子远远多于女孩子，在 1876 年英格兰的 61 所感化学校中，男孩子的感化学校有 41 所，而女孩子的感化学校只有 20 所。法案通过后的 19 世纪 50 年代后期是感化学校在英国迅猛发展的繁荣期，基本奠定了感化学校在英国发展的规模。

表 4-4　1854—1861 年间英国获得政府许可证的感化学校数目统计③

（单位：所）

年份	英格兰		苏格兰	
	男生学校	女生学校	男生学校	女生学校
1854	4	2	1	1
1855	13	3	1	1
1856	25	7	4	4
1857	32	9	6	4
1858	34	11	6	6
1859	37	11	8	6
1860	37	11	8	6
1861	36	14	8	6

---

① *Nineteenth Report of the Inspector appointed … to Visit the Certified Reformatory and Industrial Schools of Great Britain*, London: Printed by George E. Eyre and Willam Spottiswoode, 1866, pp.11-12.
② *Fifth Report of the Inspector appointed … to Visit the Certified Reformatory and Industrial Schools of Great Britain*, London: Printed by George E. Eyre and Willam Spottiswoode, 1862, p.6.
③ *Fifth Report of the Inspector appointed … to Visit the Certified Reformatory and Industrial Schools of Great Britain*, London: Printed by George E. Eyre and Willam Spottiswoode, 1862, p.7.

蓬勃发展的感化学校事业在维多利亚中期人们的思想中引起了强烈的共鸣。1855 年 12 月的《季刊评论》(Quarterly Review)中,斯塔福德·诺斯科特甚至认为,"除了(克里米亚)战争之外,当前没有一个话题能像感化学校那样占据了人们大量的注意力"[1]。从 1855 年到 1908 年,法案通过之后的半个世纪的时间里,感化学校的总数虽有所变化,但基本维持在 50 所左右。1900 年,全英国有 48 家感化学校维持运营,其中英格兰 39 家,苏格兰 9 家。[2] 1908 年,总数没有变化,全英国仍有 48 所感化学校在运营,其中英格兰有 40 家。[3] 从 1856 年开始,政府每年任命一名督察巡视每一所获得许可的学校,并向议会提交每年的督察报告。这项工作从 1856 年起一直坚持到 1908 年,年度报告共计 52 份,年年不断。[4] 爱尔兰的感化学校年度督察从 1862 年开始,一直持续到 1917 年,向议会提交的年度报告共计 56 份,也是历年不辍。这些从未中断的年度报告每一篇都逾千页,详细介绍了每一所感化学校当年的发展情况以及存在的问题。这些报告的存在向人们昭示了,感化学校在半个多世纪中持续稳定发展,以及感化学校运动在 19 世纪后半期英国的政治、社会生活中不可或缺的存在价值。

---

[1] "Reformatory Schools", *The Quarterly Review*, Dec. 1855, p.32.
[2] *Forty-fourth Report for the Year 1900 of the Inspector Appointed ... to Visit the Certified Reformatory and Industrial Schools of Great Britain*, Part 1.—*List of Schools and Detailed Reports*, London: Printed by Darling and Son Ltd., 1901.
[3] *Fifty-second Report for the Year 1908 of the Inspector Appointed ... to Visit the Certified Reformatory and Industrial Schools of Great Britain*, Part 1.—*List of Schools and Detailed Reports*, London: Printed by Darling and Son Ltd., 1909.
[4] 如:第一份报告(*First Report of the Inspector appointed ... to Visit the Certified Reformatory Schools of Great Britain*, Part 1.—*List of Schools and Detailed Reports*, London: Printed by George E. Eyre and Willam Spottiswoode, 1858)是对 1857 年的办学情况进行视察,报告提交于 1858 年;最后一份报告(*Fifty-second Report for the Year 1908 of the Inspector Appointed ... to Visit the Certified Reformatory and Industrial Schools of Great Britain*, Part 1.—*List of Schools and Detailed Reports*, London, 1909)是对 1908 年办学情况进行视察,报告提交于 1909 年,历时 52 年,历年不断。

四、劳动教养学校

19世纪60年代,在针对犯罪儿童的感化学校运动蓬勃发展的同时,人们对问题儿童的热情也延伸到那些存在潜在犯罪倾向的儿童群体,如流浪儿童。这些儿童并没有触犯法律,因而《少年犯法案》管不到他们,但他们又行走在犯罪的边缘,很有可能步入少年犯大军中。这个群体长期以来也是困扰中上等阶层的一个问题。18世纪后期兴起的主日学校就是为教化这部分儿童的,由此在1850年前的英国也形成了一场主日学校运动。19世纪40年代,在阿什利勋爵(Ashley Cooper,后来的第七任萨夫茨伯里伯爵)的领导下,兴起了一场贫民免费学校运动。两者都从教育的角度救助贫困儿童,为他们提供受教育的机会,尽量把他们从无所事事地游荡在街道的状态中转移到学校中,更偏向于提高这些儿童的文化水平和道德认知。从犯罪学的角度对这个儿童群体的关注主要是随着感化学校运动的推广而展开的。

卡朋特在《论感化学校》中曾经专门区分了三种类型的儿童以及针对他们的教育。一种是针对贫困儿童的免费学校(Ragged School);第二种正是她极力提倡的针对犯罪儿童的感化学校;第三种是针对那些因为贫困或其他原因而处于犯罪边缘的儿童的劳动教养学校(Industrial School)。"这些儿童由于极端贫困或者本身的品性恶劣,要么以流浪为生,要么以小偷小摸为生,他们也受到警察的管制。这样的儿童如果不去免费日校上学的话,必须强制进入劳动教养学校上学。"但是,与感化学校不同的是,"这种学校仅仅是为那些还没有被判入狱的儿童提供的"①,这些儿童是"容易毁灭的阶层",他们"还没有真正犯罪,但是如果不帮助他们改善自己的状况,他们将几乎不可避免地由于其无知、贫困和所在环境而最终走上犯罪道路"。② 在卡朋特等人看来,劳动教养学校和感化学校的共同铺开,将极其有力地遏制少年犯罪现象的增加。

其实,关于劳动教养的观念是近代英国早已有之的一种教育理念。早在 17 世纪,洛克和约翰·贝勒斯都曾论述过对无所事事的贫困儿童进行劳动教育的观点。

17 世纪末,英国政府曾组建"贸易和殖民地委员会",其任务之一就是研究如何吸引英国贫民及其子女积极参加工农业劳动。洛克被邀请于 1696 年参加了该委员会,并担任委员。1697 年,洛克为委员会拟定了《贫穷儿童劳动学校计划》。洛克在他的计划书一开头就说,"劳动人民的子女是教区的一种经济负担",社会绝对不能无偿地养活他们。根据法律的规定,应当在每个教区设立一所劳动学校,采取严厉的措施,强迫领取救济金的贫民把 3—14 岁的子女送到这种劳动学校,并对他们实行强迫劳动。在劳动学校里,儿童从事的是纺纱等手工劳动,他们通过劳动来抵偿自己的生活费用。洛克在该计划中还指出:教区的手工匠人,可以根据自己的需要,凭"契约"从劳动学校选雇学徒。对于那些在 14 岁以前没有被雇走的贫民子女,则"通过订立契约,交给该区拥有最大量土地的绅士、地主和农民,被收为学徒,到 23 岁为止"。根据洛克的主张,劳动学校的教师在星期天要带学生们去教堂做礼拜,其目的是培养学生们的宗教意识和虔诚态度。洛克主张用宗教来影响贫民阶层的子

---

① Mary Carpenter, *Reformatory Schools*, p.38.
② Mary Carpenter, *Reformatory Schools*, p.2.

女,这其实反映了当时的上层社会从思想意识方面对社会底层进行控制的意图。洛克的劳动学校计划是近代英国特殊历史时期的产物。圈地运动以后,大量失去土地的农民涌入城市,成为无业游民、乞丐,甚至沦为盗匪,他们与原有的城市无业者一道,对社会治安形成了严重威胁,给英国城市带来严重的社会问题。从 17 世纪初起,英国先后数次颁布《济贫法》,规定给城市无业游民的子女以简单的职业技术训练,并强制他们劳动,以培养他们自食其力的能力,帮助他们就业,变乞讨者为生产者,以减轻社会的救济负担,尽量化解他们形成的社会威胁,维护社会治安。较之单纯的严刑峻法,这是比较有远见的措施。[①]

几乎与洛克同时代的约翰·贝勒斯是欧洲早期劳动教育思想的倡导者。他在《关于创办一所有用的手工业和农业的劳动学校的建议》中也提出:必须对贫困儿童进行劳动教育。在他看来,"劳动会带来富裕,怠惰者就应当衣衫褴褛,不工作者不得食"。贝勒斯敏感地意识到时代的需要,提出创办工业学校的主张。在他看来,工业学校"应当使富人有利可图,使穷人能过一种丰衣足食的生活,使青年能受到良好的教育"。在工业学校里,要把教学和体力劳动结合起来。贝勒斯强调,"不与体力劳动相结合的教学略胜于不学"。贝勒斯认为,男女儿童从四五岁开始,除了学习读写算的基础知识外,要学习编织、纺线等等,年龄比较大的儿童还要学习旋工和其他手工工艺。这样,学生到青年期将能成为优秀的工人。贝勒斯指出,组织儿童参加生产劳动,不仅能使他们养成勤劳的习惯,而且对德育与智育都有重大的意义。他曾经说,"手工劳动会使人变得有智慧,可以锻炼人的意志,巩固人的良知"[②]。

洛克与贝勒斯的劳动教育思想在当时并没有产生即时效果,但却对一个世纪后的英国产生了比较深远的影响。100 年以后,欧文重印了贝勒斯

---

① 滕大春主编:《外国教育通史》(第三卷),第 62—64 页。
② 滕大春主编:《外国教育通史》(第三卷),第 12—13 页。

的小册子《关于创办一所有用的手工业和农业的劳动学校的建议》,广为散发,传播贝勒斯的观点。洛克的思想更是影响到了大洋彼岸的美洲殖民地,后来美洲殖民地的弗吉尼亚和新英格兰等地,都曾援引《济贫法》的精神,把对贫苦儿童进行强制性的初级职业技术教育和宗教道德教育作为维护社会治安的重要手段之一。在英国本土,洛克所提出的劳动学校计划在当时虽然没有作为法律通过并实施,但在 18 世纪后期到 19 世纪中叶,仍产生了影响。

到了 19 世纪 50 年代,对贫困儿童实施劳动教养教育的观念随着玛丽·卡朋特等社会改革家对少年犯罪问题的关注而逐渐深入人心。1850 年代中期,对于那些游走在犯罪边缘的儿童(无论犯罪与否)来说,是个转折点。1857 年《劳动教养学校法案》通过,其中有些条款是关于街道儿童中境遇最差的一部分,即"流浪的、无双亲的、有危险道德倾向的儿童"。这些儿童并没有犯罪,但由于他们总与小偷为伍或者自己无所约束,很有可能走上犯罪的道路。和感化学校一样,劳动教养学校由民间自助机构建立并提供部分资金,但必须接受政府的考察,也接受政府的资助。学生的家长也被要求在家庭条件许可的情况下为子女的入学提供生活费,这样可以确保他们不会因为子女的不轨行为而受益。它的学生对象专门指那些 14 岁以下犯了不太严重的过错或者生活在不良环境中的儿童。劳动教养学校在当时有不同的称呼,有人称其为"流浪儿收容所",而 1870 年的劳动教养学校的督导称其为"年轻流浪儿和轻罪少年犯改化院"[1]。但是,创办这种学校的初衷是不包括犯罪儿童在内的,很明显这位督导认为,这种学校不应该把那些犯轻微过失诸如流浪、乞讨和小偷小摸的儿童排除在外。

这种新建学校的纪律都很严格,它们所提供的教育与职业训练是和宗

---

[1] Eric Hopkins, *Childhood Transformed*, p.199.

图 4-16　1900 年左右,埃塞克斯劳动教养学校中的男孩子

教指导糅合在一起的。它们的运营以"劣等原则"为理念。"等待这些儿童的是艰苦的劳动、粗糙的饮食和冰冷的床铺;对他们的待遇必须很合理……主要应该起到震慑作用。"①这正是玛丽·卡朋特所痛恨的观点。有时,长期存在的资金问题会逼迫学校想方设法增加收入,它们不得不在劳动训练的伪装下让学生承担很重的劳动任务,如图 4-16 所示,男孩子们在劳动技能课上学习制靴手艺并制作靴子。② 19 世纪 60 年代的利物浦感化学校协会所经营的布里奇公园农场学校(the Bridge Park Farm School)就是如此,为了让学生有额外的时间去砍柴火,该校削减了学习时间,因为砍柴火的工作特别赚钱。根据新的作息时间表,这些少年早晨 5:15 就起床,为的是在 6:00 到 7:15 之间上课。然后去吃早饭,并用

---

① Pamela Horn, *The Victorian Town Child*, Stroud: Sutton, 1997, p.204.
② 图片来源于 Pamela Horn, *The Victorian Country Child*, Kineton: The Roundwood Press, 1974, p.128.

一刻钟的时间唱圣歌和祈祷,8:00开始劳动。除了中午12:00到1:15之间的吃午饭和休息时间外,一天的其余时间都用在劳动上,直到下午4:45,然后开始洗澡并吃晚饭,之后在6:00到7:00之间上课,课后是一个小时的玩耍时间和半个小时的祈祷和背诵经文时间,最后才睡觉。但是在星期二和星期四,玩耍时间被乐队练习占据了,星期五晚上还有音乐课。① 这种日程安排并不是个别的特例。迟至1889年,感化学校和劳动教养学校的督导仍抱怨许多学校中的"砍伐木材的工作和糊火柴盒的工作太多"②。

尽管有着这样那样的问题,劳动教养学校在19世纪后半期仍得到蓬勃发展,与感化学校在60年代以后相对稳定的状态不同,劳动教养学校的数量持续增长。到1908年为止,全国共有165所劳动教养学校,共招收6—16岁儿童两万多人。③ 与感化学校相比,劳动教养学校照顾的儿童在数量上要三倍于前者。

表4-5 1860—1908年间英国感化学校与劳动教养学校学生人数④

年份	感化学校学生人数/人	劳动教养学校学生人数/人
1860	3 803	—
1870	6 562	8 788
1880	7 070	16 446
1890	5 854	22 735
1900	5 611	24 718
1905	5 380	20 454

---

① Joan Rimmer, *Yesterday's Naughty Children: Training Ship, Girls' Reformatory and Farm School: A History of the Liverpool Reformatory Association, Founded in 1855*, Manchester Rimmer Richardson, 1986, pp.79-80.
② Pamela Horn, *The Victorian Town Child*, p.205.
③ *Fifty-second Report for the Year 1908 of the Inspector Appointed* ..., pp.3-4.
④ *Fifty-second Report for the Year 1908 of the Inspector Appointed* ..., p.4.

续 表

年份	感化学校学生人数/人	劳动教养学校学生人数/人
1906	5 434	20 534
1907	5 562	20 604
1908	5 794	20 460

从理论上讲，劳动教养学校感到自豪的是，它们不是针对犯罪儿童的机构，它们的对象仅仅是那些大街上的不幸儿童。他们的入住者仍被官方称为"儿童"，而那些进感化学校的儿童则被官方称为"少年犯"。但在实际中，虽然劳动教养学校中的儿童不是因为犯罪而被送进学校，有些儿童确实在以前的某些时候犯过罪。总体来说，劳动教养学校为那些需要关心照顾的儿童提供了最基本的劳动训练，但它仍然属于一种刑事机构，在这方面它与感化学校在实质上并无二致，而且随着时间的推移，这两种教育机构之间的差别在逐渐消融。

无论是感化学校还是劳动教养学校，到了 1910 年都遭遇了发展的危机。1910 年，《约翰牛》(John Bull)杂志披露了利物浦的阿克巴感化学校(Akbar School，Heswall)虐待儿童的事实[1]，暴露了长期以来感化学校管理体制上存在的漏洞和弊端，引起了媒体和社会的强烈关注。这一事件被称为"阿克巴事件"，又被称为"阿克巴丑闻"。这一事件的影响之大，以至于当时担任内政大臣的丘吉尔不得不任命议员马斯特曼(C. F. G. Masterman)领导一个部门委员会专门对此进行调查。[2] 马斯特曼很快完成了调查，并向丘吉尔提交了调查报告。报告基本否认了阿克巴学校存在虐待儿童的说法。这份报告引起了媒体更大的质疑，一些议员也开始表示关切，1911 年上半年，议会下院曾六次讨论这个问题。尽管这个事件最后

---

[1] "School Horrors-How Boys at Akbar School are Tortured-several deaths", *John Bull*, Oct. 22, 1910.

[2] *Times*, Oct. 22, 1910, p.12.

的结果是大事化了,但它所暴露出来的感化学校管理体制上的缺陷以及普遍存在的体罚和虐待儿童的现象,基本浇灭了英国人对感化学校和劳动教养学校曾经的热情。与此同时,另一个英国著名报刊《每日邮报》(*Daily Mail*)也发表了六篇系列文章批判这两类学校,称其为"犯罪学校"(Schools for Crime)。

由于媒体的恶评,1911年以后,无论是感化学校还是劳动教养学校都处于衰落的状态。1925年,内务部成立专门委员会对这两类学校的未来进行评估。1927年出版的委员会调研报告建议取消对这两类学校的区分,代之以一种新型的机构,他们称之为"不良少年管教学校",新型学校包括所有被忽视的儿童群体以及少年犯群体。这个建议在1933年《青少年法》中得到确认。根据这个法案,现存的感化学校和劳动教养学校都转变成"管教学校"(Approved School),这个体制一直延续到20世纪60年代。

"阿克巴事件"暴露了感化学校运动经过半个世纪的持续发展之后存在的难以克服的管理弊病,使得这一运动骤然衰落,但是管理上的弊端并不能抹杀这些学校在处理贫困儿童问题上的革命性作用。

它们不仅给予少年犯人一种新的法律地位,而且其改造和恢复犯罪儿童的能力也得到了承认。这与对待成年罪犯的惩罚性措施以及大多数被关押在老式监狱中的年轻人的待遇形成了鲜明的对照。即便一个少年的行为并没有因为他的禁闭而有所改善,这种试验也被认为是有价值的,因为它把经验丰富的少年犯从社会上转移走了,这样就不会带坏其他儿童。人们希望通过这种方法,各种少年犯罪现象会减少,犯罪者阶层长期存在的恶性循环会因此被打破。尽管我们不该高估感化学校和劳动教养学校所取得的成就,至少到了20世纪五六十年代,这些处于犯罪边缘地带的贫困儿童的痛苦正越来越被人们所理解。人们认为,通过劳动教养学校这种教育体制,国家有权在父母不能供养其子女的情况下代替父母行使职责。

这就为后来保护儿童的措施奠定了基础,也为国家对父母与子女之间的关系进行干预奠定了基础。而感化学校运动的潮起潮落也使得人们更加理性地看待如何管教和改造少年犯问题。19世纪英国的感化学校和劳动教养学校从本质上来说都是刑罚场所,在对待问题儿童上,家庭和社区的作用是缺失的,20世纪初的人们越来越意识到家庭、社区以及专门的管教学校联合起来多管齐下的教育方式对于改造不良儿童的有益作用。

第二编
儿童教育与教会

在整个中世纪,基督教统治着欧洲的思想,渗透进欧洲人生活的方方面面。基督教非常重视教育,从一开始就有着开办初等教育的传统。因此,在整个基督教时代,教会对于教育形成了不可忽视的影响。它引导教众接受一定程度的教育,这样才能更好地理解基督教信仰,并且通过实际行动对上帝表示虔诚。在教会看来,所有关于自然和人类的知识都和上帝的基督教知识息息相关。因此,教会的职责就是教导整个民族,儿童当然也包括在其中。英国的初等教育更是具有非常明显的教会特色。一是英国政府迟迟不愿承担起大众教育的职责,教会当仁不让地担当起大众教育的职责。这种状况直到躁动的19世纪30年代才有所改变,辉格党主持下的英国政府开始逐渐参与初等教育。二是英国初等教育中的宗教教育烙印极为深刻。迟至1870年教育法改革出台前夕,英国政治家萨夫茨伯里伯爵仍坚持认为,宗教是教育的基础。[①] 可以毫不夸张地说,英国的国民教育体系得益于教会近代以来在贫困儿童教育上的实践和探索,即便在19世纪中期教会不得不向政府让渡世俗教育的部分管理权,英国的各教派仍坚持不懈地为普通儿童提供尽可能多的教育机会。

---

① Henry James Burgess, *Enterprise in Education: the Story of the Work of the Established Church in the Education of the People Prior to 1870*, London: National Society and S. P. C. K., 1958, p.180.

大五章

传统的赓继：教会对教育权的垄断

教会对教育权的垄断主要体现在教会掌握着学校的开办权和教师的任职权。世俗统治者往往将初等教育的职权赋予教堂和牧师,由他们履行对不同年龄的人传授教义的职责。

亨利八世之前,英国信奉天主教。天主教会通过各种教会团体控制教育。在封建时期,英国只有教士和贵族等上层社会的人拥有受教育的机会,下层民众几乎没有受教育的机会。16世纪初,天主教会为了控制社会下层,同时也为了强化下层民众应该尊敬服从地位比他们高的人这种观念,开始在教堂里附设唱诗班,收容贫困儿童,在教他们唱诗的同时也教授他们一些初步的阅读知识。

16世纪英国宗教改革后,脱离罗马天主教廷,自立教派圣公会,即英国国教。国王既是世俗政权的最高领袖,也是圣公会的首脑,是国家的精神领袖。英国国教自此获得了垄断地位。为了强化国教的宗教影响,国王下令将原来附设于天主教教堂的那些面向贫困儿童的机构统归国教管理,关闭了原有的附设于天主教会的所有学习场所,改由各教区的国教会负责,教贫困儿童阅读圣经条文,传播宗教知识。在此基础上,渐渐出现了一些简陋的教区学校,接纳贫困子弟入学。这是英国国教直接管理和控制初等学校的开始,也是英国初等教育的雏型,具有明显的宗教特征。从1559年开始,国教严格控制着学校教育,尤其是教师的任命和管理以及课本的选择。1559年王室法令规定了教师的任职资格:必须在品格和思想两方面都通过考察,而且得到主教许可的人,才可以担任教师。1604年,为了进一步强化国教对教育的掌控权和对学生的影响力,英国颁布法令,要求所有教师必须宣誓效忠于英国国王、《三十九条论纲》等。1662年,英国议会又颁布法令,将管理教育的权力(包括初等教育)授予国教,规定所有的教师都必须宣誓效忠于国教,所有学校的管理人员包括牧师、学监、助教和校长,都要遵奉圣公会的礼拜仪式,且任职须得到主教的认可。这个法令还规定初等学校的开办权一律属于国教。

由此可见,国教对英国教育(包括大学、文法学校、初等学校)的控制进一步加强,到了 19 世纪初,坎特伯雷大主教仍认为国教掌控教育是"国家关于教育的首要原则"①。正因为如此,在工业革命以前,贫民子女所获得的微乎其微的教育机会,几乎全部来自教会团体的资助。1800 年前后,除了慈善机构创办的少数慈善学校和教会的主日学校之外,英国政府在为贫民子女提供教育方面也基本无所作为。

---

① James Murphy, *Church, State and Schools in Britain, 1800-1970*, p.3.

一、教会掌控下的中学与大学

19世纪以前,英国教会对教育的掌控主要体现在国教对中学与大学教育的控制上,尤其是1662年法令规定"所有教师必须效忠于国教",给英国教育打上了深刻的宗教烙印。

17世纪和18世纪英国的中等教育以中世纪流传下来的文法学校(grammar school)和公学(public school)为主,都是以社会上层为教育对象。文法学校最早是由天主教会和传教士创办的,1387年正式确定"文法学校"的名称。公学事实上也是一种文法学校,只是受教育对象略有区别。

近代早期,随着资本主义的发展,文法学校也得到了很大的发展,在宗教改革之后,尤其是1611—1630年间达到了高潮。到1660年,平均4 400人有一所文法学校。[①] 文法学校因其教育内容而得名。它极其强调古典语言和文法的教学,教学使用的是拉丁语。拉丁语是英国上层社会彰显身份的通用语言,无论是王室贵族还是医生、法官、律师以及乡绅,都以能说流利的拉丁语为荣,文法学校正是满足了这种需求。从文法学校毕业出来的学生要么进入牛津或剑桥大学继续深造,要么进入行政官员、医生、法官、教师等行业就职。17世纪英国资产阶级革命后,文法学校的培养对象

---

① [英]邓特:《英国教育》,杭州大学教育系译,杭州:浙江教育出版社,1987年,第6页。

有所变化,由原来的贵族和教士子弟扩展到大商人、大工业家、乡绅等富有阶层的子弟。

总体而言,文法学校是为上层社会培养人才的。但值得注意的是,在17世纪和18世纪,不少文法学校也为贫困子弟设有免费名额,只是这种名额极少,极难争取,须由上层社会人士推荐,因此能进入文法学校的贫困子弟极其稀少。对于贫困子弟中的少数幸运儿来说,他们的幸运基本上是被贵人推荐到某个慈善学校,而非文法学校。极少数的特例并不能改变文法学校只为上层社会服务的本质。

公学也是一种文法学校。14世纪,英国的贵族、宗教团体和慈善团体创办了一批主要用来培训神职人员的文法学校,其中有几所学校由于得到上层社会的捐助较多,逐渐脱颖而出,成了贵族化的膳宿学校,被称为公学。名为公学,却并非公立学校,因为其资金来源是由公众团体捐赠,其目的又在于为当时的英国社会培养普通公职、神职人员,并提升公共教育水平,实质为私立学校。

1382年,温切斯特主教威廉(William of Wickham)创立温切斯特公学,由此开启英国公学的历史。公学的发展则得益于亨利六世。1440年,亨利六世在伊顿教区的教会内创办了一所学校,从普通的文法学校中挑选了一批聪明的平民学生,进入该校学习文法知识、宗教知识和唱圣诗,目的是为国王的祖先及笃信国教的上层社会死者祷告冥福。学生人数极少,由教士负责教导与管理。1446年,国王下令将学校命名为公开的普通文法学校,称为"皇家文法学校",这就是著名的伊顿公学(The Eton Public School)。后来,又由私人募捐兴办了几所公学。到17世纪,英国已出现了九所著名的公学,即温切斯特、伊顿、圣保罗、什鲁斯伯里、威斯敏斯特、默钱特·泰勒、拉格比、哈罗及查特豪斯公学。

各公学的课程设置与文法学校有相同之处,就是注重古典语言及古典文化,但也有区别之处,公学尤其重视培养学生的绅士风度。另外,由于公学与教会捐赠密切相关,因此其课程设置特别重视宗教课程和集体的宗教仪式。

公学的入学门槛极高,学费昂贵。其办学目的是培养未来的具有特权的官吏和上层人士,近代以来英国政坛显要大多出身公学。因此,公学的入学门槛对学生的身份要求极高,一般的平民子弟很少能进入,即便是富有者阶层,也必须是曾经的贵族后裔才能进入。虽然后来随着资本主义的发展,对身份的限制有所松懈,但财富的限制也隔绝了大多数中等阶层,仍然是贵族与大资产阶级中极其富有阶层的子女才可入学。图 5-1 为伊丽莎白时代的教室场景。

图 5-1　伊丽莎白时代的教室场景①

---

① 图片来源:John Lawson and Harold Silver, *A Social History of Education in England*, p.101.

无论是文法学校还是公学,都与教会有着密切的联系。由于所有教师必须宣誓效忠于国教,且教师的任职须得到圣公会主教的认可,国教借此牢牢控制着英国中等教育的宗教倾向。任何一所学校的课程设置都不能少了宗教指导。即便是工业化带来的社会转型使得国教对城市社会的掌控力有所下降,国教对于文法学校教师身份的控制丝毫没有放松。尽管不信奉国教的新教开始蚕食国教的领地,文法学校之外的教师任职不再需要得到主教的认可,但文法学校的教师仍未摆脱这条规定的束缚。到了19世纪60年代,宗教指导在文法学校的教育中仍有着不可撼动的地位。1864年,克拉伦顿委员会对九大公学进行调查后,在报告中仍认为,英国公学中"道德培养和宗教教育的进步超过了学术专业的进步",说明宗教教育在公学中的影响。

英国的大学教育自13世纪以来就以牛津和剑桥这两所大学为主干。牛津和剑桥基本上只收贵族和教士子弟入学,17世纪和18世纪牛津和剑桥的大学生的社会成分主要是贵族、绅士、官吏、军人、大商人以及上层社会职业者,如牧师、医师、律师等。一般职员、小商人和富裕自耕农的子弟虽可以入学,但人数很少,牛顿当年就是以富裕自耕农子弟的身份进入牛津求学的,贫困阶层子弟根本不可能入学。

国教对大学的控制一直延续到19世纪下半叶。在牛津和剑桥,一般由任牧师职的单身学监来辅助校长,能够获得学位的只有国教徒。即便到了19世纪上半叶,大部分学生毕业后都是进入教会任职。17世纪时,英国大学的教学内容以古典文科与神学为主,培根的唯物主义哲学和牛顿的数学、物理学成就,促使大学教学内容有所变化,开始设置一些自然科学课程。但国教对这两所大学的把控依然很严密,1852—1853年牛津大学皇家委员会的报告中就"宗教测验"指出:"除了由于贫穷而被排斥在学校之外的,还有一个较大的社会阶层,即那些不愿接受英国国教39条章程的人们。有关招收非国教徒(the nonconformist)入学的问题,是我们被吩咐不要去考虑的问题之一。"①

---

① 夏之莲主编:《外国教育发展史料选粹》(上册),北京:北京师范大学出版社,1999年,第319页。

二、教会对贫困儿童教育的重视与贡献

英国的中等教育和大学教育历史悠久,但都针对上层社会子弟,这些教育渠道对社会下层民众,是不开放的。不仅如此,下层民众连初等教育的受教育权都没有,甚至到了18世纪中期,中上等阶层仍将下层民众的求知渴望当作危险的倾向,是下层民众不安于现状的表现。在中上等阶层看来,为了抑制下层民众的这种不安分心态,让他们意识到安于现状是一种美德,他们需要的并不是知识的灌溉,而是心灵的教化,宗教成了最好的抚慰剂。如果说下层民众的确需要一种教育,这种教育就是道德教育。

到了近代早期,随着资本主义经济的兴起,社会贫富分化现象日益严重。在近代早期的英国,财富的积累是在掠夺下层民众的基础上进行的。底层民众生计日益艰难,甚至沦为无产者,贫困成为一种社会现象。在资本主义伦理中,获取财富(哪怕不择手段)是第一要务,是积极进取的表现,私有财产也是神圣不容侵犯的。贫穷在上层人士眼中成为一种罪,是游手好闲和愚昧无知的结果,也是需要与之进行斗争和予以控制的一种恶习。针对下层民众子女的慈善教育就是在这种背景下应运而生的。慈善教育可以使贫困阶层的子女明白忠诚与顺从上位者是一种美德,勤劳也是一种美好的品质。

关于慈善教育,第一章和第二章中已经对18世纪的慈善学校和19世

纪的主日学校进行过非常详细的阐述，此处就宗教层面予以补充。

慈善教育是在教会团体或与教会有关的人士的主持下展开的。尽管它有着初等教育的色彩，但并没有形成一个体系。它的存在基本上依靠人们的善心捐助，教会虽然积极参与，但办校并不是它的职责。所以1716年辉格党人提出《教区委员会议案》(Vestries Bill)，旨在加强对伦敦教区委员会的监督，要求将慈善学校的控制权从受托人手中转移到教区当局手中。对于该议案，国教表示强烈反对，担心这样的规定会使受托人和捐赠者不满，进而撤回对慈善学校的财政支持。尽管议案在下院通过，在上院却遭到了当时的坎特伯雷大主教威廉·威克(William Wake)的强烈反对和干预，最后未能通过。①

教会对于慈善教育的真正意义在于，通过宗教教义的灌输，让受教育的贫困儿童养成上层社会所期盼的下层民众该具有的恭顺和勤劳的品质，至于读写算这些三R知识也只是简单地传授些粗浅的内容，算是让这些孩子能明白教义教理的附带物。教会对贫困儿童教育的关注始终在宗教教义的教导层面。1703年，坎特伯雷大主教在给圣大卫教区的神职人员的信中就强调：

> 我要特别建议你们的是，而且这也是你们自己的事务，那就是，你们应该非常认真地用宗教原则指导你们的民众，尤其是年轻人，这样我们至少可以对下一代有美好的期待。我非常担心，我们耳闻目睹的各种不信教的行为，的确在很大程度上来源于神圣宗教原则的缺乏……但是，在这些孩子学习了教义问答的词句之后，你们如果能费心一些去给他们解释这些教义问答的内涵，那么在他们成年之后，理解了这些含义，这将会对他们整个人生有着巨大的益处。我相信，你

---

① Craig Rose, "London's Charity Schools, 1690-1730", *History Today*, Mar.1, 1990, Vol.40, No.3, p.21.

们会发现这项工作和你们所做的其他工作一样,会给你们自己带来许多安慰,也给你们教区带来很多好处……如果你们能建立慈善学校,这将是一件具有重要意义的事情。①

从始至终,国教为慈善学校设置的首要目标就是通过教导贫困儿童学习国教的教义问答,引导他们养成虔诚的品质。这样的目标在18世纪初也契合了当时的英国统治者对民众道德状况堪忧的不满与忧虑。1711年,安妮女王特意就这个问题致信坎特伯雷大主教:

> 令我们极度悲痛的是,我们了解到,不仅举止的松散和腐败,以及对一切有益的纪律的忽视,已经在我们的王国里大行其道;而且,厌恶所有宗教和美好的人已经在不辍勤劳地发挥作用,我们有充分理由相信,我们的国家受到了不良影响。

因此,安妮女王敦促道,"你们要帮助我们,及时制止不忠和亵渎的进一步发展,在我们的臣民中促进和鼓励虔诚的行为"。在女王看来,慈善学校就是增强民众虔诚之心的很好的手段:

> 既然对孩子们进行虔诚的教导和教育,是保存和传播真正宗教知识和实践的最可靠的方法,我们很高兴地了解到,为了达到这些好的目的,现在在这个王国里通过我们良好臣民们的自由捐款建立了许多慈善学校。因此,我们诚恳地向你们建议,以一切合适的方式鼓励和推广如此优秀的工作,并支持和帮助那些主要从事这项工作的人,王室也会对他们予以保护和支持。②

尽管女王在言辞之中说的始终是宗教与教会,并没有特别指向国教,但由

---

① *His Grace the Lord Arch-Bishop of Canterbury's Letter to the Reverend the Arch-Deacons*, *And the Rest of the Clergy Of the Diocese of St. David*, London, 1703, pp.10 - 12.
② *Her Majesty's Letter to the Arch-Bishop of Canterbury*; *and His Grace's Letter to the Bishops of His Province*, London, 1711.

于国教在当时英国政治生活中所享有绝对话语权,女王对慈善学校的认可和激励也在很大程度上被国教当作认可国教模式的慈善学校。

国教对慈善学校极度关注和热衷的原因在于,它重申了教会在精神上的首要地位。通过引人注目的慈善行为,国教徒表明了自己过着神圣的生活,遵守了关于施舍的神圣诫令。真正的宗教慈善事业是有益于灵魂的,正直的恩人通过自己的善行可以合理地期待得到上天的回报。对于慈善学校的捐助者而言,由于他们的慈善行为帮助拯救了他人的灵魂,他们就更有可能获得这种回报。神职人员托马斯·谢尔洛克(Thomas Sherlock)认为,这样一所学校的"最大光荣"在于"它不仅为今世的舒适生活提供了条件,而且也为永生的幸福生活提供了条件"。[①]

国教重视与支持慈善学校的另一个目的是借此扩大国教对民众的影响力和控制力。所有国教支持的慈善学校必须把教义问答的教导放在第一位。这么做首要的考虑当然是对贫困儿童进行道德教育,使他们可以成为有信仰的虔诚一代。但国教追求的更深层面的效果却是植根于圣公会教义教理的教育将会巩固贫困儿童对国教的忠诚。1709 年,一位作家评价慈善学校的宗教教导,这样的教育将确保孩子们"永远不会离开他们的母教会的怀抱,可以在圣餐中坚定不移地继续下去"[②]。SPCK 的创始人之一约翰·胡克(John Hooke)也认为,他们会让穷人更坚定地接受教会的教育,而不是轻易地被每一个狂热者牵走。1701 年,SPCK 分别给慈善男校和女校发布的"规章制度"(如图 5-2)的第一条就是慈善学校的教师必须是"国教成员,年龄在 25 岁以下的言行谨慎的人",而且他/她必须"经常参加教会活动",且对基督教的基本教义和原则有比较好的了解;制度的第二条是关于教师的教导,"慈善学校的教师必须按照国教的教义对孩子们进

[①] Craig Rose, "London's Charity Schools, 1690-1730", *History Today*, Vol.40, No.3 (1990), p.18.
[②] Craig Rose, "London's Charity Schools, 1690-1730", *History Today*, Vol.40, No.3 (1990), p.19.

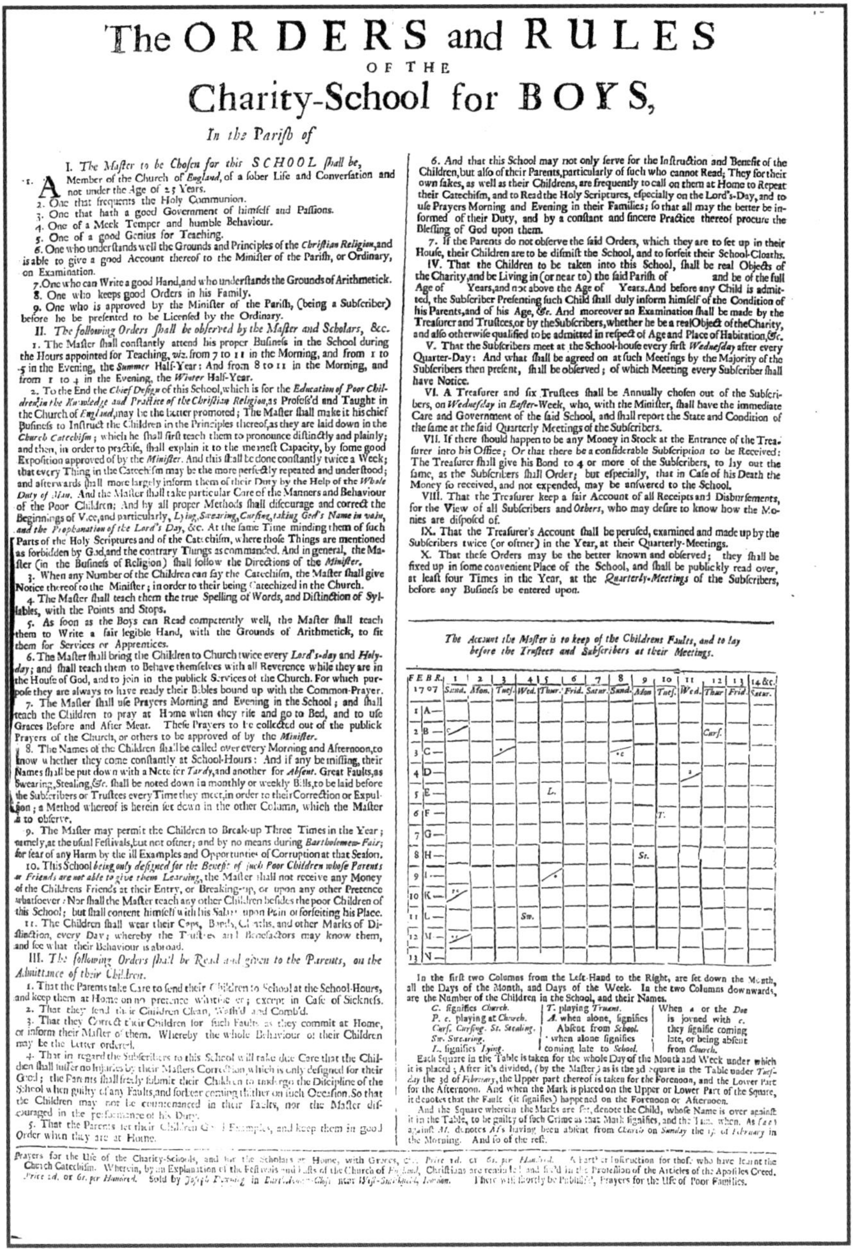

The ORDERS and RULES OF THE Charity-School for BOYS,

In the Parish of

I. *The Master to be Chosen for this* SCHOOL *shall be,*

1. A Member of the Church of *England*, of a sober Life and Conversation and not under the Age of 25 Years.
2. One that frequents the Holy Communion.
3. One that hath a good Government of himself and Passions.
4. One of a Meek Temper and humble Behaviour.
5. One of a good Genius for Teaching.
6. One who understands well the Grounds and Principles of the *Christian Religion*, and is able to give a good Account thereof to the Minister of the Parish, or Ordinary, on Examination.
7. One who can Write a good Hand, and who understands the Grounds of Arithmetick.
8. One who keeps good Orders in his Family.
9. One who is approved by the Minister of the Parish, (being a Subscriber) before he be presented to be Licensed by the Ordinary.

II. *The following Orders shall be observed by the Master and Scholars,* &c.

1. The Master shall constantly attend his proper Business in the School during the Hours appointed for Teaching, *viz.* from 7 to 11 in the Morning, and from 1 to 5 in the Evening, the *Summer* Half-Year: And from 8 to 11 in the Morning, and from 1 to 4 in the Evening, the *Winter* Half-Year.

2. To the End the *Chief Design* of this School, which is for the *Education of Poor Children in the Knowledge and Practice of the Christian Religion*, as Profess'd and Taught in the Church of *England*, may be the better promoted; The Master shall make it his chief Business to Instruct the Children in the Principles thereof, as they are laid down in the *Church Catechism*; which he shall first teach them to pronounce distinctly and plainly; and then, in order to practise, shall explain it to the meanest Capacity, by some good Exposition approved of by the *Minister*. And this shall be done constantly twice a Week; that every Thing in the Catechism may be the more perfectly repeated and understood; and afterwards shall more largely inform them of their Duty by the Help of the *Whole Duty of Man*. And the Master shall take particular Care of the Manners and Behaviour of the Poor Children; And by all proper Methods shall discourage and correct the Beginnings of Vice, and particularly, *Lying, Swearing, Cursing, taking God's Name in vain, and the Prophanation of the Lord's Day*, &c. At the same Time minding them of such Parts of the Holy Scriptures and of the Catechism, where those Things are mentioned as forbidden by God, and the contrary Things as commanded. And in general, the Master (in the Business of Religion) shall follow the Directions of the *Minister*.

3. When any Number of the Children can say the Catechism, the Master shall give Notice thereof to the Minister; in order to their being Catechized in the Church.

4. The Master shall teach them the true Spelling of Words, and Distinction of Syllables, with the Points and Stops.

5. As soon as the Boys can Read competently well, the Master shall teach them to Write a fair legible Hand, with the Grounds of Arithmetick, to fit them for Services or Apprentices.

6. The Master shall bring the Children to Church twice every *Lord's-day* and *Holy-day*; and shall teach them to Behave themselves with all Reverence while they are in the House of God, and to join in the publick Services of the Church. For which purpose they are always to have ready their Bibles bound up with the Common-Prayer.

7. The Master shall use Prayers Morning and Evening in the School; and shall teach the Children to pray at Home when they rise and go to Bed, and to use Graces Before and After Meat. These Prayers to be collected out of the publick Prayers of the Church, or others to be approved of by the *Minister*.

8. The Names of the Children shall be called over every Morning and Afternoon, to know whether they come constantly at School-Hours: And if any be missing, their Names shall be put down with a Note for *Tardy*, and another for *Absent*. Great Faults, as Swearing, Stealing, &c. shall be noted down in monthly or weekly Bills, to be laid before the Subscribers or Trustees every Time they meet, in order to their Correction or Expulsion; a Method whereof is herein set down in the other Column, which the Master is to observe.

9. The Master may permit the Children to Break-up Three Times in the Year; namely, at the usual Festivals, but not oftner; and by no means during *Bartholomew-Fair*; for fear of any Harm by the ill Examples and Opportunities of Corruption at that Season.

10. This School *being only designed for the Benefit of such Poor Children whose Parents or Friends are not able to give them Learning*, the Master shall not receive any Money of the Childrens Friends at their Entry, or Breaking-up, or upon any other Pretence whatsoever: Nor shall the Master teach any other Children besides the poor Children of this School; but shall content himself with his Salary upon Pain of forfeiting his Place.

11. The Children shall wear their Caps, Bands, Cloaths, and other Marks of Distinction, every Day; whereby the Trustees and Benefactors may know them, and see what their Behaviour is abroad.

III. *The following Orders shall be Read and given to the Parents, on the Admittance of their Children.*

1. That the Parents take Care to send their Children to School at the School-Hours, and keep them at Home on no pretence whatsoever; except in Case of Sickness.

2. That they send their Children Clean, Wash'd and Comb'd.

3. That they Correct their Children for such Faults as they commit at Home, or inform their Master of them. Whereby the whole Behaviour of their Children may be the better ordered.

4. That in regard the Subscribers to this School will take due Care that the Children shall suffer no Injuries by their Masters Correction, which is only designed for their Good; the Parents shall freely submit their Children to undergo the Discipline of the School when guilty of any Faults, and forbear coming thither on such Occasion. So that the Children may not be countenanced in their Faults, nor the Master discouraged in the performance of his Duty.

5. That the Parents set their Children Good Examples, and keep them in good Order when they are at Home.

6. And that this School may not only serve for the Instruction and Benefit of the Children, but also of their Parents, particularly of such who cannot Read; They for their own sakes, as well as their Childrens, are frequently to call on them at Home to Repeat their Catechism, and to Read the Holy Scriptures, especially on the Lord's-Day, and to use Prayers Morning and Evening in their Families; so that all may the better be informed of their Duty, and by a constant and sincere Practice thereof procure the Blessing of God upon them.

7. If the Parents do not observe the said Orders, which they are to set up in their House, their Children are to be dismist the School, and to forfeit their School-Cloaths.

IV. That the Children to be taken into this School, shall be real Objects of the Charity, and be Living in (or near to) the said Parish of and be of the full Age of Years, and not above the Age of Years. And before any Child is admitted, the Subscriber Presenting such Child shall duly inform himself of the Condition of his Parents, and of his Age, &c. And moreover an Examination shall be made by the Treasurer and Trustees, or by the Subscribers, whether he be a real Object of the Charity, and also otherwise qualified to be admitted in respect of Age and Place of Habitation, &c.

V. That the Subscribers meet at the School-house every first *Wednesday* after every Quarter-Day: And what shall be agreed on at such Meetings by the Majority of the Subscribers then present, shall be observed; of which Meeting every Subscriber shall have Notice.

VI. A Treasurer and six Trustees shall be Annually chosen out of the Subscribers, on *Wednesday* in *Easter*-Week, who, with the Minister, shall have the immediate Care and Government of the said School, and shall report the State and Condition of the same at the said Quarterly Meetings of the Subscribers.

VII. If there should happen to be any Money in Stock at the Entrance of the Treasurer into his Office; Or that there be a considerable Subscription to be Received: The Treasurer shall give his Bond to 4 or more of the Subscribers, to lay out the same, as the Subscribers shall Order; but especially, that in Case of his Death the Money so received, and not expended, may be answered to the School.

VIII. That the Treasurer keep a fair Account of all Receipts and Disbursements, for the View of all Subscribers and *Others*, who may desire to know how the Monies are disposed of.

IX. That the Treasurer's Account shall be perused, examined and made up by the Subscribers twice (or oftner) in the Year, at their Quarterly-Meetings.

X. That these Orders may be the better known and observed; they shall be fixed up in some convenient Place of the School, and shall be publickly read over, at least four Times in the Year, at the *Quarterly-Meetings* of the Subscribers, before any Business be entered upon.

The Account the Master is to keep of the Childrens Faults, and to lay before the Trustees and Subscribers at their Meetings.

FEBR. 1707		1 Sund.	2 Mon.	3 Tues.	4 Wed.	5 Thur.	6 Frid.	7 Satur.	8 Sund.	9 Mon.	10 Tues.	11 Wed.	12 Thur.	13 Frid.	14 &c. Satur.
1	A —														
2	B —	c											Curs.		
3	C —			·					·c						
4	D —											a			
5	E —					L.									
6	F —										T.				
7	G —														
8	H —									St.					
9	I —					·									
10	K —	pc													
11	L —				Sw.										
12	M —	ac													
13	N —														

In the first two Columns from the Left-Hand to the Right, are set down the Month, all the Days of the Month, and Days of the Week. In the two Columns downwards, are the Number of the Children in the School, and their Names.

C. signifies *Church*.
P. c. playing at *Church*.
Curs. *Cursing*. *St.* *Stealing*.
Sw. *Swearing*.
L. signifies *Lying*.

T. playing *Truant*.
A. when alone, signifies Absent from *School*.
· when alone signifies coming late to *School*.

When *a* or the *Dot* is joyned with *c.* they signifie coming late, or being absent from *Church*.

Each Square in the Table is taken for the whole Day of the Month and Week under which it is placed; After it's divided, (by the Master) as is the 3d Square in the Table under *Tuesday* the 3d of *February*, the Upper part thereof is taken for the Forenoon, and the Lower Part for the Afternoon. And when the Mark is placed on the Upper or Lower Part of the Square, it denotes that the Fault (it signifies) happened on the Forenoon or Afternoon.

And the Square wherein the Marks are set, denote the Child, whose Name is over against it in the Table, to be guilty of such Crime as that Mark signifies, and the Time when. As (*ac*) against *M.* denotes *M*'s having been absent from *Church* on *Sunday* the 1st of *February* in the Morning. And so of the rest.

Prayers for the Use of the Charity-Schools, and for the Scholars at Home, with Graces, &c. *Price* 1*d.* or 6*s.* *per Hundred*. A Farther Instruction for those who have learnt the Church Catechism. Wherein, by an Explanation of the Festivals and Fasts of the Church of *England*, Christians are reminded and fix'd in the Profession of the Articles of the Apostles Creed. *Price* 1*d.* or 6*s.* *per Hundred*. Sold by *Joseph Downing* in *Bartholomew-Close* near *West-Smithfield*, *London*. There will shortly be Publish'd, Prayers for the Use of Poor Families.

图 5－2　SPCK 给慈善学校（男童）制定的规章制度

行教导,要把这当作自己的主要工作"。① 孩子们一旦完成学业,学校管理者就会尽一切努力确保他们继续忠于英国国教。学校董事会为即将离校的学生寻找学徒师傅时,一个先决条件就是该学徒的师傅必须是国教徒。1703 年,威斯敏斯特的圣安妮慈善学校的校董会就曾下令:"任何非国教徒,不得雇此学校的任何男孩当学徒。"1712 年,康希尔沃德慈善学校也规定:"在问清楚该主人是否是法律规定的国教徒之前,不得将学生送出学校。"②

因此,慈善学校从兴起开始就带有非常明显的国教性质,也是国教扩大自己影响力的一种手段。许多非国教的新教徒很可能不得不将自己的孩子送到这些学校,他们当中一些富有者也可能就是慈善学校的捐助者。对于国教的这种做法,其他教派是有怨言的,长老会圣徒马修·亨利(Matthew Henry)在 1714 年去世前曾抱怨:

> 国教已经并且将会通过这些慈善学校对非国教徒们取得很大的优势,而且是以一种看来值得赞扬和尊敬的方式取得的……慈善学校将抢走这个国家的穷人;那么,我们培养牧师的目的是什么呢?在这样一个时代,可能没有人来听他们布道。③

而且早年曾积极为慈善学校捐款的许多新教徒也通过亲身经历深切地感受到,"太多在这类学校中成长起来的孩子,他们怀着对现政府的不满,对'教会'一词抱有偏执的狂热,对所有被他们称为'长老会教徒'的人怀有强烈的敌意和恶意的迫害心理,尽管这些人中有很多曾赠与他们面包和衣服"④。

---

① SPCK, *The Orders and Rules of the Charity-School for Boys*, in the Parish of …S.n., [1701?].
② Craig Rose, "London's Charity Schools, 1690–1730", *History Today*, Vol.40, No.3 (1990), pp.19–20.
③ Craig Rose, "London's Charity Schools, 1690–1730", *History Today*, Vol.40, No.3 (1990), p.20.
④ Isaac Watts, *An Essay Towards the Encouragement of Charity Schools, Particularly Those Which Are Supported by Protestant Dissenters, for Teaching the Children of the Poor to Read and Work…*, London: Printed for J. Clark etc., 1728, p.13.

由此可见,国教推动慈善学校的发展除了对穷人孩子进行道德改造的宗教教导这个目的之外,还隐藏着不方便诉之于口的隐蔽目的——在年幼的儿童中争夺教徒,扩大国教的影响力。因此,非国教派的新教徒觉得,"现在是时候让新教徒收回这种被滥用的慈善了:既然统治者的偏爱使我们有权根据我们的感情和良心的要求来教育儿童,我们当中有些慷慨的人,已经做过这样的尝试,并且用他们的慷慨赠款来支持一些这样的学校"[①]。1712年以后,他们也建立了一些自己教派的慈善学校。尽管伦敦的新教徒数量众多而且也很有影响力,但在18世纪早期,新教依然无法与复兴的英国国教在权势和号召力上相提并论,非国教派的慈善学校无论是规模还是学校的宣传力度都远远逊色于国教,到18世纪末,新教徒创办的慈善学校只有60多所。

随着工业革命的发展,英国社会发生了巨大的变化。人口迅速增加,人口流动导致城市日益拥挤,下层人民的经济状况日益恶化,社会不满情绪日益浓厚,等等。面对如此众多的社会问题,中上等阶层逐渐意识到对贫民子女进行教育的重要性,他们认为教育,尤其是宗教教育,可以让下层人民明白自己在社会金字塔中的地位,并把这种命运看作上帝的安排。他们希望通过对贫民子女进行这种教育,能够使他们臣服于上帝的安排,并明白上帝对他们的回报在天堂之中,而不是在现实世界。因此,从19世纪初开始,教会团体进一步加强了他们在贫民子女教育方面的传统优势,英国政府也逐渐放弃对教育的不干预态度,开始逐步介入贫民子女的教育问题。

随着工业化的日益发展,慈善学校和主日学校所提供的宗教教育很难满足人们最基本的知识需求。因此,迫切需要建立一个令人满意的世俗化的初等教育体制。但是,在这方面最先行动起来的依然不是英国政府,而

[①] Isaac Watts, *An Essay towards the Encouragement of Charity Schools*, p.13.

是各教会团体。1810年前后,英国相继出现的两个初等教育协会背后都是教会团体的支持。创立于1808年的皇家兰卡斯特协会(即后来的"英国海内外学校协会",简称"英国协会")具有新教徒性质,创立于1811年的"英国国教促进贫民教育全国协会"(简称"全国协会")从其名字就已经表明它的教派属性了。这两个协会都依靠其教徒的自愿资助,都运用了当时著名的"导生制",即首先由教师对被挑选出来做导生的儿童进行教育,然后再由这些导生去教其他儿童。通过这种方法,一个教师在导生的帮助下可以教200多名儿童。由于这一体制的运作费用非常低廉,全国协会和英国协会都在尽可能的范围内建立面向贫民子女的普通全日制小学,在半个多世纪的时间里代替国家行使起为普通儿童提供教育的职责,为提高英国民众的文化水平做出了不可磨灭的贡献。

根据霍勒斯·曼(Horace Mann)对1851年人口调查数据的统计,到1851年,在全英国所有的全日制学校中,直接受到教会资助的学校占了26.5%,但它们所招收的学生高达110.5万人,占了所有全日制学校学生数的一半以上(51.54%),由此可见教会在贫困儿童教育中占据的重要地位。在教会直接资助的主日学校和全日制学校中,又以国教的学校实力最强大,它的主日学校招收的学生占了所有学生人数的39.5%;在各教派创办的全日制学校中,国教的优势地位更为明显,其学生人数占了84.1%,任何其他教派都无法望其项背。① 台湾学者林玉体所著的《西洋教育史》对1851年以前教会所创办的学校进行了分类统计,截至1851年,各个教派创办的小学总数达到10 595所,其中国教创办的小学最多,占了总数的80.9%,其他教派在1830年以后的办校数目也有显著增加,从1831年不足12.15%增加到1851年的19.1%。尽管统计的渠道有所差异,但这些数据仍证明了教会在英国初等教育方面所做出的卓越贡献。

---

① Horace Mann, "On the Statistical Position of Religious Bodies in England and Wales", *Journal of the Statistical Society of London*, Vol.18, No.2 (1855), p.150.

表 5-1　1851 年前各教派创办的初等学校数量统计表①

(单位:所)

年　代	总　数	国　教	不信奉国教派	独立教或公立教派	卫理公会	天主教	浸信会	其　他
1801 年前	766	709	16	8	7	10		
1801—1811	410	350	28	9	4	10		
1811—1821	879	756	77	12	17	14		
1821—1831	1 021	897	45	21	17	28		
1831—1841	2 417	2 002	191	95	62	69		
1841—1851	4 604	3 448	449	269	239	166		
年代不明	498	409	46	17	17	14	131	331
总数	10 595	8 571	852	431	363	311	131	331

国教在创办学校上的优势,与王室和政府的支持分不开。宗教改革之后,国教获得了正统地位,国王成为国教的最高首脑。国教在开办慈善学校以及导生制学校的过程中,经常借助王室的力量募集办校资金。与其他教派相比,国教掌握着更多获取资金的渠道,所得金额也远超其他教派。国教的势力尽管在工业化前期受到一定冲击,影响有所削弱,其他教派也乘势而起,但国教的正统地位依然牢固。从 19 世纪初开始,国教也从工业化初期的反应滞后中清醒过来,迅速采取行动在城市社会中扩大影响力。这也对其他教派的办学产生了一定程度的压制作用。

---

① 林玉体:《西洋教育史》,台北:台湾文景出版社,1985 年,第 421 页。

第六章
权力的博弈:教俗关于教育掌控权的争夺与共存

一、教俗之间围绕教育控制权的争夺[①]

政府对教育的资助在一定程度上缓解了教派团体自助办学的经费困难,但由于政府的资助是和政府对受助学校的管理和控制联系在一起的,这种资助和干预在某种程度上侵犯了教会在教育问题上所享有的传统权力。因此,从19世纪30年代开始,教俗之间围绕教育控制权问题展开了斗争,其焦点主要有以下三个方面。

1. 关于教育内容上的"宗教困难"

19世纪初,无论主日学校还是走读日校,都把宗教指导作为根本宗旨,学校成为各宗教团体进行宗教宣传和布道的重要阵地。由于各教派都把各自的教义贯穿于学校的教育中,并努力防止其他教派对自己教友的改化,教派的斗争渗透到教育之中,形成了英国教育改革中的"宗教困难"(religious difficulty),这种"宗教困难"主要体现在学校的宗教教育内容上。

英国协会是新教团体,它提倡的是不分教派的教育(undenominational

---

① 参见施义慧:《宗教与世俗之争:英国国民教育体系的建立》,《学海》2013年第5期。

education),其基本原则是"学校中所教的阅读材料必须摘自圣经,关于教理问答和各个教派的特殊教义不得在学校中教授。但每个儿童应该经常去他的父母所信仰教派的教堂做礼拜"①。全国协会是国教的教育团体,它规定所属学校的教师必须是国教徒,但学生可以来自各个教派。它的学生们不仅要学习钦定本圣经(Authorized Bible),还必须学习教理问答和教义;在主日,所有学生必须去圣公会教堂做礼拜。从两者的差别可以看出,争论的焦点在于圣经的版本、教理问答与教义问题,这些正是各个宗教派别的争论和差别所在。

各教派之间的斗争随着政府对教育的资助而加剧。1833年政府第一次对英格兰和威尔士的小学进行经济资助,由于无法在国教与新教之间进行平衡,最后不得不规定,申请资助的条件是,申请者必须得到全国协会或英国协会的支持。这种规定尽管暂时平息了国教与新教之间的"宗教困难",但同时又带来新的问题,就是不在全国协会或英国协会领导之下的罗马天主教,以及其他一些宗派性的新教如卫斯理宗的学校将无法得到国家的资助。到了19世纪30年代后期,随着国家扩大对教育资助的规模,"宗教困难"问题再次凸显。英国协会仍坚持不懈地主张建立一个基于"圣经经文"的没有教派之分的大众教育体制,全国协会则坚持主张其所属学校的宗教教育必须是国教,而且国教必须贯穿于学校的每一项教育中。除此之外,罗马天主教也提出自己的教育原则——拒绝阅读"钦定本圣经",而对于清教徒来说,如果接受这点就意味着否定其圣经的准确性。

1837年,布鲁厄姆勋爵提出的工厂教育议案就因为这一"宗教困难"问题而被否决。布鲁厄姆议案对于宗教教育的提议是,圣经经文可以教授,但不得加以解释或评论。非国教徒更极端,希望将所有教义指导从领取议会校舍补贴(building grant)的学校中排除出去。②

---

① James Murphy, *Church, State and Schools in Britain, 1800–1970*, p.4.
② Henry James Burgess, *Enterprise in Education*, p.76.

对于"不加解释或评论的圣经",反对最激烈的要数切尔滕纳姆的福音派教区牧师:"为了避免误解和指导的差异性,同时也为了保证教师在教学中掌握一致的原则,我们认为,国教的授权文件、颁布的令人敬仰且包罗万象的条款、圣经信条、祷告文以及小学教义问答,都应该在我们的学校中教授。"①尽管布鲁厄姆的议案最终被否决,但是他提出的条款在政府中却有不少支持者,因此国教仍对此保持高度警惕。1839年5月,坎特伯雷大主教在全国协会的年度会议上仍对只教圣经阅读却不进行解释或评论的宗教教育理念进行了猛烈的抨击。②

1843年,议会提出了新的工厂法改革议案,议案中的教育条款由于无法协调"宗教困难"而遭到新教徒的抵制。由于该议案的教育条款给予国教的权力过大,导致新教徒强烈反对。尽管该议案对新教徒也作了不少让步,却始终无法平息他们的怨愤,因为新教徒认为,如果这一议案得到通过,他们的信仰在他们的力量原本最强大的制造业地区将受到国教的侵蚀。最终,议会还是通过了该议案,但新的工厂法对于宗教问题却只字未提。"宗教困难"成为英国教育改革中难以逾越的一道障碍。

2. 关于不分教派的国民教育体系

1832年议会改革之后,人们对初等教育改革的要求越来越迫切。教育中央协会指出:"英国教育的最大缺陷……是缺乏一个全国性的组织……这是文明社会的一个重大的例外情况。"③1838年对英格兰和威尔士贫民教育状况进行调查的特别委员会出版了他们的调查报告,他们发现主要有两个问题亟待解决:"(1)在首都和英格兰、威尔士的大城市中,工

---

① Henry James Burgess, *Enterprise in Education*, p.77.
② *The Times*, May 2, 1839.
③ James Murphy, *Church, State and Schools in Britain, 1800－1970*, p.18.

人阶级子女的教育极度缺乏;(2)应该为占全国人口1/8之多的人提供合适的全日制教育途径(这种教育应该在工人阶级能够达到的范围内)。"① 该委员会的报告促使当时掌权的辉格党拉塞尔政府决定采取行动,仿效爱尔兰的国民教育体系,在英格兰和威尔士建立统一的国民教育体系。

1839年2月,拉塞尔(John Russell)向议会提出了政府关于建立统一教育的计划,其核心内容是通过政府的力量建立模范学校,学校的教育内容保留宗教性,但是又淡化了教派性。在世俗的三R教育之外,宗教教育继续保留,学生们可以在宗教指导课上学习圣经,这样就维护了教会在英国初等教育中的传统权益。但是这里的宗教指导的内容只涉及圣经文本,不涉及对教义的阐释,这样就淡化了不同教派之间关于教义的争端,不同教派的儿童都可以进入这样的学校接受教育。

这个改革方案其实包含了浓烈的与教会妥协的意味。拉塞尔政府尽管迫切希望对英国初等教育进行干预,建立起以政府为主导的国民教育体系,但是也承认了教会对于教育的传统权益。这个计划中的国民教育体系并非完全的世俗教育,其课程设置中并没有删除宗教指导,这是对教会长期以来对英国教育的宗教控制权的认可。只不过为了回避教派争端的"宗教困难"问题,在宗教指导上回避各个教派关于教义与仪式等问题的重大纷争,只讲授圣经文本,不涉及教义阐释。这样的妥协本是为了这个教育改革方案能得到更多的认同,但是出乎拉塞尔的意料,这个方案却遭到了教会的强烈反对。

国教的反对意见主要集中在这个学校不分教派的特性上。这颇具布鲁厄姆教育议案的特点,因为该议案的理念就是在学校中开展不分教派的教育。1839年5月召开的全国协会年度会议上,国教人士对不分教派的教育进行猛烈抨击。威斯敏斯特主持牧师声称,不分教派的教育将破坏

---

① John Hurt, *Education in Evolution: Church, State, Society and Popular Education 1800–1870*, p.30.

"国教与国家之间庄严神圣的联盟"①。5月底,奇切斯特伯爵(英国及殖民地学校协会主席)在一次国教特别会议上动议:"基督教真理和戒律的教育应该成为面向大众的每个教育体系的本质内容,这种教育必须处于教士的监督之下,而且必须与教会在这个领域中的教条相一致。这是一个具有至高国家重要性的目标。"②这个动议暗含了两个自中世纪和都铎时代以来一直存在的理念:一是教育的不可分性,二是国教有着不可剥夺的教育权。对于这两个理念,国教内部的意见很统一,而且在行动上也比较一致。奇切斯特伯爵作为福音派世俗人士提出该项动议,随后伦敦的布鲁姆菲尔德主教又再次提交该动议。布鲁姆菲尔德挨个抨击那些将宗教教育与世俗教育分割的人士。他断言,"没有信条的宗教就不再是国教的宗教了,也不再是任何教派的宗教"。全国范围内教会人士团结一致,布鲁姆菲尔德和皮尔分别在议会上院和下院对政府进行游说,必须撤销拉塞尔政府的这一计划。③ 国教徒和新教徒反对政府计划的请愿书如雪片般涌进议会,据伦敦主教统计,向议会递交的请愿书中支持政府计划的只有100份,而反对的有3 000多份。因此,拉塞尔勋爵在6月4日无奈宣布放弃该计划。这样,在很短的时间里,拉塞尔政府关于建立国民教育体系的尝试以失败而告终。布鲁厄姆写道:"我们被彻底击败了,甚至没有一点在将来能有所转机的希望。"④

1839年拉塞尔政府教育改革的失败,说明教会尤其是国教在英国教育中根深蒂固的势力,但是也没有失败到布鲁厄姆所描述的悲观程度。与国教相比,新教徒与国家在教育问题上的对立不像国教那样激烈而尖锐。他们一般是反对政府对宗教教育的控制;对于政府对世俗教育的控制,并

---

① *The Times*,May 2,1839.
② *The Times*,May 29,1839.
③ Henry James Burgess,*Enterprise in Education*,pp.78-79.
④ James Murphy,*Church*,*State and Schools in Britain*,p.21.

不像国教那样激烈反对。1839年主要由伦敦的公理会和浸礼会的牧师参加的"三教派牧师大会"甚至明确强调,"如果要动用任何民众的钱用于教育目的,它必须是用于发展我们一致同意的世俗教育,而不是用于我们意见分歧很大的宗教教育"[①]。正因为如此,英国政府在控制世俗教育的过程中遇到的困难相对要小一些。

3. 政府从教会手中切割蛋糕——教育委员会对教育补助的管理

尽管拉塞尔政府1839年尝试建立国民教育体系的改革失败了,但这种失败并非彻头彻尾。拉塞尔政府通过枢密院命令形式成立的"枢密院特别委员会"在政府与教会的博弈中幸存了下来。这个"枢密院特别委员会"通常被称作"枢密院教育委员会"(the Committee of the Privy Council on Education),其职责就是"监督议会用于改善教育的补助经费的使用情况"。为了绕开议会对这个问题纠缠不休的争论和反对,拉塞尔以一种巧妙而奇怪的方式组成了这个教育委员会。这一委员会直接由枢密院的命令来任命,不必通过立法的程序来任命,这就绕开了议会尤其是议会上院利用立法权施加的阻挠。正是通过这种奇怪的方式,英国建立起了第一个萌芽状态的"教育部"。

教育委员会的出现引起了国教的强烈不安。因为它的存在表明,政府不再认可国教长期以来所担当的教育代言人的角色,意图自己披挂上阵,担当教育的代言人。国家直接介入国教以及其他教会团体长期以来的固有领地,无论如何,国教都觉得自己有必要反对这个委员会的成立。[②] 新委员会的第一波行动更是加剧了国教的紧张反应。根据拉塞尔勋爵在议会下院阐述的计划,新委员会很快展开了工作,并做出决定,议会补贴将不

---

① James Murphy, *Church, State and Schools in Britain*, p.31.
② Henry James Burgess, *Enterprise in Education*, p.77.

限于全国协会和英国协会这两个团体。但更让国教感到惶恐和愤怒的是新委员会的另外两个决定:一是提议建立一所师范学校,二是宣称新委员会有权对所有接受议会补贴的学校进行督察。① 面对危机,国教内部表现出前所未有的团结。他们利用议会上下院,对教育委员会及其下达的决定进行抵制和抗议。拉塞尔政府企图建立统一的国民教育体系的国家师范学校计划就因为国教的抵制和抗议而胎死腹中。但是教育委员会仍保留了下来。在国教的全力支持下,6月14日,斯坦利勋爵在下院发起了一场旨在撤销教育委员会的行动。他的动议得到了阿什利勋爵、格拉斯顿(W. Gladstone)先生和R.皮尔爵士的支持。但斯坦利的动议最终以5票之差被否决(275∶280)。几天之后,拉塞尔政府关于教育委员会的动议以2票的微弱优势获得通过。② 拉塞尔政府的教育委员会经历了九死一生,国教没能阻止在它的固有领地内出现一个权力对手。

教育委员会在下院勉强得到认可,但是在上院遭到的反对却更为强烈。7月5日,坎特伯雷大主教提出了一系列谴责教育委员会的设立违宪的动议。他以229票对111票的巨大优势通过了一项动议,要求向女王发表一次抗议演讲,反对枢密院不经过议会的同意,通过命令的形式来任命该委员会,同时请求她同意,任何涉及民众普通教育的计划,如果没有获得上院作为立法机构的认可,将不能生效。坎特伯雷大主教向女王陈述了他们的抗议,但没有得到积极的回应。③

关于这一委员会的构成问题,许多人向拉塞尔提出建议。英国协会建议成立一个由"得到各个教派信任的人"组成的委员会;怀斯建议成立一个由不同教派的教士以及世俗人士共同组成的委员会;皮尔和许多其他的托利党人则认为,如果教育确实应该脱离教会的控制,那么在任何有关教育

---

① Henry James Burgess, *Enterprise in Education*, pp.77-78.
② Henry James Burgess, *Enterprise in Education*, p.79.
③ James Murphy, *Church, State and Schools in Britain*, p.21.

的委员会中,教士是必不可少的。这些建议都承认教会对初等教育所享有的传统权力。布鲁厄姆在1837年曾建议成立一个包括两名政府官员和三名其他人士的委员会,这三名其他人士不能被罢免,因而可以以多数票否决政府官员的意见,并进而防止政府对教育实行完全的控制。① 政府做出的决定出乎人们的意料:教育委员会的所有成员都必须是世俗人士,他们并不代表任何教会,而且他们必须是政府官员,包括内政大臣和财政部长,并由枢密院院长担任他们的领导。这一委员会成员随着政府的变化而变化,但委员会中有一名非政府官员的永久书记员,他将是该委员会的主要管理者。② 教育委员会从本质上讲,既不是一个政府部门,也不是内阁成员,只不过是枢密院大臣掌权期间的一个委员会。它"以一种非常实用的方法和其他部门(济贫法委员会、内政部)共同享有教育职责,它本身就是一个非常英国化的为了这一部门的成立而专门量体裁衣做出的决策,与议会、内阁和立法权威的关系不太明确"③。但是它的成立对于英国政府建立一个国有的国民教育体系非常关键,在19世纪中期它事实上承担着其他国家教育部的职责,这种"有其责而无其名"的奇怪状况既有历史的原因,也有当时现实迫不得已的因素。不管出于何种动因、处于何种艰难境地,毕竟英国政府又向国有的大众教育体制的建立迈出了重要的一步,这一步一旦跨出,前进的步伐就不可阻挡。

在19世纪四五十年代,长期担任教育委员会书记的是凯-夏特沃斯(James Kay-Shuttleworth),他为这个特殊机构的发展做出了不可磨灭的贡献。在艰难的情况下,凯-夏特沃斯和他管理下的教育委员会通过手中掌握的财政资助权在各个教派之间进行斡旋。教会对于政府的教育补助

---

① James Murphy, *Church, State and Schools in Britain*, p.21.
② James Murphy, *Church, State and Schools in Britain*, p.21.
③ Richard Johnson, "Educating the Educators: 'Experts' and the State 1833 – 1839", in A. P. Donajgrodzki, ed., *Social Control in Nineteenth Century Britain*, London: Croom Helm, 1977, p.80.

是欢迎的,但对政府任何试图干预其掌管下的学校的行为表现出深刻的怀疑和敌视。最初,教育委员会关于派督导的条款公布以后,教会团体强烈反对,在政府所提供的 204 项援助中,只有 35 项被接受。委员会不得不进行适当的妥协,同意给其所派督导发出具体指导要求,强调他们的督导"不是作为控制学校的手段,而是提供帮助"。关于对宗教教育进行督导的条款由枢密院在 1840 年 8 月以命令的形式发布,其后来经常被称为"教会与政府的契约"。根据契约,在任命国教学校的督导时,必须得到约克大主教或坎特伯雷大主教的同意,教育委员会对督导们所做出的一般性指导必须先向大主教通报,而且与宗教教育有关的内容应该由大主教自己起草。督导关于学校的报告也必须抄送相关的大主教和主教。正如一位研究全国协会的历史学家所说,"1840 年的契约表明,国教在关于由谁来决定教育政策的斗争中,达到了权力的顶点"[①]。但国家控制教育的方向的趋势已经日益明显,无论如何,由国家对所资助学校进行督导的原则已经建立起来。从 1840 年开始直到 1871 年,政府每三年任命一次的督导人数逐渐增长,这一方面说明政府在 1840 年以后的二三十年中对教育的资助力度日益加大,接受政府资助的学校数目越来越多,督导的人数必然也是水涨船高;另一方面也说明了教会在这二三十年的时间对教育的控制和管理日益式微。因此到了 19 世纪 60 年代末,随着政府对教育的控制大为加强,一个国民教育体系的形成也是水到渠成的事情了,教会让渡出初等教育控制权已经是不可逆转的趋势。

---

① Henry James Burgess, *Enterprise in Education*, p.90.

二、"信仰条款"与国民教育体系

经过19世纪30年代末的吵吵闹闹,四五十年代政府和教会之间就初等教育问题的争议在凯-夏特沃斯的斡旋之下暂时被搁置。政府建立统一的国民教育的计划被搁置,教派教育(denominational education)的原则事实上得到认可。但是,教俗之间、教会内部各教派之间就初等教育问题的争端只是暂时沉寂,并没有缓解。到了60年代,随着英国社会对世俗教育的需求日益强烈,曾经抑制的矛盾再度爆发。建立统一的国民教育体系的需求与宗教在教育中的地位问题纠缠不清;教派教育与信仰权利争持不下。当统一的国民教育体系已经成为势不可挡的潮流时,教俗之间、教派之间的矛盾终因"信仰条款(Conscience Clause)"问题彻底爆发。

1. 信仰条款的由来

信仰条款的历史可以追溯到19世纪30年代末拉塞尔政府的那个不成功的教育改革。1839年2月,拉塞尔政府打算建立一个不分教派的国民教育体系(见本章第二部分),这个改革遭到了国教的强烈抗议。国教及全国协会学校中的宗教教育是完全排他性的国教教义和特色,当不信奉国教的子女进入全国协会下属学校时,他们面临的困境是必须违背自己或自己父母的宗教信仰而被迫接收国教的宗教指导。当这种宗教困难又与政府的教育补贴结合在一起,矛盾就尤其尖锐。1839年4月,拉塞尔政府绕过议会而成立的枢密院教育委员会更是把这种矛盾推向了一个顶点。枢密院教育委员会的职责就是管理政府的教育补助,英国国教对这个机构极其反感,认为它将越过教会,对全国的教育实施更为直接的控制,尤其是它想要建立不分教派教育体制的企图更是对国教教育权威的侵袭。议会上院的国教派反对尤其激烈,他们的抗议甚至呈递到了女王面前。但女王并没有对他们的抗议予以支持,而是申明尊重"信仰的权利(the rights of conscience)"。这应该算是"信仰条款"的最初由来。同年,约翰·拉塞尔勋爵给枢密院主席的信也证实了这一点:

> 全国协会在国教的支持下,主张学校教师必须是国教徒,这不能改变;国教教义问答必须在学校里向所有学生讲授;所有学生必须在主日参加教堂的礼拜;学校在任何情况下都必须处于教区牧师的监督之下。
>
> 英国协会接受国教徒和非国教徒同样都可以做教师,他们要求他们的学校必须讲授圣经,但他们坚持不允许讲授教义问答……
>
> 关于这个问题,我只想说,让这个王国的年轻人在宗教氛围下成长是女王陛下的愿望,她认为信仰的权利(the rights of conscience)必须得到尊重。①

这种观点的碰撞与抵触,在当时很激烈。结果就是,关于世俗教育或统一教育的计划被搁置,教派原则事实上得到确认。当时一致认可的观点是,政府补贴应该施予国教学校的校舍建设,至于其他宗教团体,也与此一致或类似。政府任命一名官员负责维持教育场所的安全,监管教师的效

---

① James Kay-Shuttleworth, *Four Periods of Public Education as Reviewed in 1832 - 1839 - 1846 - 1862 in papers*, Longman, Green, Longman and Roberts, 1862, pp.239 - 240.

率,监督学校的秩序和卫生管理,并定期进行督察;但是学校的宗教教育完全由与学校相关的教会团体的地方代表掌控,以国教学校为例,由教区教士负责。1839年12月3日的枢密院纪要公开宣布,愿意接受信仰条款的学校将享有教育补贴的优先权,但是这一规定并没有强加于国教学校,英国协会学校几乎不接受,卫理公会和其他不信奉国教派接受了这一规定。①"信仰条款"自此正式被列入英国教育发展史的词汇名条中。这个时期的信仰条款充其量还只是雏形,没有非常明确的格式,但在某些用作校舍的地产或房屋转让契约中包含了下列条款:

> 这里需要进一步声明的是,作为该校的一条基本规定,学生需要每天阅读圣经,教义问答以及国教的教义教理的教导须安排在合适的时间,至少每周都要定期安排,父母或监护人出于宗教立场并不表示反对的所有该校学生都须接受这种宗教教导;这种宗教教导必须受到教区现任负责人的监督和领导。如果学生的父母或监护人出于宗教立场反对这种教导,不允许强制要求该学生接受或参加这样的宗教教导;如果学生的父母或监护人出于宗教立场反对,不允许强制要求该学生学习任何教义问答及其他宗教习惯语,或参加主日学校以及去任何宗教礼拜地点,但是该学生的父母或监护人必须为该学生自行选择主日学校以及礼拜地点,不能让学校学生的利益和权利受到损害。特此声明。②

这个契约签发于1840年,是不隶属于全国协会的国教学校所要遵守的信托书,其文字的内容无论被执行与否,其存在本身充分说明信仰条款在19世纪40年代初就已经存在。这份最初形态的信仰条款比五六十年代提出的信仰条款更加严格,因为它为某些特定情况下的学生提供的是完

---

① E. H. Plumptre, "The Conscience Clause", *The Contemporary Review*, Apr. 1866, p.580.
② John Oakley, *The Conscience Clause: its History, Terms, Effect, and Principle. A Reply to Archdeacon Denison*, London: Ridgway, 1866, pp.3 - 4.

全的豁免,他们不需要接受该校的任何宗教教导。但是这个契约并不常用,因为当时绝大多数的国教学校都已经与全国协会合作。但是,这个时期的信仰条款还只停留在枢密院纪要的纸面上,仅仅是为了缓解当时的宗教困难而提出的权宜之计,算是一个为了能让政府的教育补贴正常发放的妥协之策。"各个学校的管理者们很快习惯了那些最初似乎显得不必要或令人烦恼的繁文缛节式的官方规定,政府教育补贴的申请也从1839年突然大幅降落的恐慌中走出,有了迅速增长,其幅度之大,以至于议会的补贴从1833年的2万英镑增长到1849年林根先生接任时的10万英镑。"[1]

50年代初,政府教育补贴额度的快速增长,给政府财政造成了一定压力,财政大臣将这种压力转回枢密院教育委员会,委员会不得不考察哪里可以减少开支以及如何减少开支。解决的办法倒是不难,当某地的学生人数低于150人时,只支持建立一所学校。如果这唯一的学校隶属于全国协会或与国教有关,对它的补贴似乎就陷入了不信奉国教派父母的宗教困难问题中,这些不信奉国教派父母除了选择他们可以合法拒绝的学校之外,对他们子女的教育就没有任何其他选择。这种情况如何避免? 枢密院委员会的"大人们"在试图回答这个问题时,在他们的常任秘书林根先生的建议下,想起了"信仰条款",但这一次不再是权宜之计,而是作为补贴的前提条件。国教学校的创办者必须同意接纳不信奉国教派儿童入学,而且不得强制他们参加教堂的祭礼或者接受国教的教义和仪式,这是学校领取政府教育补贴的条件之一。[2] 每个领取政府补贴的学校必须接受一份包含信仰条款的信托书,示例如下。

> 特此宣布:该学校的教导应该至少包括以下学校教育内容,即阅读、书写、算术、地理、圣经、历史和女生的针线活。另外一个根本原则

---

[1] E. H. Plumptre,"The Conscience Clause",*The Contemporary Review*,Apr.,1866,p.580.
[2] E. H. Plumptre,"The Conscience Clause",*The Contemporary Review*,Apr.,1866,p.581.

和行为准则是,该校孩子必须每日阅读圣经,但是不能强制任何儿童去学习任何教义问答或其他宗教仪式,或者强制他们参加其父母或监护人出于宗教立场予以反对的任何主日学校或其他礼拜场所的活动,这样的主日学校或礼拜场所应该由这些父母或监护人自由选择,但该儿童不得损害学校的利益和特权。

特此立据!①

这是一所即将被用来作为与某个特定的制造业、矿业或铸造业工作相关联的学校的信托书。信仰条款作为政府教育补贴的前提条件也被确立起来。国教依然对此激烈抵制,明确宣布,任何与全国协会相关联的学校都不能接受这样的条款,任何采纳这个条款的学校都不得与全国协会相关联。②因此问题的关键是,在只有一所国教学校的单一学校教区(one school district)里,不信奉国教派的子女将要么被迫选择进入这所唯一的国教派学校上学,要么就没有学可上。但是对于补贴的需求使得很多财力不丰的学校在实际操作中放宽要求,他们依然接纳不信奉国教徒子女入学,只是不强制要求他们去国教教堂做礼拜。因此,在整个50年代,政府的教育补贴以接受信仰条款为前提条件继续发放,宗教困难的争议暂时又被搁置起来。

50年代,政府教育补贴持续增加。在1849—1859年间,英国的内政开支增加了250万英镑,而其中将近三分之一(93.1万英镑)流向了教育。③ 这笔数字中的大多数(71.1万英镑),是用于全国的儿童教育的。为了对20多年来的教育资助的效果进行全面调查,并为下一步建立"针对所有社会阶层的合理而且廉价的小学教育体制"提出切实可行的建议,1858年政府成立了纽卡斯尔委员会,专门对此进行调查和了解。1861年,纽卡

---

① Minutes of the Committee of Privy Council on Education, 1852 xxxix, p.71;also John Oakley, *The Conscience Clause: its History, Terms, Effect, and Principle. A Reply to Archdeacon Denison*, p.22, note.

② E. H. Plumptre, "The Conscience Clause", *The Contemporary Review*, Apr., 1866, p.581.

③ John Hurt, *Education in Evolution*, p.188.

斯尔委员会公布了他们的报告。根据他们的报告，教育委员会起草了学校管理修正法典(Revised Code)，根据学校督导对学校进行的年度考试结果决定对该学校的年度经费资助，这就是"根据效果付薪制"。由于获得教育补贴与学校学生的年度考核成绩挂钩，之前被模糊化的信仰条款的执行问题再次凸显。而且，到了60年代，英国社会对于建立统一的国民教育体系的认同度越来越高，即便是教会群体内部的不信奉国教派也开始相信，面对国教的强势，能够保护他们信仰的唯一办法就是选择世俗学校。教育世俗化的浪潮已经不可逆转，在关于建立什么样的国民教育体系的讨论中，信仰条款问题在60年代中期骤然成为一个被激烈争论的话题，国教派与不信奉国教派纷纷参与争论，争论的形式由最初的信件往来升级为发表文章、撰写小册子，争论的战场也逐渐扩大甚至组织化，逐渐有从议会外向议会内转移的趋势。

2. "信仰条款"争论

如果说19世纪四五十年代关于信仰条款的争议还只是处于隐而不发的状态，到了60年代，关于信仰条款的争议则全面爆发，声势浩大，引起社会各方关注，甚至影响到了1870年初等教育法的改革。

经过20多年的努力，到1860年代，无论是全国协会还是英国协会，它们所创办的学校基本上覆盖的都是繁荣的工业和商业城市以及比较富庶的乡村地区，这些地区人口较多，学校资源充足，有不同教派的学校可供国教徒子女和非国教徒子女选择。当时一位小册子的作者发现，"实际上，在教育委员会展开工作的早期，一直到六七年前，补贴基本上限于大城镇以及人口较多的城市教区，在这些教区，人们发现非国教徒占据少数，但是他们的数目仍相当可观，因此枢密院的教育补贴授予那些明确区分国教徒和非国教徒的单独学校，是合理的。对前者的补贴在多数情况下是与全国协会联系在一起的——这个团体在很大程度上代表了国教在教育事务上的权威,规范并协助神职人员建造校舍并创办学校。对后者的补贴大多是通过英国协会。因此受到如此资助的全国协会学校的宗教教学具有非常鲜明的国教特色,孩子们被迫参加国教的宗教活动;英国协会学校由于学生来自各种不同的教派,其宗教教导没有那么明显的特点。圣经可以由教师朗读并评论,道德教育也由此得出结论,但是所有具有宗派特性的教义都不能教授,只有那些对所有新教各派来说共通的基督教教义可以讲授。学生们也被要求参加他们各自教派的礼拜"[1]。

但是,仍有很多人口较少的教区教育资源稀缺,并没有享受到政府的教育补贴。全国人口少于500人的教区有8 761个,其中91%没有获得过政府补贴;人口在500—1 000人的教区有2 874个,其中68%至今没有得到任何政府补贴。人口在1 000—5 000人的教区有2 624个,其中38%没有得到过补贴;人口在5 000—10 772 000人的较大教区中,只有8%没有获得过政府补贴。小教区主要分布在农村地区。在诺森伯兰,590个教区中,455个教区的居民不足500人;在林肯郡的749个教区中,522个教区情况与此类似;约克郡的1 628个教区中1 121个教区与此类似。因此,很显然,国家的教育补贴体制几乎没有渗透到规模较小的乡村教区。[2]

由于国教在英国绝大多数地区占据了人口的多数,在那些人口较少的教区里比较可能的情况是,只有一所国教的全国协会学校,或者如果需要建一所填补空白的学校,那也基本上是全国协会学校。因此,1864年1月4日,教育委员会就单一学校教区问题给全国协会批示,"委员会的意见是,由于需要提供新的学习场所的学生人数一般不超过150人,针对这些

---

[1] G. Shaw Lefevre, "The Conscience Clause", *Fortnightly Review*, Vol.3, No.14 (1865), pp.165-166.

[2] G. Shaw Lefevre, "The Conscience Clause", *The Contemporary Review*, Apr., 1866, pp.168-169.

儿童只能建一所新学校"①。也就是说，如果某个教区学生人数不超过150人，只能建一所接受政府补贴的学校。这就激化和凸显了信仰条款问题。如果这所唯一的学校是国教领导下的全国协会学校，那么该教区的非国教徒子女的入学就面临信仰问题：他们是放弃自己的宗教信仰送孩子进入全国协会学校接受国教的宗教教导呢，还是坚持自己的宗教信仰而放弃送孩子进入这唯一的一所学校上学的机会？教育委员会对这种困难状况给出的方案是，该学校必须接受信仰条款，即在进行国教的宗教教导时允许非国教徒子女退出，但其他非宗教教导课程必须允许非国教徒子女正常入学上课。接受信仰条款是这个学校获得政府教育补贴的前提条件，该学校必须在其信托书中加入信仰条款，其内容如下。

> 获得授权管理学校的人有义务做出规定，凡是父母与国教或学校所属的教派无关的儿童，也应该获准进入学校享受教育的福祉；但这样的规定只限于在父母的要求之下免除这些儿童参加公共礼拜以及免修该教会或教派的教义及宗教习语的教导，这些规定不能干预这些捐赠或类似情况所约定的学生的宗教教导，也不能授权在学校中进行其他的宗教教导。②

教育委员会的这个明确要求立即将以前模模糊糊的信仰条款问题凸显出来。国教对这一规定表现出前所未有的激烈反对态度，上至坎特伯雷大主教，下至全国协会学校的普通牧师，都行动起来，或撰文抗辩，或写信辩论，或演讲批驳，或游说鼓动。一时之间，报纸杂志以及各种小册子上关于信仰条款的讨论热火朝天，从1864年到1870年几乎连年不绝。

1866年8月25日的《观察家》(Examiner)报纸发表文章《棘手的信仰

---

① Herbert Vaughan, *Popular Education in England: the Conscience Clause, the Rating Clause, and the Secular Current*, London: Longmans, Green, and Co., 1868, p.33.
② G. Shaw Lefevre, "The Conscience Clause", *The Contemporary Review*, Apr., 1866, p.167.

条款》，描述了当时有关这个话题的情状。

> 谁没听说过信仰条款？在听说过信仰条款的许多人中，有多少人对它有所了解？人们所知道的是，它是最令人厌烦的事，长期以来也禁止提到它。它是一个代表恐惧的词汇，在有些人思想中，它是与对待国教的巨大不公正联系在一起的，而在另一些人思想中，它与令人厌烦的莫名其妙的哀叹联系在一起，纯属庸人自扰。不到万分之一的人能说得清，为什么这个条款叫信仰条款，它到底是客观的还是主观的，它的良知（conscience）是体现在条款本身，还是体现在对这个条款的忍受，如果是忍受，它是伤害还是救赎了良知？
>
> 这场讨论就是这样展开的，争论如此激烈，以至于大众对于这个问题根本没有明确的观点。几年后，它可以成为答辩考试的一个问题：什么是信仰条款，如何评价它的对错？任何非国教徒父母都可以对全国协会学校的宗教教导投否定票，这是否是真的？如果全国协会学校里有其他教派的孩子上学，那么学校的牧师和教师就必须控制他的宗教信仰，在痛苦的压抑中把它埋藏起来，这是真的吗？宗派主义者可以让正统宗教教导成为禁令，这是真的吗？他们能给牧师的嘴贴上封条吗？①

国教强势反对的主要理由是，这个信仰条款与全国协会学校原本的信托书原则相违背。根据1839年国教与枢密院教育委员会的共识（也可以说是私下协议），教育委员会为国教学校提供教育补贴，但这些学校必须与全国协会联盟，而且必须服从全国协会制定的规则。这些规则体现在所有经由或直接受到全国协会资助的学校的信托书中，其中关于宗教教导的规定非常详细："孩子们必须接受国教的圣经、教义问答和礼拜仪式的教导；这样的教导必须处于教区牧师的监管之下；孩子们必须集中参加公共礼拜

---

① "The Bugbear Conscience Clause", *Examiner*, No.3056 (1866).

仪式,除非有令学校管理者满意的理由才能缺席;教师必须是国教徒;关于这些规定,如果管理者和牧师之间产生争议,必须提交教区主教裁决,他的裁决是最终决定。"①全国协会学校中的宗教教导管理非常严格,所有学生必须接受国教的宗教教导。信仰条款的强行加入,是对国教在这些学校中的宗教教导权的侵犯。国教长期以来处于宗教正统地位,并长期把持教育权,尽管工业化时期国教势力有所式微,但对于自己教派学校中的宗教教导仍是神圣不可侵犯的领域,因此国教派对于信仰条款表现出强烈的不满。

这场纷纷扰扰的争论的焦点主要有两方面。

争论的焦点之一是:国教牧师是否有权在自己的学校随心进行宗教教导?

在国教派看来,国教牧师在自己的学校中向学生们传授国教教义是天经地义的事情,这种宗教教导不仅指专门的国教教义教理问答课程,还渗透在学校生活的方方面面。1866年7月,坎特伯雷大主教与格兰维尔伯爵(Earl Granville,教育委员会负责人)就信仰条款进行了通信辩论,坎特伯雷大主教在7月6日致格兰维尔伯爵的信中就说道:

> 我们之间对这个问题的争议实质上集中于以下方面:阁下的立论基础似乎是,宗教教导始终限定在宗教习语的教导;而我们则认为,由于基督教教义是基督教活动的主体和动机,谨慎而有责任心的牧师和教师可能会在学校的任何教学时间内发现用基督教原则教化基督教行为的契机。如果这样的机会被阻挠,而这又是很有可能发生的,那么这就是对宗教教导的干涉。

坎特伯雷大主教摘引教育委员会报告中的证人证词来说明,不仅国教徒认为宗教教育应该渗透到教育的每个方面,其他教派比如卫理公会也持有同样的观点:

---

① G. Shaw Lefevre, "The Conscience Clause", *The Contemporary Review*, Apr., 1866, pp.169-170.

> 卫理公会团体绝不同意他们学校中的宗教教育受到限制。他们的经验表明，圣经课他们学校每天都上，因为它能让所有儿童不论智力如何，都能明了神圣的真理；除了圣经课之外，能干的基督教教师也会发现，当他们教授地理、历史、自然科学和道德科学以及常识性知识时，他们经常会发现可以举例说明并强化宗教真理的机会；在整个教育过程中可以贯穿宗教教育。①

卡那封勋爵（Lord Carnarvon）在全国协会会议发言时也提道：

> 很难理解怎么会有人把宗教与日常科目的教导分离开来。例如，在教地理时，难道他要把所有事物都归因于物理原因，而不能说任何与造物主有关的事？……鉴于这些在日常生活中是有可能发生的，因此这样的体制必然会走向毁灭。②

教育委员会并不认同国教派的这种理念。在教育越来越世俗化的情况下，世俗教育课程根本无须用宗教来点缀。格兰维尔伯爵在回复坎特伯雷大主教时举例说：

> 我大胆请求阁下回忆您自己在哈罗公学的经历。我自己则经历了从私立小学到公学再到大学的教育过程，所有的教师都是国教的牧师。我不记得在我所上的普通课程中，曾经有老师用与目前处于国教和非国教徒争议中的教义相关的宗教教导或道德教导来点缀课堂。③

因此，信仰条款"一点儿也不会触及国教创办的学校中的宗教教育"④。

至于国教所认为的冒犯，格兰维尔认为也不存在。坎特伯雷大主教曾

---

① Copy of the Correspondence between the Archbishop of Canterbury and Earl Granville, on the Subject of the Conscience Clause, Ordered by The House of Commons, to be Printed, 7 Aug., 1866, p.2.
② "Lord Carnarvon and Sir S. Northcote on the 'Conscience Clause'", The Manchester Guardian, Sep.30, 1865.
③ Correspondence between the Archbishop of Canterbury and Earl Granville..., p.3.
④ Correspondence between the Archbishop of Canterbury and Earl Granville..., p.3.

辩称,"牧师只要接受信仰条款,就必然要避免根据国教教义来解释圣经文本,要不然就会冒犯不信奉国教徒或不信教的父母们的宗教观念,如果他们这么提要求的话"。他指出,"真正的问题是,一位牧师是否有理由承诺他在全国协会学校的圣经课中完全避免对圣经的讲解,因为这种讲解会被任何提出反对意见的父母禁止;我们需要记住,这种承诺并不仅仅限于国教徒和非国教徒之间存在争论的教义,而且会延伸到其他教导,如犹太人或不信教父母也声称这种教育对他们来说是一种冒犯"。[1] 对此,格兰维尔的回答是,教育委员会负责分发议会用于教育的公众资金,它的目标并不是要改变国教学校的特性,而是要使得政府能在没有第二所学校的单一学校教区把它们的福祉扩展到整个教区。"单一学校教区的学校信托书中的信仰条款,并不限制牧师讲授任何他认为适合向他的学生们讲授的宗教教导,也不限制他讲授其他人不会反对的内容;信仰条款的确阻止牧师把这样的宗教教导向那些非国教徒子女扩展,因为非国教徒反对其子女接受那种被他们认为是错误的教义。"因此,坎特伯雷大主教以及国教牧师们耿耿于怀的"良知困境"其实解决起来非常简单,"只要他们在打算进行教义教导时把表示反对的非国教徒子女排除在他们的课堂之外,就可以解决"。[2]

争论的焦点之二是:在单一学校教区下,非国教徒子女的教育和信仰权是否以及如何得到保障?

在那些人口众多的教区,非国教徒即便是少数派,也能要求政府补贴建一所单独的学校,枢密院教育委员会的补贴发放在这样的教区不会遇到困难或不满。但是,当政府补贴的体制扩展到乡村地区以及人口较少的地区,困难就出现了。乡村地区人口中,虽然非国教徒人数也很多,但需要接受教育的儿童数量,却又不够建造一所适合非国教徒子女入学的学校的标准,教区没理由花费资金建造和维持两所学校的运营。例如,某个教区总共只有 60

---

[1] *Correspondence between the Archbishop of Canterbury and Earl Granville…*, p.4.
[2] *Correspondence between the Archbishop of Canterbury and Earl Granville…*, p.5.

名儿童，其中40人是国教徒子女，剩余的20人是非国教徒子女，这个教区只有一所学校，如果申请校舍补贴（building grant），那么问题就来了，教育委员会是把补贴只授予原来的那一所，还是新建一所非国教徒学校？如果授予两所学校，其中一所是国教徒的，另一所是非国教徒的，那么问题就能够完美解决；如果只授予一所，那就只能是与全国协会联盟的国教学校（因为国教派占据人口多数）。教育委员会认为，无论哪种情况都是危险的，前一种情况重复建造规模小而且效益不高的学校对国家来说是巨大的开销，后一种情况则是对非国教徒的不公正。避免这些危险的唯一办法就是采取中间道路，即优先考虑资助国教学校，但必须确保该校可以接纳非国教徒入学，而且不能与非国教徒父母的宗教顾虑相冲突。[①] 在教育委员会看来，在这样的小教区里，一所国教学校的教育资源足以满足该教区国教徒子女和非国教徒子女的入学需求，这样一所接受政府教育补贴、由公众资金支持的学校，如果因为维护国教的宗教教导自由不受侵犯、担心非国教徒父母对国教宗教教导的抱怨和不满而拒绝非国教徒子女入学，这是对非国教徒最大的不公正。凯-夏特沃斯在担任教育委员会秘书时曾说过，

> 罗马天主教徒、犹太教徒或其他非国教徒家庭的孩子，如果所生活的教区除了有国教学校之外没有其他学校，如果他们不违背信仰就不能进入那所国教学校上学。这就是困境。父母必须让他的孩子去接受"有害"的宗教指导和训练（即便对孩子的心灵并不致命），否则就只能让孩子处于无知状态。教士们要么允许这个孩子进入他的学校，并允许他回避任何他父母觉得必须回避的宗教指导，要么就任由他在无知中毁灭……在一部分支持国家利益的教会的支持下，议会并不同情那些导致教育不能惠及所有民众的人。[②]

---

① G. Shaw Lefevre, "The Conscience Clause", *The Contemporary Review*, Apr., 1866, p.166.
② James Kay-Shuttleworth, *Public Education as Affected by the Minutes of the Committee of Privy Council from 1846 - 1852*, pp.14 - 16.

对于这个问题，国教其实采取了回避的态度。国教并非没有意识到这种不公的存在。早在1862年4月，全国协会代表团成员朗斯代尔先生在一封信中提醒全国协会注意，教育委员会的委员们对全国协会学校正好是国教徒和非国教徒混合地区的唯一学校时必然会产生的"显而易见的不公平"案例将会进行审查，他特别提醒道，目前全国协会学校的信托书没有任何内容是禁止制定规章来解决这种不公平的，由于教育委员会只对扩大教育感兴趣，必定会认真考虑这个问题的风险。① 这就说明，全国协会已经充分意识到这种不公正是存在的。而且当时的全国协会代表团成员沃尔珀尔先生也向全国协会建议，"必须制定一些规定来避免这种不公平现象的出现"②。承认不公平的存在以及制定规章来解决这种不公平的前景，是1860年代初全国协会部分有识之士的态度。可惜的是，全国协会中的国教领袖并没有重视这个问题，他们固执地沉迷于国教宗教权的不容侵犯，鸵鸟般地回避这种对于非国教徒的教育不公现象的存在，没有采取任何行动、没有调整任何规章来配合教育委员会的补救建议。

1863年11月29日，时隔18个月之后，教育委员会秘书林根（Lingen）致信全国协会：

> 委员们已经反复考虑过我去年给你们的信中所谈到的问题。委员们希望听到沃尔珀尔先生的建议已经得到执行的消息。委员们再也不能忍受我们之间公开的令人尴尬的状况。困难总会存在。委员们诚挚期盼与全国协会合作。约翰·科勒律治爵士公开宣称，你们联盟的条款不允许牧师在任何时候豁免任何儿童接受你们条款中特别规定的三项主题的宗教指导——圣经、礼拜仪式和教义问答。委员们相信这应该就是那些条款的合法解释。因此，尽管单一学校地区的唯

---

① John Oakley, *The Conscience Clause*, p.13.
② John Oakley, *The Conscience Clause*, p.13.

一学校也是由公众资金资助的,该地区的非国教徒却不可能利用这个教育机会,送他们孩子去上学。

这就是委员们公开宣布的,也是你们已经承认的不公平。

你们打算将来解决这个问题,正如你们所说,目前这个问题由教区牧师自由裁决,尽管他们并没有这样的资格。

这样不行。首先,约翰·柯勒律治爵士对自由裁量权的限制使得它几乎毫无价值,就法律目的而言更是如此。其次,如果"不公平"真的存在,就不应让个人自行决定是否予以纠正。

既然你们自己并没有拟定任何条款,我们将下列条款提交给你们的委员会审议。

委员们提议,从今往后,只要当地没有第二所学校……这个条款就列入每一份申请教育补贴的信托书中。你们的学校是唯一还没有把这个条款列入信托书的新教学校。

委员们将会非常高兴地获悉,你们将考虑采取措施,调整联盟的条款以适应这一政策。①

林根的信函算是枢密院教育委员会就这个问题的正式表态,新版的信仰条款在1864年初送达全国协会,要求学校遵照执行。

对于教育委员会的要求,全国协会在1864年2月5日做出了最终回复:"不准备改变协会的联盟条款。"②不改变全国协会联盟条款也就是不接受信仰条款,因为协会的联盟条款要求国教在联盟学校享有绝对的宗教教导权。

面对国教与教育委员会之间的这场信仰条款争论,其他教派并没有太多参与。总体而言,其他教派对于学校的宗教教导相对而言较为宽松,英

---

① John Oakley,*The Conscience Clause*,pp.13 - 14.
② John Oakley,*The Conscience Clause*,p.15.

国协会的学校在宗教教导问题上坚持不分教派的教导原则,只要求教导学生阅读圣经,不要求对学生进行教义的阐释,这就避免了教派不同而引发的宗教教导争议。罗马天主教虽然与所有新教在教义和圣经文本上都有所区别,但是在信仰条款的问题上,他们持事不关己的隔岸观火态度。1868年1月3日,约翰·弗林特先生在一封信中说道,"罗马天主教学校根本没有收到或被要求执行信仰条款"。罗马天主教学校的督导斯托克斯(S. N. Stokes)也评论道:

> 罗马天主教学校接受枢密院校舍补贴的信托书中不包含信仰条款,但是这里的忽略与其说是反对这个条款的原则,不如说是因为对其他宗教团体的补贴要体现平等公正权的考虑。……他们认同并坚持信仰条款,认为这本身就是公正的,而且适合他们的宗教;但是他们不接受任何把他们的学校与其他学校区别对待的例外条款,他们还敦促政府普遍实施这个条款。然而,政府当时并没有普遍推行信仰条款。因此,罗马天主教学校没有采纳信仰条款。①

由于信仰条款争议的主要对象是国教,罗马天主教学校表现出的是事不关己的旁观者态度,信仰条款对它们的学校并没有形成威胁。这场争论的主战场仍然是国教与教育委员会。

纵观国教与教育委员会就信仰条款的争议,可以看出,双方在很大程度呈现出自说自话、不在同一个频道的状态。国教固执地想要坚守住国教学校的宗教教育堡垒,认为信仰条款是对国教宗教教导权的侵犯,却对这种顽固的堡垒是对非国教徒子女的不公视而不见。教育委员会的存在就是为了改善贫民子女教育,让政府的教育补贴尽可能施惠于所有教派儿童,把教育的福祉覆盖到所有儿童,不论其教派性质。

---

① "The Roman Catholics and the Conscience Clause", *The Manchester Guardian*, Jan. 8, 1868.

1860年代关于信仰条款的争议由于国教态度强硬,坚决不接受更改全国协会学校的联盟条款,不愿意在其学校信托书中加入信仰条款,国教与教育委员会双方只能在言论上展开你来我往的争执。在涉及具体学校的教育补贴时,部分全国协会学校宁愿拒绝政府的教育补贴,也不愿意接受信仰条款。1864年教育委员会纪要写道:

> 由于全国协会联盟条款与新学校申请补贴必须遵循的信仰条款原则相冲突,因此全国协会学校排斥我们的补贴。这是更让人遗憾的事。因为那些有问题的教区,正是那些在过去的25年里我们为改善大众教育所采取的政策基本触及不到的地方,建立干净、宽敞的校舍是那些渴望改善这些教区贫民教育状况的新任者以及新居民们急于采取的第一步行动。我们最近与全国协会的通信协商已经递交给议会,但协商并没有解除这种宗教困难。①

但是,大部分全国协会学校出于现实的财政状况的考虑,尽管没有坚持信仰条款,仍继续申领政府的校舍补贴。据教育委员会1867年的统计②:

> 1861年1月1日至1867年3月31日,已经授予校舍补贴的学校数目:全国协会或国教学校867所,其他学校87所,总计954所。
>
> 并没有坚持信仰条款,但申请校舍补贴的全国协会或国教学校数目共829所。
>
> 拒绝领取建立全国协会或国教学校的补贴,但经过与创办者协商后同意在信托书中加入信仰条款的学校数目有68所(其中38所学校已经申请了本年度补贴,而且已经接受了补贴或得到承诺将予以补

---

① Minutes of the Committee of Privy Council on Education, 1864 xlx, p.xiv-xv.
② *Return of the Cases in Which*, *Between the 1st Jan. 1861 and the 31st Mar. 1867*, *the Educational Department of the Privy Council Has Awarded* ..., London, 1868.

贴）。

拒绝领取建立全国协会或国教学校的补贴,经过与创办者商量,创办者不接受信仰条款,因而拒绝领取补贴的学校数目有37所(其中12所学校已经申请了本年度补贴,而且已经接受了补贴或得到承诺将予以补贴)。

教育委员会要求加入信仰条款的提议始终没有收到回复,校舍补贴很可能被放弃的学校数目有5所(其中2所学校已经申请了本年度补贴,而且已经接受了补贴或得到承诺将予以补贴)。

在前面提及的接受补贴的954所学校中,651所(总数是867所,占比75%)全国协会或国教学校,69所(总数是87所,占比79.3%)其他学校,总计720所学校已经申请了本年度补贴,而且已经接受了补贴或得到承诺将予以补贴。

从上述统计可以看出,受信仰条款的影响而未能领取政府教育补贴的情况的确存在,国教和全国协会为了捍卫自己学校(主要是单一学校教区)绝对的宗教教导权,宁愿放弃政府补贴也不愿受制于人。这样的学校数目虽然只有37所,但这些学校基本上坐落于人口稀少的教区,由此也看出国教和全国协会在这个问题上的不妥协态度。需要说明的是,对于非单一学校教区来说,由于人口众多,非国教徒完全可以送子女到其他教派的学校上学,因此这些地区的全国协会学校并不存在必须接受信仰条款的困境,因此绝大多数的全国协会学校尽管不接受信仰条款,但仍可以领取政府教育补贴。

可以说,1860年代关于信仰条款的争议更多的是一种象征。它所涉及的学校其实并不多,但它所蕴含的意义对于国教和教育委员会都非同寻常。国教捍卫的是自己所属学校中的宗教教导权,教育委员会代表的是政府机构,它关心的是教育的公平和将教育的福祉尽可能普及到所有的贫民阶层。两者之间的立足点有着根本差异,这才导致在这个问题上的矛盾与冲突。

3. "课时表信仰条款"与 1870 年教育法

国教在宗教教育问题上的敏感和强势态度,使得19世纪60年代后期致力于建立世俗的国民教育体系的改革家们在处理宗教教育问题上不得不谨慎。60年代末,建立世俗的国民教育体系已经势不可当,格拉斯顿政府决定动用立法的手段推动初等教育改革,福斯特被提升为内阁成员,开始着手立法的准备工作。

1869年,在伯明翰教育联盟的基础上成立了全国教育联盟(National Education League),它代表着非国教派及世俗主义者的观点,主张推行普及的非宗派性质的免费的初等义务教育。但是联盟内部的观点并非完全统一,部分激进分子希望完全取消公立初等学校中的宗教教导,包括礼拜和宗教教学,而大多数人则认为非教派性质的宗教教导应该予以保留。全国教育联盟的激进主张令国教坐立难安,1870年,国教派和保守派在曼彻斯特成立了全国教育联合会(National Education Union)。这个组织代表着国教的利益,他们强烈抵制全国教育联盟的主张,认为应该继续维持教会垄断初等教育的现状,政府的职责就在于为教会学校提供更多的教育资助。如果国家无法承担庞大的教育资助费用,可以通过征收地方税来补充中央政府的拨款。

福斯特本人对全国教育联盟的许多观点是认同的,但他也清楚地意识到,如果不考虑教会的利益,太过激进的改革方案很难获得成功。最终,他接受了罗伯特·洛伊建议的妥协办法,即给教会一个宽限期,让它尽最大努力去满足社会对初等教育的需求。如果哪个地方教会满足不了这种需求,就由公办学校填补教会留下的空缺。这一妥协的"填补空缺"的办法虽然受到来自伯明翰教育联盟和全国教育联合会双方的反对,但却得到了首相格拉斯顿和议会内外许多人的支持,从而成为1870年初等教育法的主要原则和特色。该法就是通过"填补空缺"的方式来实现其公开宣称的目的——"为全国提供良好的学校"。

除了填补空缺这个重要特色之外,福斯特法案对于初等学校中的宗教教育权没有否决。但是,学校中的宗教教导以什么样的方式展开,令福斯特颇费思量。

他在法案的最初稿中把信仰条款作为所有初等学校接受政府资助的前提条件。1870年2月17日,该议案在议会下院一读时,福斯特特别就信仰条款进行了阐述:

> 我们将信仰条款作为所有初等学校接受公众资金的前提条件。我认为没有必要再争论这个条件是否合适。在我看来,如果我们能不带任何偏见地处理这个问题,事情很清楚,用纳税人的钱为他的孩子提供世俗教育,我们无权干涉他作为父母的情感或强迫他给孩子施加他反对的宗教教育。因此,我们的观点是,募集公众资金,或用公共资源供养的初等学校,不应该是把公众排除在外的学校。①

但是这个内容在议会遭到了质疑与反对。3月14日,该议案在下院二读时,就有议员对信仰条款进行了质疑:

> 当不信奉国教派被要求付税,却要他把孩子送到国教学校上学;当清教徒被要求付税,却要他把孩子送到罗马天主教学校去;或者是罗马天主教徒要把孩子送到清教徒学校。这个宗教困难,在这些情况下将占据更大比例。这个议案怎么来解决这个问题? 有人说,在目前还没有校务委员会的地方,宗教教育将继续下去……一旦有人反对这种宗教教育,信仰条款就要发挥作用,以此保护父母的宗教良知。

该议员认为,尽管信仰条款看似能对人们进行有效的保护,但实际上"人们

---

① *Hansard*, 3rd Series, Vol.199, Feb. 17, 1870, Col. 447-448.

曾经试验过信仰条款,却发现它有欠缺,最终被非国教徒拒绝。它并没有真正提供它所宣称的保护,贫困阶层经常不能从中获得帮助,因为他们的上级在社会地位上的影响力过于强大,他们根本无力抵挡"[1]。

议会内部的反对意见使得福斯特不得不更加小心谨慎地处理学校的宗教教导问题,努力在教派性的宗教教导与非教派性的宗教教导之间寻求一个巧妙的平衡点,原来的信仰条款似乎已不能令人信服,但信仰条款的某些原则仍有着借鉴作用。经过多次斟酌修改,福斯特将信仰条款谨慎地改为"课时表信仰条款"(The Timetable Conscience Clause),规定家长有权不让子女接受宗教礼拜和教学,因此学校须将宗教活动安排在每天课时表的开头或结尾。

6月16日,该议案在下院三读,首相格拉斯顿亲自就课时表信仰条款进行阐释:

> 首先,考虑到信仰条款的欠缺之处,我希望我们已经大体上通过课时表信仰条款予以充分弥补……可以说,我们所提出的课时表信仰条款源于我们认识到,有必要增强信仰条款的实际效力。即便是经过精心设计的最好的信仰条款,只要人们有意让它无效,它也有很大可能是无效的,除非它通过其他条件,比如时间来施加进一步的保护。因此,我们提交的课时表信仰条款建立在双重原则的基础上,即在宗教教导问题上完全自由的教导权(但是宗教教导的时间必须有限制),以及父母享有的与老师的自由教导权相一致的完全自由的回避权。[2]

经过下院三读,"课时表信仰条款"基本得到了认可。在上院讨论时,尽管主教们对于宗教教育的时间表并不赞同,认为在每天上学开始和放学

---

[1] *Hansard*, 3rd Series, Vol.199, Mar. 14, 1870, Cols. 1921, 1926.

[2] *Hansard*, 3rd Series, Vol.202, Jun. 16, 1870, Col. 272.

前进行宗教教导使得宗教教导被边缘化,①但是并不妨碍这一条款最终在上院得到普遍认可。教会的宗教教育权虽然受到一定的限制,但它在福斯特教育法议案中得到了确认。格拉斯顿在议会辩论中确定无疑地指出,"我认为,即便是在上学时间内,对宗教教导提出最严格的要求,也不应该将宗教教导从学校中排除出去。我觉得这无疑是普遍的要求"②。不同教派家长的宗教信仰权也得到了救赎与保障。学生家长如果不愿意让自己的孩子接受学校的宗教教导或出席学校的宗教典礼,可以从那样的教导或典礼场合带离他的孩子,而且他的孩子并不会因此丧失在这个学校的任何其他权益。

需要注意的是,"课时表信仰条款"并不只针对某些特殊情况的学校,比如前面曾提及的单一学校教区的学校,它针对的是所有接受公众资金资助的学校。"该条款将对所有学校实行,无论世俗学校还是教派学校;该条款将授权父母,当他们认为学校的宗教教导不适合自己孩子听时,父母有权让他的孩子回避学校的宗教教导。"③

在确认了初等学校中宗教教导的合法权益之后,议会上院重点讨论了学校中的宗教教导应该教授什么内容。在这个问题上,上院的分歧很大。在讨论圣经教导时,各宗教团体在上院的代表们众说纷纭。格拉斯顿描述了这种乱状:

> 有人建议,要求所有学校必须使用圣经;有人建议,可以容许使用圣经,但只限于阅读;还有人建议,可以容许使用圣经,但只能进行有限的解释。

福斯特法案的要求是,学校中圣经的解释只能是不分教派的,没有教派偏

---

① Hansard,3rd Series,Vol.203,July 29,1870,Col. 1173-1174.
② Hansard,3rd Series,Vol.202,Jun. 16,1870,Col. 276.
③ Hansard,3rd Series,Vol.199,Feb. 17,1870,Col. 449.

狭。格拉斯顿指出：

> 我们希望学校中的圣经阐释应有自己的自然进程，它必须限定在适于儿童理解的简单而虔诚的方式。但我们不承认，这种简单而虔诚的教学方式能够通过排斥一切教义信条而得到保证。这种排斥是不可能起作用的，如果真的能起作用，也不应该让它起作用。这是对宗教教育自由权的侵犯，在这个国家是不该被容忍的。①

关于教义问答和特殊的宗教习语，福斯特要求那些接受公众资金资助的学校从其课程表中剔除。

> 为什么乡村地区会反对教理问答和特殊的宗教习惯语？这在很大程度上并不是因为教义问答和宗教习惯语的用词不好，而是因为向孩子们讲授这些似乎就有可能宣称这些孩子属于某个教会。这种状况促使政府提议，那些接受纳税人资助的学校必须将教义问答和特殊宗教习惯语从课程表中剔除。②

这一点在议会里也同样引发激烈争论，尤其是遭到了宗教团体的反对。"在处理这个问题时，有两种观点强烈要求政府加以关注。一个是，我们不能以赞同或反对宗教教派学说的态度对教授什么样的宗教内容提出要求。……另一个是，应该彻底放弃宗教教育，学校里的教学内容全部是世俗教育。"福斯特等人不同意所有由校务委员会建立的学校都取消宗教教育的观点，"我们现在的要求是，在任何由税收支持的学校中不得讲授教义问答和特殊的宗教习惯语"③。福斯特认为，这是一种可以避免困难状况的模式，也符合多数国民的意愿。

福斯特教育法案经历诸多波折，最终在议会得以通过。该法案最伟大

---

① Hansard, 3rd Series, Vol.202, Jun. 30, 1870, Col. 1255 – 1256.
② Hansard, 3rd Series, Vol.202, Jun. 30, 1870, Col. 1251.
③ Hansard, 3rd Series, Vol.203, July 25, 1870, Col. 830 – 831.

之处是为英国建立了一个国民教育体系。但是该法案的成功通过与福斯特等人谨慎对待教会的教育控制权以及认可教会在初等教育上的地位,有着莫大的关联。萨夫茨伯里伯爵曾评价:

> 该法案使政府极大地拯救了圣经教育。他们允许圣经进入学校,使宗教教导成为学校教育不可分割的一部分。

对于议会里反对议案的声音,他深表遗憾:

> 因为他无比确切地感觉到,如果该议案失败了,明年下院就会通过一个纯粹的世俗教育的政策。①

萨夫茨伯里伯爵一直坚持认为,宗教是教育必不可少的构成部分。他并不是唯一持有这种看法的人。上院贵族雷德克里夫的斯特拉特福德子爵(Viscount Stratford de Redcliffe)尽管盛赞该议案所提出的国民教育体系,但是,他觉得该议案并没有清楚地表明议会的目的是让这些学校必须有宗教教育,"现在这个议案间接提到宗教教育,却没有明确宣布,必须有宗教教育",对此他感到极其遗憾。他认为议案应该"清楚明白地表达他们的观点,即宗教是教育必不可少的构成部分,是他们的职责所在"②。当然,这个教育话题最大的困难在于宗教的差异,而福斯特议案所要面对的是那些祸害这个国家的教派故意所造成的所有困难。所幸,福斯特法案比较谨慎地解决了由信仰条款而引发的潜在争端,在各个教派之间以及教会与政府权力之间找到了平衡点,既完成了建立世俗的国民教育体系的宏伟使命,又维护了教会的宗教教导权,充分肯定了教会长期以来在英国初等教育领域的地位。

---

① *Hansard*,3rd Series,Vol.203,July 29,1870,Col. 1168.
② *Hansard*,3rd Series,Vol.203,July 29,1870,Col. 1177 - 1178.

三、双轨体系下教会办学的挣扎求存

1. 双轨并存

1870年教育法无疑是英国政府在贫民教育问题上的一个重大进步，国家已经开始主动承担对下层民众教育的职责。但是从某种程度上讲，1870年教育法也是国家与教会尤其是国教在教育问题上的又一次妥协。国家在承担起其民众教育职责的同时，又不愿意剥夺教会团体在这方面的权威，因而形成了一种国有教育体制和民间自助办学体制共存的状态，甚至在很长一段时期内形成了国家和教会团体互相争夺教育控制权的局面。

根据1870年法案的规定，教会团体可以在六个月内弥补现有的差距，对不符合法定办学条件的学校进行改造，否则将在当地成立校务委员会，由校务委员会来兴办学校，取代教会团体在当地的教育资格。因此，在1870年底，出现了一窝蜂般的建立教会学校的高潮——在1870年的最后五个月中，政府接到了大约3 000份校舍补贴的申请，而在1869年全年只有226份申请。① 与此同时，教育部也展开了调查，准备在一些教育设施不足的地方建立新学校，弥补空白。伦敦第一所校务委员会学校在1873年

---

① Eric Hopkins, *Childhood Transformed*, p.235.

开办；到了 1875 年，共建立了 79 所——这是一个快得令人惊异的建造速度。① 新学校通常采取的是三层建筑的形式，有大大的窗户和宽敞的操场。由于这些学校都是新建的，它们在构造上通常比教会学校好，有些教会学校甚至还可以追溯到 19 世纪初。但是也有一些校务委员会学校其实就是以前的教会学校，尤其是无法继续经营下去的英国协会的学校。由于校务委员会的职责之一就是为那些被排斥在教育体系之外的贫困儿童提供教育，因此有些校务委员会学校不得不建造在工人阶级居住的城市地区，这些地区往往是教会团体认为不值得建造学校的地方。但这些学校一般都比较简陋，实际上就是贫民窟学校。

截至 19 世纪末，有 1 372 所民办学校（voluntary school）转变成公立学校（board school），归属校务委员会，其中全国协会学校 973 所，卫理公会学校 24 所，英国协会学校 271 所。②

公立学校和民办学校双轨并存的机制使得学校间的竞争加剧，尤其是教会团体压力增大，因此 1870 年教育法反而刺激了教会团体办学的速度和热情。

笔者根据罗兰德·汉密尔顿 1883 年发表于《伦敦统计协会杂志》上的文章《1870 年教育法通过前后英格兰和威尔士的教育》中相关数据，对 1870—1882 年间英国民办学校和公立学校的数量以及招生规模进行了统计，整理了一份表格（表 6-1③）。根据汉密尔顿的统计，1870 年后的十多年间，教会团体不仅办学数量有所增加，而且学校招生人数也有了急剧增长。截至 1882 年，教会团体办学数达到 14 421 所，十年间新增 6 140 所，

---

① Mary Sturt, *The Education of the People: A History of Primary Education in England and Wales in the Nineteenth Century*, p.320.
② Eric E. Rich, *The Education Act 1870: A Study of Public Opinion*, London: Longmans, Green and Co. Ltd., 1970, p.109.
③ 本表格数据来源：Rowland Hamilton, "Education in England and Wales Before and After the Elementary Education Act of 1870", *Journal of Statistical Society of London*, 46, 2（1883），p.326，本表格对原文数据进行了整合，将原文中两份表格整合成一份。

校务委员会新建公立学校总数为3 868所,教会团体新建校是新建公立学校的1.5倍以上,即便是在1882年,教会团体学校数仍占全部学校数的78.85%,它培养的学生仍占据全部在校生的三分之二。可见,在初等教育法通过之后,教会团体依然是贫困儿童学校的主要承办者。

表6-1 1870年后民办学校与公立学校数量统计以及学生入学人数及入学率统计

年份	民办学校		公立学校		学校总数量/所	入学总人数/万人	注册总人数/万人	平均入学率/%
	学校数/所	入学人数/万人	学校数/所	入学人数/万人				
1870	—	—	—	—	8 281	115.2	169.3	67.5
1872	9 772	132.7	82	0.9	9 854	133.6	196.9	67.8
1873	10 574	141.2	520	7.0	11 094	148.2	221.9	66.8
1874	11 408	154.1	838	13.8	12 246	167.9	249.8	67.2
1875	12 081	161.0	1 136	22.7	13 217	183.7	274.4	67.0
1876	12 677	165.7	1 596	32.8	14 273	198.5	294.4	67.4
1877	13 105	172.3	2 082	42.8	15 187	215.1	315.5	68.2
1878	13 611	184.6	2 682	55.9	16 293	240.5	349.6	68.8
1879	14 027	192.5	3 139	67.0	17 166	259.5	371.1	69.9
1880	14 181	198.2	3 433	76.9	17 614	275.1	389.6	70.6
1881	143 701	200.7	3 692	85.6	18 062	286.4	404.5	70.8
1882	14 421	207.0	3 868	94.5	18 289	301.5	419.0	72.0

2. 1870年后教会的教育付出

1892年,一本题为《自1870年教育法通过以来教会的教育贡献》[①]的小册子对国教以及英国协会、卫理公会、罗马天主教学校在1870—1891年间的办学经费筹集、招收学生数以及出勤率等情况进行了统计,揭示了教

---

① *Educational Work of the Church, Since the Passing of the Education Act*(1870), London, 1892.

会团体在 1870 年教育法通过之后为初等教育所做的努力与贡献。这本小册子依据的是 1891 年 8 月的最新调查数据，比汉密尔顿的文章所包含的数据更加全面、细致，尤其是对国教以及其他教会团体的办学规模和经费筹措进行了详细的分类统计，从中可以看出在 1870 年之后的 22 年中，教会团体为了维持在初等教育领域中的地位，的确做出了极大努力。

在办学规模上，国教学校所提供的就学名额（school accommodation）从 136.5 万增加到 267.05 万，直接增加了 130.55 万，近乎在原来的规模上翻了一番。而且，在同一时间段，所有其他宗教团体（包括英国协会学校、卫理公会学校、罗马天主教会学校）所创办的学校也提供了 97.7 万就学名额。截至 1891 年，全国共有就学名额 562.8 万，其中教会团体办学合计提供 364.78 万，占比 64.8%。[①] 这个数据充分说明，即便是教育法通过之后，教学团体的自助办学依然发挥着重要作用，它们并没有因为校务委员会公立学校的创办而失去初等教育市场，反而更加顽强地坚持办学。

国教在为贫困儿童提供初等教育方面向来占据主导地位，其所招收的学生在 1870 年占据学生总数的 72.7%，到 1891 年仍达学生总数（包括公立学校）的 47.4%。可以说，国教为英国贫困儿童的初等教育撑起了半片天空。尽管 1870 年后，政府会为教会团体民办学校提供校舍补贴，但这些补贴并不足以支撑完成新校舍建设或扩大校舍的工作，为此国教提供了更多的资金援助。表 6-2 统计了国教对于接受政府校舍补贴的全国协会学校所提供的建设资金情况。[②] 截至 1882 年底，国教花费了 130.089 万英镑用于新学校的建设以及老学校的扩建，而截至 1891 年，全国协会学校所获得的政府校舍补贴仅为 30.2 万英镑，可见国教在办学上投入了巨大的资金，这些投入共计为 267 501 名儿童提供了就学机会。除此之外，还有一部分学校因为信仰条款的缘故不愿意接受政府补贴，它们招收的学生占了

---

① *Educational Work of the Church，Since the Passing of the Education Act*（1870），pp.1-2.
② *Educational Work of the Church，Since the Passing of the Education Act*（1870），p.2.

国教学校学生总数的三分之一左右,这些学校也需要国教进行资助。据该小册子估计,自从1870年教育法通过后,国教花在校舍建设和扩大学校方面的开支,接近700万英镑。

表6-2 国教对接受政府补贴的全国协会学校的资助

(单位:英镑)

时间	金额
截至1870年12月31日	101 897
截至1871年12月31日	120 417
截至1872年12月31日	367 226
截至1873年12月31日	347 580
截至1874年12月31日	145 863
截至1875年12月31日	82 728
截至1876年12月31日	78 174
截至1877年12月31日	23 686
截至1878年12月31日	20 922
截至1879年12月31日	5 814
截至1880年12月31日	4 335
截至1881年12月31日	966
截至1882年12月31日	1 282
合计	1 300 890

除了校舍建设的资金投入,学校的正常运营也需要大量的资金。这部分资金需要教会团体自行筹集,人们自愿捐助。国教为此也竭尽所能为所属学校进行募捐,具体募集资金数额见表6-3。[①] 22年间,国教为接受政府年度补贴的学校筹集的资金达1 191.3万英镑,前几年为那些只愿意接

---

① *Educational Work of the Church*, Since the Passing of the Education Act (1870), p.3.

受督导(school inspector)视察的学校也筹集了约 4.97 万英镑。两笔相加，国教合计为所属学校募集了约 1 196.3 万英镑的学校运营资金，加上前面统计的用于新校舍建设和扩大校舍的资助 130.1 万英镑，在 1870—1891 年间，国教为那些在教育委员会领导下的学校教育投入了近 1 326.4 万英镑的资金，不能不说这是巨大的贡献。

表 6-3 国教为接受政府督导的学校运营所筹集的自愿捐助

（单位：英镑）

时间	接受年度补贴的学校	只接受督导视察的学校
1870—1878 年 8 月 31 日	4 292 391	49 657
截至 1879 年 8 月 31 日	599 641	—
截至 1880 年 8 月 31 日	587 273	—
截至 1881 年 8 月 31 日	582 382	—
截至 1882 年 8 月 31 日	581 179	—
截至 1883 年 8 月 31 日	577 314	—
截至 1884 年 8 月 31 日	585 072	—
截至 1885 年 8 月 31 日	583 936	—
截至 1886 年 8 月 31 日	586 951	—
截至 1887 年 8 月 31 日	580 872	—
截至 1888 年 8 月 31 日	582 081	—
截至 1889 年 8 月 31 日	582 018	—
截至 1890 年 8 月 31 日	589 641	—
截至 1891 年 8 月 31 日	602 573	—
合计	11 913 324	49 657

1870 年以后，除了国教，新教派别、卫理公会、罗马天主教也为贫困儿童的教育付出了巨大的努力。这些非国教派学校，虽然也接受了政府校舍补贴，但这些补贴远远满足不了学校的校舍维护和新校舍扩建的需

要,更不用说学校的运营还需要数额极其庞大的资金。各个教派为了维持本教派学校的存在,积极筹款。根据小册子的统计,截至 1881 年底,非国教派学校仅用于校舍建设和扩建学校的资金,就筹集到 16.07 万镑,详情见表 6-4。①

表 6-4 接受政府校舍补贴的非国教派学校所筹集的用于校舍建设和扩建学校的自愿捐助

(单位:英镑)

时 间	金额
截至 1870 年 12 月 31 日	101 818
截至 1871 年 12 月 31 日	25 346
截至 1872 年 12 月 31 日	32 598
截至 1873 年 12 月 31 日	25 915
截至 1874 年 12 月 31 日	26 302
截至 1875 年 12 月 31 日	9 154
截至 1876 年 12 月 31 日	10 307
截至 1877 年 12 月 31 日	2 312
截至 1878 年 12 月 31 日	1 038
截至 1879 年 12 月 31 日	15 878
截至 1880 年 12 月 31 日	—
截至 1881 年 12 月 31 日	1 051
合计	160 719

其实,校舍建设资金相对于学校运营资金来说,微不足道。与国教一样,非国教派也需要为学校运营所需的大数额的财政缺口进行筹募。表 6-5 逐年统计了 1870—1891 年间接受政府督察的非国教派学校所筹集的用于学校运营的自愿捐助情况。②

---

① *Educational Work of the Church*, *Since the Passing of the Education Act*（1870）, p.3.
② *Educational Work of the Church*, *Since the Passing of the Education Act*（1870）, p.4.

表6-5　接受政府督察的非国教派学校所筹集的用于学校运营的自愿捐助

(单位:英镑)

时间	接受年度补贴的学校	只接受督导视察的学校
截至1870年8月31日	88 993	3 324
截至1871年8月31日	94 315	2 267
截至1872年8月31日	114 296	2 107
截至1873年8月31日	119 442	—
截至1874年8月31日	130 796	—
截至1875年8月31日	144 719	—
截至1876年8月31日	156 018	—
截至1877年8月31日	162 389	—
截至1878年8月31日	157 592	—
截至1879年8月31日	151 649	—
截至1880年8月31日	149 983	—
截至1881年8月31日	144 293	—
截至1882年8月31日	142 120	—
截至1883年8月31日	138 356	—
截至1884年8月31日	147 453	—
截至1885年8月31日	172 000	—
截至1886年8月31日	154 986	—
截至1887年8月31日	161 543	—
截至1888年8月31日	163 834	—
截至1889年8月31日	167 802	—
截至1890年8月31日	167 888	—
截至1891年8月31日	176 521	—
合计	3 206 988	11 015

可以看出,非国教派每年为所属学校募集的运营费用逐年增加,截至1891年底,累计募集约321.8万英镑的资金用于维持学校的运营,加上表6-4统计的非国教派团体所募集的16.07万英镑的校舍建设资金,1870—

1891年间的22年中,除了国教,其他所有宗教团体为那些在教育委员会领导下的学校教育投入了337.87万英镑资金,同样做出了巨大贡献。[①]

因此,根据这份小册子提供的数据,我们清楚地了解到,截至1891年底,国教为英国的初等教育贡献了约1 326万英镑的费用,而其他的宗教团体共为英国的初等教育贡献了将近338万英镑的费用。所有的教会团体在这22年中为英国初等教育合计贡献了约1 664万英镑的教育费用,1891年它们所招收的学生人数达到364.780 5万(根据表6-1计算所得),占同年所有学生总人数的64.81%。

1870年教育法的通过,尽管确立了国民教育体系,使教会一统天下的办学局面被打破,形成了教会团体自助办学与校务委员会公立学校双轨并行的局面,教会在贫困儿童的教育问题上逐渐失去掌控权,但是教会并没有退出贫困儿童初等教育的领地。尽管遭遇到公立学校的竞争,教会团体为了维持自己在初等教育上的地位,可以说是不遗余力,付出了巨大的努力,花费了巨额资金,为贫困儿童初等教育做出了巨大的贡献。人们在为英国国民教育体系的形成与完善而欢呼时,不应忽视,即便在1870年教育法通过20多年后,无论是在学校数量,还是在招收学生人数上,教会团体的民间办学仍然撑起了英国初等教育的大半天空。

---

① *Educational Work of the Church*, *Since the Passing of the Education Act*(1870), p.4.

第三编
儿童教育与国家

19世纪以前的英国教育几乎是教会一统天下,英国政府在其中几乎无迹可寻。国家在大众教育尤其是初等教育领域的缺失使得英国下层民众的受教育机会很少,基本靠教会和私人带有慈善性质的教育行为。政府的这种不作为状况直到19世纪30年代才有所改观。有观点认为,造成这种状况的社会历史根源有两方面。一是英国近代以来的保守主义传统根深蒂固。16世纪以后,英国经历了宗教改革和资产阶级革命两次深刻激烈的社会动荡,由此走上了近代化之路。但这两次变革都是不彻底的,说明了英国保守主义和旧传统的根深蒂固。二是对教育与经济社会发展的密切关系的认识还不深刻。英国是世界上第一个工业化国家,巨大的成功并不是英国在重视民众教育(**相反却是牺牲民众教育**)的基础上获得的,关于教育对经济发展和社会发展所具有的重要性,英国各界在巨大的成功欣喜中并没有及时发觉,甚至在一些上层人士看来,无须大众教育,英国也取得了如此成就,教育似乎也不那么重要。因此,工业化过程中英国政府对教育重要性的认知长期落后于实际生活的发展。其实,不仅上述两点,19世纪英国对自由放任哲学的热衷,也使得它从本质上不愿对教育问题进行过多干预。

第七章
观念的转变

一、政治哲学的渐变:自由放任与国家干预

在工业化开始之前,英国处在重商主义思想的影响下,政府对于经济领域干预较多。工业化进程开始后,尤其是到 18 世纪末,亚当·斯密《国富论》的发表使得英国历史上的自由主义传统正式占据了主导地位,成为国家的政治哲学。自由放任思想不仅决定了英国政府在经济领域的活动,而且也影响到了英国政府在政治领域中的众多不作为。

其实,自由放任思想的倡导者亚当·斯密在《国富论》中早就曾对英国当时国家不管国民教育的传统提出建议:国家应当拿出经费为普通民众兴办教育。只是英国当时吸纳了他的自由主义经济学说,却忽视了他关于国民教育的建言,致使英国国民教育体系的形成晚了近百年,殊为可惜。

关于亚当·斯密的国民教育理念,本书第三章中曾经分析了斯密对于国民教育价值的认识,在他看来,让普通民众接受教育也能够使国家受益匪浅。关于这一点本章不复赘述,此处仅重点阐述斯密对于国民教育的内容及其实现方式的认识。

关于普通民众应该接受什么样的教育,亚当·斯密认为,普通民众的教育不需要达到有身份有财产者所获得的那种良好水平,"但教育中最重要的几部分如阅读、书写及算术,却是他们能够在早年习得的"。针对当时英国机器工业生产日益发展的情况,斯密不赞成给普通民众授以中上等阶

层的古典教育,认为普通儿童花费大量时间学习拉丁语毫无意义,针对社会下层民众的现实职业情况,真正需要提供给他们的教育是让他们明白怎么使用机械的工艺原理,掌握些对他们的未来职业有帮助的实科知识,比如几何学以及机械学的基本知识。如果这样,"那么,这一阶级人民的文化教育,也许就会达到所能达到的最完善程度"。

因此,斯密认为,"国家可在各教区各地方,设立教育儿童的小学校,取费之廉,务使一个普通劳动者也能负担得起,这样,人民就容易获得那基本教育了"。英格兰的慈善学校与此颇为类似,但这种学校并不普遍,故而效果也不明显。要取得真正的效果,还需要国家的力量。因为人们要"学习一种才能,须受教育,须进学校",而国家只要以极少的费用,"就几乎能够便利全体人民,鼓励全体人民,强制全体人民获得这种最基本的教育"。①

亚当·斯密在工业化初期就意识到国民教育的重要性,在当时英国政府不过问国民基本教育的情况下,倡导国家应出资为下层民众兴办教育,开发其智力,培养其未来职业能力。这样的观念对于推动英国近代国民教育体系的发展本应具有积极意义,遗憾的是英国政府吸纳了他的自由主义经济学说,却忽略了他对国民教育的论述。也许是因为在倡导自由放任思想的总体环境下,又要求国家对国民教育进行干预,这本身显得有点矛盾。但是,斯密关于这一点,也有说明,他认为,无知和大愚钝常常使文明社会一切下级人民的理解力失去作用,一个人不能适当地使用人的智能,那就比怯懦者还要可耻。"国家即使由下级人民的教育,得不到何等利益,这教育仍值得国家注意,使下级人民不至陷于全无教育的状态。"②。斯密提倡政府兴办国民教育并不是自相矛盾,而是出于对国家安全和社会稳定的特殊考虑。斯密的忧虑与罗伯特·雷克斯等人创办主日学校的动因也颇为类似。随着工业化的发展,大量农村人口涌向城市,下层民众的贫困和犯

---

① [英]亚当·斯密:《国民财富的性质和原因的研究》(下卷),第350—351页。
② [英]亚当·斯密:《国民财富的性质和原因的研究》(下卷),第353—354页。

罪成为烦扰中上等阶层的社会问题,越来越多的学者意识到国民教育的重要性。著名经济学家马尔萨斯在《人口原理》(1806年第三版)中也批评了英国对下层民众教育的漠然:"我们在穷人身上浪费了无数财富……但是在他们的教育以及与他们密切相关的那些重要的政治真理的传播中,我们的花费真是少得可怜,而这些却又可能是我们真正能提高他们待遇,使他们过上幸福的生活,成为平和的子民的唯一方法。"他认为把下层民众的教育交给由个人捐助支撑起来的少数主日学校,"确确实实是巨大的民族耻辱。"[1]。与亚当·斯密和马尔萨斯同时代的托马斯·潘恩在其《人权论》一书中也指出,"一个在组织良好的政府治理下的国家不应当容许有一个人不受教育,只有君主制和贵族制的政府才需要用愚民政策来维持自己的统治。"[2]。这些学者关于教育的真知灼见,尽管在当时被他们各自学说中其他闪光点所遮蔽,但他们的先见之明仍在一定的圈子里有着影响力,几十年后,当英国政府开始重视国民教育问题时,这些真知灼见无疑对英国社会教育观念的转变起到了推动作用。

在19世纪初期和中期,自由放任思想的内涵也发生了细微的变化。19世纪初期英国的自由主义更多地带有边沁(Jeremy Bentham)的功利主义思想的色彩。边沁生活的时代正是英国工业革命深入发展的时期,代表工业资产阶级的改革派同代表土地贵族的保守派围绕着各种社会政治问题如改革选举制度、废除谷物法等展开了激烈斗争。这种政治、经济形势的发展变化,使得新兴的工业资产阶级迫切需要一种更符合自己利益的理论来武装自己,最大限度地获得新的政治和经济利益。边沁的功利主义满足了当时的工业资产阶级的需求。在边沁看来,资产阶级国家应保护自由

---

[1] Thomas Robert Malthus, *An Essay on the Principle of Population or*, *A View of Its Past and Present Effects on Human Happiness*; *With An Inquiry into Our Prospects Respecting the Future Removal or Mitigation of the Evils Which It Occasions*, London Printed for J. Johnson, by T. Bensley, 1806, p.418.

[2] 马清槐等译:《潘恩选集》,北京:商务印书馆,2009年,第312页。

贸易、自由竞争，政府对经济生活采取不干涉原则。政府的活动限制在保护人身安全和私有财产不受侵犯的范围内。尽管边沁认为社会组织的目的是谋求"最多数人的最大幸福"，但实质上他所谓的幸福是以对资产阶级有利为标准的。在边沁看来，快乐与幸福的重要内容是"获得和占有财产"，政府立法的主要任务就是确认和保护资产阶级的人身和财产安全，至于下层民众所遭受的苦难，"则不包括在边沁的所谓'苦'的概念中"①。相反，边沁认为贫困是不能被消灭的，只能由节约和慈善事业来补救。正是因为边沁对于下层民众的疾苦没有丝毫的同情，他的学说在19世纪初期的传播给下层人民带来的并不是边沁宣扬的所谓"幸福"，而是更深重的苦难。由于边沁的信徒在政府相关部门中大有人在，比如爱德温·查德威克（Edwin Chadwick）就是边沁学说的忠实信徒，他的功利主义影响了19世纪初期英国的一些社会政策，其中最突出的就是济贫法的改革。这个以"劣等原则"为宗旨的新的济贫法最终把穷人们最后求助的避难所变成了英国的"巴士底狱"。

由于边沁学说中有符合新兴工业资产阶级需求的理念，在19世纪初期它获得了大批信徒，也影响了许多人，最有影响的一位就是约翰·斯特尔特·穆勒（J. S. Mill）。穆勒继承了边沁的功利主义思想，并结合新的历史条件对其加以进一步阐释和发挥，使其成为支配他的自由主义政治思想的重要理论基础。但由于穆勒同边沁所处的历史环境有所不同，他的功利主义同边沁的功利主义无论在内容上还是在形式上，都有所不同。如果说，边沁所处的时代资产阶级在议会的权力还不十分稳固，进一步铲除封建主义势力是当时工业资产阶级的重要任务的话，那么到了19世纪中期，经过议会改革和谷物法被废除，工业资产阶级在政治上取得了对土地贵族的优势，完全掌握了议会的领导权，并通过控制议会而确立了其在整个国

---

① 王振槐：《西方政治思想史》，南京：南京大学出版社，1993年，第310页。

家的统治地位。在这种情况下,资产阶级一方面要求在自由竞争的旗帜下追逐更大的利润,另一方面又要求加强对无产阶级的控制,并通过相应的政治思想和某些改革来麻痹无产阶级的革命斗志,缓和阶级矛盾,阻止工人运动和民主运动的发展。穆勒正是在这种条件下具体发挥和发展了边沁的功利主义思想。[1] 尽管穆勒从本质上仍然是一个自由放任主义者,但他身上更多地映射了国家干预的影子。

穆勒从个人的自由权必须得到充分尊重出发,主张自由放任原则,把政府干预限制在最小的范围内。他说:"一般说来,生活中的事务最好由那些具有直接利害关系的人自由地去做,无论是法令还是政府官员都不应对其加以控制和干预,那些这样做的人或其中的某些人,很可能比政府更清楚采用什么手段可以达到他们的目的。"[2] 所以"无论我们信奉什么样的社会联合理论,也无论我们生活在什么制度下,每个人都享有一活动范围,这一范围是政府不应加以侵犯的"[3]。应该说,穆勒的这一思想和边沁的功利主义式的自由放任思想是一脉相承的。但是穆勒与边沁不同的地方在于,穆勒把功利主义中提倡的"幸福"理解为社会全体的快乐和幸福,他认为人们在追求自己的幸福时要平等地顾及其他人的利益,这样才能有一个由彼此平等的成员组成的社会。正因为如此,穆勒在倡导自由放任、反对政府干预的立场上也不是绝对的,对于某些涉及社会整体利益的事情,穆勒主张政府应进行适度干预。总体而言,穆勒认为政府应干预或者应做的事情可分为两个方面:一方面是有益于社会利益而个人没有能力也不愿做的事;另一方面是有利于社会但个人由于得不到相应的报酬而不愿做的事。"在某一时期或是一个国家的特殊情况下,那些真正关系到全体利益的事情,只要私人不愿意做而并非不能高效率地做就应该而且也必须由政

---

[1] 王振槐:《西方政治思想史》,第 311—312 页。
[2] 约翰·穆勒:《政治经济学原理》(下卷),北京:商务印书馆,1991 年,第 542 页。
[3] 约翰·穆勒:《政治经济学原理》(下卷),第 531 页。

府来做。"①具体地说,穆勒认为政府应在七个方面进行干预:(1) 提供教育;(2) 保护儿童;(3) 对签订永久性契约进行限制,法律应允许在一定条件下解除这些契约;(4) 政府应对垄断性的私人公司(如公共服务业、运输业)进行干预;(5) 通过立法手段实现某一阶级或阶层的愿望,如缩短工人劳动时间;(6) 政府为他人利益进行干预,如公共救济、殖民事业、公共工程、公用服务事业等;(7) 凡人民无力承担但需要投入大量人力和财产的事业,政府应真心实意地承担,最大限度地增进国民的财富。② 从这些内容也可以看出,穆勒的政府干预思想符合了当时的资产阶级的政治需求:既要维持自己的统治地位,又要缓解社会矛盾。尽管穆勒在内心深处对于下层民众是蔑视的,但是作为一种政治哲学的提倡者,他必须清醒地面对当时社会的一些棘手问题。这就使得下层民众从一个边缘的角度、从穆勒的政治哲学中得益,得益最多的还是贫困儿童。在穆勒倡导的政府应该干预的七项内容中,直接与贫困儿童的生活息息相关的就有两项,而且都排在前列。这说明穆勒对于当时的社会形势是有着深刻了解的,而他所提出的应对之策也正切中时弊。穆勒认为,"自由放任这个一般原则,尤其不适用于初等教育"③。教育事关一个民族素质的长远利益,不可能完全由市场来调节,所以应由政府来主办。"政府可以运用自己的权力,规定父母在法律上负有使子女接受初等教育的职责。但要使父母承担这种职责,政府就必须采取措施确保人们能够免费或以极低的费用接受初等教育。"④同时,由于儿童尚没有能力对自身利益做出最好的判断,因此,政府就应保护少年儿童,禁止雇佣他们做过于繁重的工作,更反对虐待他们。

无论是斯密、边沁还是穆勒,他们都对当时的英国政府产生了非常深

---

① 约翰·穆勒:《政治经济学原理》(下卷),第 570 页。
② 欧阳红兵、叶蓓:《国家干预主义的思想源流》,《宁夏社会科学》1998 年第 6 期,第 24—25 页。
③ 约翰·穆勒:《政治经济学原理》(下卷),第 544 页。
④ 约翰·穆勒:《政治经济学原理》(下卷),第 544 页。

刻的影响。这不仅体现在他们的学说拥有大批的追随者,而且更重要的是,他们的学说事实上已经由个人的理论上升为国家的政治哲学,政府众多部门中充斥着其信徒,他们都在各自的领域中践行着这些思想。而穆勒本人甚至也在19世纪中期获得下院的席位,他的学说堂而皇之地进入了权力的上层。因此,在这样的政治哲学,尤其是穆勒的"自由放任+国家干预"哲学的影响之下,从19世纪中后期开始,英国政府对贫困儿童生活问题的干预力度越来越大。英国国家机器在这个问题上的态度变化,一方面反映了当时的政治哲学符合了形势的发展需求;另一方面也体现了资本主义社会的国家机器努力行使其社会控制的职能,力图改造工人阶级家庭生活的倾向。就贫困儿童的生活而言,英国政府对于他们的劳作、教育等问题均表现出前所未有的积极姿态。一方面是对贫困儿童劳作问题的立法限制越来越严格,另一方面是对贫困儿童的教育问题干预的力度越来越强劲,一改几个世纪的无所作为的传统。正是在这样两种趋势的影响下,贫困儿童的生活重心才得以慢慢地由劳作向教育转移。

二、教育政治家的吁请和努力

19世纪30年代,在英国的政治舞台上活跃着一个特殊群体,他们关注的中心不像其他政治家那样是严峻的政治问题,比如议会改革、民主进程,等等,而是所有儿童的教育问题。正如笔者在前面的章节中已经指出的,19世纪以前英国政府在教育问题上一直采取自由放任的不干涉政策,尽管英国有着悠久的教育历史,但那都是针对有钱有闲的中上等阶层的,下层人民的子女一直被隔绝在正规教育的大门之外。因而,在19世纪初期,这批教育政治家们所倡导的让所有儿童有同等教育机会的运动对于贫困儿童来说,就具有特别重要的意义,毕竟在这个"所有儿童"的概念中一直没有机会进入学校大门的正是那些贫困的贫困儿。从某种意义上来说,这些教育政治家所倡导的理念其实就是"贫困儿童教育问题"的代名词。这批教育政治家和一般的教育家的不同之处在于,他们不仅仅是倡导贫困儿童教育的教育家,更重要的是,他们还具有一般教育家所不具备的政治身份和政治影响力,正是这种政治身份和政治影响力,使得他们能够在19世纪30年代对英国政府的教育决策和倾向起到非常关键的影响作用。

这批教育政治家大致可以分为三大类,每一类又因为年龄或影响力的差别而有所区别。

第一类主要是议会中的议员,其代表人物有亨利·布鲁厄姆、斯莱尼(R.A. Slaney)、托马斯·怀斯爵士(Thomas Wyse)和罗巴克(J. A. Roebuck)。其中布鲁厄姆是19世纪前30年中最引人注目的教育政治家;斯莱尼、怀斯和罗巴克则是1832年议会改革后的下院议员。在19世纪30年代的杰出政治家中,布鲁厄姆最具有教育天才,他的职业生涯可以说是自由主义教育的史前史。作为皇家兰卡斯特协会的创立者之一,他在议会中成了力争建立国家教育的领袖。1816年,经过努力,他终于使议会同意设立一个委员会,调查伦敦贫困儿童的教育状况。这个委员会的报告表明,虽然私人和教会设立的学校对儿童的教育做了很大的努力,但伦敦受教育儿童还不到所有儿童的一半,并且这些学校的教育内容,不过是使儿童有点阅读圣经的能力和一点可怜的写字和计算的知识。伦敦尚且如此,其他地区的情况可想而知。布鲁厄姆努力通过1816—1818年由他领导的特别委员会来推广"让所有儿童都有接受教育的机会"这种主张。他领导下的这届委员会试图对全国范围的学校进行统计,并利用这些数据作为撬动改革的杠杆。自那以后,各种名目的教育机构倍增,如幼儿学校、技工学院、有用知识传播协会。布鲁厄姆预感到教育者会对导生制反感,因此他第一个去欧洲大陆拜访那里的教育改革家。同时,他也是较早相信灵活教学法的人,他支持对教师以及其他热心教育的人进行培训。布鲁厄姆不仅是一个努力在教育问题上为自己树立声名的辉格派政治家,也是唯一控制着专家们对教育问题争论的人。正因为如此,当时有许多热心于教育的年轻政治家们与他通信,有的成为他的朋友,有的成为他的拥护者,也有的是为了从他那里寻求职位或名声。[①] 但是作为教育政治家中资历较老的一位,布鲁厄姆也有他的难处。他是辉格党领袖,属于议会上院,但上院是托利党的堡垒,因此他关于教育的任何立法几乎没有成功的可能,这点他自

[①] Richard Johnson, "Educating the Educators: 'Experts' and the State 1833 – 1839", in A. P. Donajgrodzki, ed., *Social Control in Nineteenth Century Britain*, p.81.

己也发现了。他在过去关于教育问题的斗争中所经历的痛苦和挫折,尤其是1820年议案的失败,使得他对于立法非常谨慎,因而在19世纪30年代,他在行动方面不如其他议员那么激进。①

继布鲁厄姆之后,在1832年改革后的议会下院中有好几个议员非常重视贫困儿童的教育问题,他们把教育问题看作自己的职责。其中最杰出的有三人:什鲁斯伯里的辉格党议员斯莱尼,沃特福德的议员托马斯·怀斯,以及来自巴思的激进派议员约翰·阿瑟·罗巴克。

斯莱尼出生于萨罗普郡一个乡绅家庭,根据他的日记记载,激励他进入狂热的大众活动的动力之一是对城市工人阶级状况的焦虑感。早在1829年,他就决心"了解造成工匠和工人们生活恶化和苦难的根源",想出救治他们的方法,然后去推广这种解决方案。② 因此,他在19世纪30年代付出了大量的精力,收集了大量事实,也卷入了收集数据的运动中。1838年他担任了教育特别委员会的主席,在编辑专家的观点并使之具有政治分量方面起到了重要作用。怀斯是爱尔兰地主的儿子,30年代后期成为辉格党的一个压力团体"教育中央委员会"的创立者、主席和推动力量。1836年,他出版了《教育改革》③一书,对各种相互对立的教育理论进行了评价。罗巴克是三人中在英国政界影响最小的人,但他在伦敦的功利主义者中找到了精神的归宿,并得到了巴思的小资产阶级激进选民的支持。他与小穆勒的友谊对他产生了重大的影响,使他用功利主义者最纯粹的形式表达了功利主义的教育原则,要求建立一种仿照普鲁士模式的教育体制。

从布鲁厄姆到罗巴克,这群议员教育家都与当时的功利主义者有着密切

---

① Richard Johnson, "Educating the Educators: 'Experts' and the State 1833-1839", in A. P. Donajgrodzki, ed., *Social Control in Nineteenth Century Britain*, pp.81-82.
② Richard Johnson, "Educating the Educators: 'Experts' and the State 1833-1839", in A. P. Donajgrodzki, ed., *Social Control in Nineteenth Century Britain*, p.82.
③ Thomas Wyse, *Education Reform; Or the Necessity of a National System of Education*, London: Longman, Rees, Ovme, Brown Green and Longman, 1836.

联系。布鲁厄姆是詹姆斯·穆勒终生的朋友,罗巴克与小穆勒也有着很深的交情。这种相互交往的关系对于这批教育政治家的影响很大,而在19世纪20年代,功利主义正在形成气候,在随后的数十年中慢慢地普及,"仔细挖掘一个边沁主义者或者政治经济学家的思想,人们就会发现一个教育学家"①。而伦敦则是这种交往的中心地带之一(另一个中心在苏格兰的爱丁堡),首都所有先进的自由主义派报纸都对教育问题进行了讨论,而一些专业的杂志如《教育季刊》(Quarterly Journal of Education)等也对此进行了补充。②

在伦敦的讨论中,理论和思想的交流和传播已很热烈,唯独缺少的是与工业革命时期这个国家的城市、乡村劳动者的直接碰面。能够弥补这种缺陷的是另一个群体的教育政治家们,他们一般都供职于某个具体的政府部门或地方行政机构,不仅与上述这些议员教育家们有着相同的见解,更重要的是,他们还亲自参与控制社会现实的斗争。这类人也可以按生活年代分为两代人,第一代的代表人物有爱德温·查德威克、莱昂纳德·霍纳(Leonard Horner)、波特(G. R. Porter)以及拿骚·西尼尔(Nassau Senior)。

查德威克等人在1830年时年龄在38—45岁,到1835年时已经在政府中任职了。查德威克在济贫法委员会中任职,霍纳为工厂视察员(factory inspector),波特是贸易部统计部门主管,而西尼尔则是政府经济学家的典范,自1831年1月开始就是辉格党部长们的私人顾问。这四人都进入了伦敦知识分子圈子,他们通过自己特殊的渠道获得关于教育的信息,如西尼尔对工人阶级的了解并不依赖官方的信息。"我喜欢看蓝皮书",他写道,"但并不相信这上面的信息。"③他的办法是与关

---

① Richard Johnson, "Educating the Educators: 'Experts' and the State 1833 – 1839", in A. P. Donajgrodzki, ed., *Social Control in Nineteenth Century Britain*, p.83.
② 比如,Black 的 *Morning Chronicle*;Browing 的 *Westminster Review*;Fonblanque 的 *Examnier*;W. J. Fox 的 *Monthly Repository* 以及 J. S. Mill 的 *London and Westminster* 等。
③ S. Leon Levy, *Nassau W. Senior 1790 – 1864*, Newton Abbott: David and Charles, 1970, p.129.

系密切的商界朋友游历北方地区。波特和霍纳与各地省会的大资本家有着类似的联系，尤其是与那些创建了统计学会和曼彻斯特技工学院的人有着密切联系。① 在这四人中，霍纳是他们在教育领域中最重要的代表，作为1833年工厂法通过之后任命的工厂视察员，他比其他人更有机会走近下层民众，切实了解贫困儿童的教育状况。西尼尔和查德威克具有重要地位主要是因为他们是第二代年轻教育政治家的庇护人，而且是他们活动的组织者。

1830年的时候，年轻一代的教育政治家的年龄都在17—28岁。他们中有些人，如特里门希里（H. S. Tremenheere）、杜帕（B. F. Duppa）、西蒙斯（J. C. Symons）、塔夫内尔（E. C. Tufnell），出身于乡绅或教士家庭，接受了法律教育，然后致力于慈善事业或社会调查。杜帕在担任教育中央协会秘书的时候，年纪轻轻就去世了，另外三人是通过济贫委员会或教育委员会进入政府部门任职的。② 在年轻一代的教育政治家中，最值得注意的是后来担任教育委员会书记的詹姆斯·菲利普·凯（后来的凯-夏特沃斯），他对英国政府的教育问题产生了独特的影响。他出身于曼彻斯特的棉商家庭，在爱丁堡接受教育，从事过数据调查工作，与西尼尔和查德威克有联系，担任过济贫委员会助理委员。

上面所提及的这些教育政治家是当时英国比较著名的几位，他们都通过私人或工作往来，对更广阔的圈子产生了影响，其中就有参加教育中央协会的56个议员，他们中几乎所有人都是辉格派或激进派；也有许多人来自工业城镇的自治市议员，比如凯-夏特沃斯在曼彻斯特的朋友、利物浦自由派分子、密德兰地区与斯拉尼有联系的人，以及无数的统计专家，如伦敦

---

① 关于霍纳与兰开郡商人的密切关系，参见 Michael Sanderson, "Education and the Factory", *Economic History Review*, 20 (1967), p.271.
② Richard Johnson, "Educating the Educators: 'Experts' and the State 1833 – 1839", in A. P. Donajgrodzki, ed., *Social Control in Nineteenth Century Britain*, p.85.

统计学会的约瑟夫·弗莱彻(Joseph Fletcher)、曼彻斯特的詹姆斯·伍德(James Wood)、诺丁汉的威廉·费尔金(William Felkin)等。他们通过伦敦的沙龙、伦敦统计学会以及一些地方上的统计学会、各省诸如传播有用知识协会等组织网络，围绕着某个特殊的政府调查或政府部门而进行交流；同时还通过私人友谊和联系等方式把教育思想比较先进的爱丁堡与伦敦联结在一起。约翰逊认为，"从经典社会学的角度来说，专家们并没有形成一个'团体'，他们甚至也没有通过一个单独的组织、一场运动而联合起来。但是他们之间个人的联系非常密切，而这些专家们的确有一种明确的社会角色和思想上的凝聚力"[1]。

上述教育政治家思想意识的关键特点是把教育看成一种解决方案，把国家作为解决问题的手段。他们这样的思想意识首先源于他们对当时处于转型中的英国社会的认识和定位。他们把英国社会向机器制造业生产和发达的工业资本主义的整体性转型看作一种进步，因而，通过比较"落后"与"先进"（农业和工业相比较或家庭手工业与工厂相比较），就显示出后者的优越性，甚至包括这些人的"道德"和"知识"方面。正是出于这种对社会转型的认识和定位，他们对于社会转型中暴露出来的"罪恶"和"病症"等社会问题非常关注。他们认为这些"罪恶"的产生主要由于下层民众的无知，因此，对下层人民进行教育成为维护自身长期利益的首选方案。当然，也不是所有的教育政治家都怀有这样的阶级偏见，如霍纳、怀斯对"过度劳动"尤其是儿童的过度劳动持痛恨态度，他们抨击了这种对劳动力毁灭性消费的不理智、不公正和不人道。[2] 然而，罗巴克的分析却代表了教育政治家更普遍的看法："在社会成员所遭受的罪恶中，有些是由政府的管

---

[1] Richard Johnson, "Educating the Educators: 'Experts' and the State 1833-1839", in A. P. Donajgrodzki, ed., *Social Control in Nineteenth Century Britain*, p.87.

[2] Leonard Horner, *On the Employment of Children in Factories*, London, 1840，尤其是前言和第5页内容。

理不当而造成的,有些则是因为他们自己的疏忽和错误……因此,对于某些罪恶,其救治方法是改良政府的错误行为;而对于某些其他方面的罪恶,其救治方法则在于人们自己……假如劳动大众完全不关心他们自己的幸福……救治方法将不是改革政府,而是改变和改善人民。"① 从中可以看出,他们对教育的强调重点仍然是改变工人阶级的信念和行为。所有专家开出的"药方"都是广义的葛兰西式的教育性政策:

> 在我看来,关于伦理国家、文化国家,可以提到的最合理和具体的一点就是:每个国家都是伦理国家,因为它们最重要的职能就是把广大国民的道德文化提高到一定水平,与生产力的发展要求相适应,从而也与统治阶级的利益相适应。学校具有正面的教育功能,法院具有镇压和反面的教育功能,因此都是最重要的国家活动。②

国家就是要教育和开化人民,因此,这些教育政治家们各自利用自己的身份和职权,努力推进英国建立国民教育体系的进程:一方面,利用自己掌握的关于贫民教育的信息向长期以来致力于贫困儿童教育的教会、慈善机构的办学发起攻击;另一方面,积极在政府部门倡导建立一种由国家控制的大众教育体制。

---

① Richard Johnson, "Educating the Educators: 'Experts' and the State 1833 – 1839", in A. P. Donajgrodzki, ed., *Social Control in Nineteenth Century Britain*, p.88.
② [意]安东尼奥·葛兰西:《狱中札记》,曹雷雨等译,北京:中国社会科学出版社,2000年,第214页。

三、通过教育实行社会控制的观念已深入统治阶层

从 18 世纪 90 年代到 19 世纪 40 年代各地长期的社会动荡,从食物暴动到宪章运动,造成了人们对于社会秩序和社会控制问题的深深焦虑。学校和教师代替家庭和父母成为向儿童重新灌输有教养的行为举止,并使其尊重和服从社会原有秩序的代理人。正如理查德·约翰逊所强调的,"维多利亚早期英国人对贫民教育的沉迷可以最好地说明他们对权威、权力以及控制问题的关注"①。麦卡恩(McCann)也发现,在最混乱的斯皮特菲尔兹(Spitalifields)地区,学校教育大多数带有"为了社会和经济稳定的利益而对大众进行控制的目的"②。同样,在东北煤矿区的矿主们也在 1850 年创办了附属于煤矿的学校。这被看作对 1844 年罢工的一种反应。他们也希望能够把矿工的孩子从矿工们自己的女私塾以及渗透在工人阶级之中的自我教育的伦理中吸引过来,矿主们的学校将重申对劳动力的社会控制。③

---

① Richard Johnson, "Educational Policy and Social Control in Early Victorian England", *Past and Present*, 49 (1970), p.119.
② Philip McCann, "Popular Education, Socialization and Social Control: Spitalfields 1812 – 1824", in P. McCann, *Popular Education and Socialization in the Nineteenth Century*, London: Methuen, 1977, p.21.
③ Robert Colls, "'Oh Happy English Children', Coal, Class and Education in the North East", *Past and Present*, No.73 (1976), pp.75 – 99.

社会控制并不是一个新观点,在雷克斯的主日学校、基督教知识促进会的慈善学校中都能找到它的影踪。但是工业化初期,通过教育实行社会控制的观点曾经引起人们的疑虑,许多人担心,教育将会使下层人民对他们的命运感到不满,甚至会使他们接受激进乃至反叛的思想。1807年,在下院的一场辩论中,有人说,"无论这项为贫穷的劳动阶级提供教育的方案在理论上多么特别,这对他们的道德和幸福是有害的:这会使他们对命运感到不满,而不会使他们成为农业和其他劳动部门的好仆人;这种教育不会使他们更加顺从,相反会使得他们更加难以管教,制造业地区的状况就是证明。这种教育会使他们粗鲁蛮横地对待地位比他们优越的人,过不了几年人们就会发现,必须通过立法建立一支强大的武装力量来对付他们。……因为这需要数目大得无法计算的经济开支,这还会加重国家的负担,从而加重社会中勤勉的人们的赋税负担"[①]。这一观点在法国大革命余波未尽时影响深远,甚至主日学校运动也受到了猛烈的抨击,连当时的英国首相威廉·皮特(William Pitt)也曾经很认真地考虑过向议会递交一份压制主日学校运动的议案。是否定下层人民的教育权利,因此避免麻烦;还是为他们提供充分的教育机会,以达到社会控制的目的? 这是最根本的困境。到19世纪30年代,后一种观念在政策制定者心中占据了主导地位。教育被看作降低犯罪以及惩罚犯罪所需财政开支的一种手段。由于监狱体制在1847年的时候一年的花费是200万英镑,济贫法在1832年的花费是700万英镑,因此任何用在教育上的开支如果能够让一个孩子在成年时远离监狱和济贫院,都会被看作一种社会投资。正因为如此,19世纪中期人们开始对少年犯以及游走在犯罪边缘的问题少年的教育高度重视,感化学校运动和贫民免费学校运动的出现就是人们这种心态的结果。

---

① Henry James Burgess, *Enterprise in Education*, p.16.

四、对国家未来的忧虑

19世纪中期开始,伴随着工业革命在世界各地的开展,各国之间的国际竞争日益激烈,儿童作为国家可持续发展的重要资源得到了人们较多的关注。

一方面,许多国家的政府日益意识到儿童是国家的未来,它们对于儿童的教育问题给予了很高的重视,儿童的道德价值被赋予了一种民族责任。历史学家休·坎宁安认为:

> 儿童被看作一个国家拥有的最珍贵的财富,这种财富如果没有被悉心保护,它将导致国家的衰退并将在与他国的竞争中失去权力和地位。因此,国家不可避免地在儿童问题上涉足越来越深。[1]

19世纪,随着宗教思想的日益世俗化以及浪漫主义者关于纯真童年的思想的流行,文艺复兴时期一些人文主义者如伊拉斯莫等人的儿童早期教育思想重新发微,儿童的教育被置于国家和民族的战略层次上予以考虑。许多国家把教育的普及作为振兴国家实力的重要举措,如普鲁士、法国等在19世纪中期都建立起了相对完善的国民教育体系,儿童被当作关系到国

---

[1] H. Cunningham, *Children and Childhood in Western Society Since 1500*, London: New York: Longman, 1995, p.172.

家未来的资源。尽管这些国家并不是最先进行工业化的国家,但是对教育和儿童的重视使得他们在19世纪后期国际市场的竞争中占据了有利局势。与普鲁士等国家的模式相对的另一种模式,发生在最先开展工业化的英国。18世纪末到19世纪初的英国,对儿童劳动的大规模剥削和对儿童教育的漠视成为至今人们对英国工业革命诟病的重要原因。经济史学家从经济学的角度证明,在工业化经典时期,英国经济的迅速增长是在非常少的人力资本的情况下获得的。桑德伯格(Sandberg)指出,1850年的英国是世界上最富有的国家,但是在识字水平上却处于第二流的水平。克拉夫茨(N. F. R. Crafts)也表明,1870年当英国又一次成为世界经济领袖时,它的学校招生率仅仅为16.8%,而欧洲国家的平均数是51.4%,"英国在人力资本的积累上一直处于相对比较低的水平"①。经济的成功与相对较低的教育成就和人力资本之间的联系为未来的发展投下了危险的阴影。斯蒂芬·尼古拉斯在他对识字水平衰落的问题进行研究之后认为,"在1850年以前的时期,英国本应该拥有充足的人力资本投入,但是对人力资本不进行充分投资是工业革命最普遍的传统"。玛格丽特·格罗因(Margaret Growing)也进行了同样的批判:"英国在19世纪初期用如此少的教育投资获得了如此巨大的成就,以至于它觉得根本没有必要去建设它的竞争者正在建设的教育基础设施。"②但是这种短视的行为很快受到了经济规律的惩罚,英国在19世纪后期开始丧失第一个工业化国家原有的经济优势,逐渐被后起之秀德国和美国超过。1851年伦敦水晶宫展览的辉煌在转瞬之间就成为历史的记忆。但是,对于许多维多利亚中后期的英国人而言,昔日的辉煌不只是一种记忆,还带有深深的刺痛。因此,对国家的未来——儿童——进行教育投资成为越来越多人的共识。正因为如此,当福斯特于1870年向议会提出他的初等教育法法案时,特别从国际竞争的因

---

① Michael Sanderson,*Education*,*Economic Change and Society in England*,p.68.
② Michael Sanderson,*Education*,*Economic Change and Society in England*,pp.68-69.

素强调了实施该教育法的重要性:"我们的工业繁荣取决于初等教育法的迅速实施。在没有初等教育的基础上,努力为我们的工匠提供技术教育是徒劳无益的;……如果我们再让我们的工人们保持没有技术的状态,尽管他们有强健的体魄和充沛的精力,他们在世界竞争中也将被击败。"①

另一方面,儿童在工业化过程中遭遇的残酷剥削使得人们对儿童的经济价值进行了重新估量。在19世纪工业革命的鼎盛时期,许多国家尤其是英国,在工业化过程中对儿童的大规模剥削尽管在短期内促进了经济的增长,增加了资本家的利润,增加了家庭的收入,但是,对儿童经济价值的过度开发,使国家、社会和儿童个人都付出了沉重的代价。一些有识之士越来越意识到国家对童工问题的干预是一个既涉及健康,又涉及道德,更涉及英国未来的重要问题。马考莱是这批人的代表。在他看来,人们雇佣童工并没有考虑到对将来可能产生的副作用。尽管童工劳动可以暂时增加产量,但对年轻人身体造成的损害可能永久地降低他们成年以后的产出能力。而且除了对身体的伤害之外,工厂中过长时间的劳动妨碍了儿童接受最基本的教育,并进而对公众的道德水平产生有害影响:

> 这种过早开始的每天持续很长时间的剧烈劳动,将阻碍儿童身体的发育,阻碍大脑的发育,使儿童没有时间接受智力教育。这种状况必将损害所有那些使我们国家伟大的崇高品质。过度劳累的男孩子将长成体弱无知的人,并将成为更加虚弱和无知的后代的父母们。过不了多久,劳工的退化还将对那些他们曾为之牺牲身心健康而换来的利益产生有害影响。②

从这个角度来看,解决童工问题、关注贫困儿童的教育和身心发展其实也

---

① J. Stuart Maclure, *Educational Documents: England and Wales, 1816-1968*, London: Methuen and Co., 1968, p.104.
② Thomas Babington Macaulay, *Selected Writings*, Chicago, 1972, p.207.

是对英国未来的投资。首先,童工劳动严重摧残了儿童的身心健康,剥夺了他们接受正常教育的权利。其次,对儿童劳动的过度剥削实际上是以整个国家的生产缺乏后续动力为代价的。随着工业化对技术的要求越来越高,一方面文化水平较低的儿童不再适应生产的需求,另一方面由于他们没有接受基本的教育,他们成年之后也不能胜任技术要求较高的生产程序。这点在19世纪中期的英国表现得非常突出。19世纪中期以后,英国逐渐丧失了它在国际市场中独一无二的霸主地位,一些新兴的工业国家如德国、美国逐渐崛起并取代了英国的地位。对于英国人来说,维多利亚时代的繁荣永远只能是一种记忆中的美丽和辉煌。人们反思衰落的原因,越来越意识到剥削儿童的经济价值其实就是剥削英国的未来,儿童开始越来越被看作国家的财产。正如历史学家达文所说:

> 19世纪末,一种新的不安全感驱使人们对国家的财产进行仔细分析,比起以往,它的定义更宽泛,看问题的眼光也更长远。儿童的重要性进一步加强,他们不仅是未来的工人、士兵和水手,而且也是未来一代人的父母。人们仍用人道主义者的语言不懈地进行着改善儿童状况的努力,但是儿童的健康和教育对于国家具有重要意义这种发现,给予这种努力一种新的政治可行性,甚至是迫切性。[①]

正是在这样的背景下,政府机构以及各种"中等阶级"志愿组织对工人阶级家庭的子女生活问题进行了干预,试图控制和指令"合适的"贫困儿童生活方式。儿童教育问题越来越得到重视,而童工劳动的限制也越来越严格。1870年初等教育法的颁布,宣告了英国大规模雇佣童工劳动问题基本得到解决,教育成为英国儿童(不论是上层阶级的儿童还是下层阶级的儿童)童年生活的主要内容。

---

① Anna Davin, *Growing Up Poor: Home, School and Street in London, 1870 - 1914*, London: River Oram Press, 1996, p.170.

第八章
政府对儿童教育问题的干预

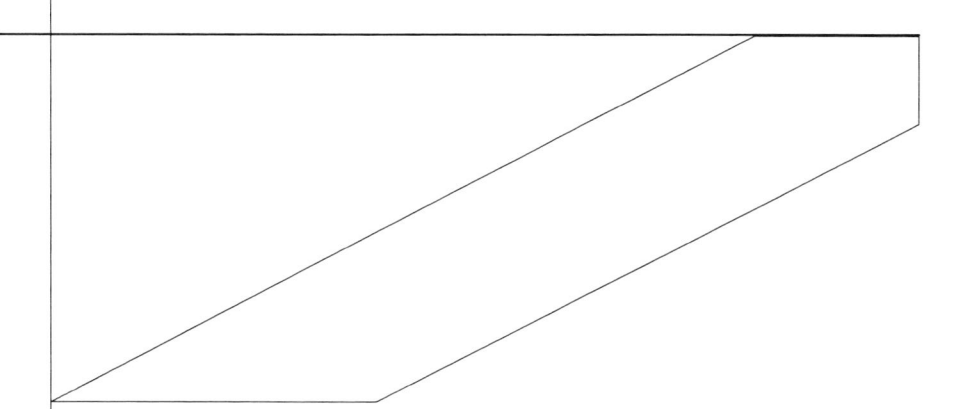

一、工厂法对童工工时和教育的规范

1. 对童工劳动的立法限制

从18世纪末到19世纪初,人们对于儿童的认识经历了一个观念的变迁,英国政府的政治哲学也发生了变化,与此同时,英国政府在强大的社会力量的推动下,从立法的角度对贫困儿童劳动问题的干预则是这种变迁的结果,也从另一个角度验证了这种变迁。

英国政府最先对贫困儿童的劳动问题进行干预的领域是扫烟囱儿童(climbing boy)的工作,从严格意义上讲,这是工业革命期间英国政府对童工劳动进行立法干预的第一项内容。早在18世纪70年代,乔纳斯·汉韦(Jonas Hanway)就开始为改善扫烟囱儿童的待遇奔走呼吁。在他看来,"这些可怜的黑孩子,没有人保护,他们的待遇还不如一个人道的主人对待一条狗"。"扫烟囱男孩是儿童,他们应该是我们同情和慈爱的对象"。① 因此,1770年,他资助建立了"扫烟囱者互助会";1773年,他领导了一个"代表扫烟囱年轻学徒利益的委员会",并写了一本书反映他们的状况。但在他的努力取得任何实际效果之前,汉韦就去世了。在他之后,戴维·波

---

① H. Cunningham,*The Children of the Poor*,p.53.

特(David Porter)在汉韦的改革道路上继续前进。在波特的努力之下,最终促成了一个"由令人尊敬的绅士们组成的委员会",对扫烟囱儿童的状况进行调查,这个委员会和波特在1788年向议会递交了要求立法的请愿书,议员罗伯特·伯顿(Robert Burton)据此提出了一项议案。也许是当时人对于政府干预契约自由的危险还没有太深的认识,这一议案在议会中没有遇到任何困难就得到了通过。为了纪念汉韦对这个法案所做的开创性的努力,法案命名为《汉韦法案》。这一法案并没有从根本上禁止年幼的儿童扫烟囱,而是力图减少扫烟囱儿童所遭受的苦难。法案禁止8岁以下的儿童做扫烟囱者的学徒,禁止任何师傅招收六名以上的学徒,等等。但这一法案在实质上"只是一个人道主义的姿态"①,由于没有任何实施的保障机制而成为一纸空文。在以后的几十年里,尽管人们为改善这些扫烟囱儿童的状况做出了更多的努力,但却因为上院的阻挠,所有的努力都化为泡影,而上院"对如此不人道的体制拒绝进行改革仅仅因为豪宅中对复杂烟囱的嗜好,这似乎令人难以相信"②。1840年,议会终于通过了另一个关于扫烟囱儿童的法令,规定雇佣任何21岁以下的年轻人扫烟囱都是违法行为。这看起来像禁止儿童扫烟囱,但这一法令基本上仍未被人们重视。在以后的30年中,萨夫茨伯里伯爵矢志不渝地坚持着改善扫烟囱儿童状况的事业。他是一个不屈不挠的人,尽管遭遇一次又一次的挫折,仍然为了改善这些儿童的待遇坚持不懈。1863年童工劳动调查委员会在他们的报告中专门写了一份关于扫烟囱儿童状况的特别报告。这个报告发表之后,萨夫茨伯里抓住机会再次将这种残酷虐待儿童的行为带入大众的视线之中,第二年(1864年)议会又通过了另一个关于扫烟囱儿童的法令,规定:任何扫烟囱师傅把16岁以下的儿童带到扫烟囱的人家去都是违法行为,并且给予地方法官以权力,让他们对于那些违背该法案的人进行拘禁,而不再是

---

① E. Royston Pike, *Human Documents of the Victorian Golden Age*, p.138.
② Hammonds, *The Town Labourer*, p.131.

以往的罚款。尽管该法案通过的那一天被欢呼为"扫烟囱儿童解放日",但是实际执行情况依然没有好转,"这个可耻的丑陋行为仍在继续,年幼的孩子仍被他们的父母卖给扫烟囱师傅做学徒"①。在这个法案通过后的十年中,儿童被烧死或闷死在烟囱里的事件仍然不断见诸报端。1875 年 2 月,萨夫茨伯里再次成功地让政府对一个 14 岁的扫烟囱男孩的死亡事件给予关注,同时他又向议会递交了一份议案,要求强制执行以往通过的法案。这次,这个法案没有遭到任何反对就得到了通过,扫烟囱儿童再也不用去爬烟囱了。关于扫烟囱儿童状况的立法限制在所有的童工立法中开始最早,但也是历时最长的一项,历时将近一个世纪。

从 19 世纪初开始,人们越来越关注那些在工厂中工作的贫困儿童,随着社会对国家应为平民办教育的要求越来越强烈,一些议员开始关注童工的劳作和教育问题,对工厂中的童工问题进行立法限制成为这一时期英国政府立法的一个主要问题。

工业化早期棉纺织厂中雇佣的教区学徒最先成为工厂立法者关注的对象。但最初关于童工劳动的立法改革者对工厂雇佣童工的抗议主要集中在身体的罪恶上,这主要是由医学界的人士大声呼吁的。珀西瓦尔(Percival)医生、艾金(John Aikin)医生等人对让年纪过小的儿童参加工作的罪恶行为进行了揭露。1802 年,身为棉纺织厂主的老皮尔提出了一个改善棉纺织厂所雇佣的教区学徒待遇的议案。这一议案最终在议会中得到通过。法案规定所有雇有三个及三个以上学徒或二十个及二十个以上其他人工作的棉毛工厂必须保持干净、空气流通。该法案还规定所有学徒最初 4 年必须接受适合其年龄与能力的读写算的教育。大部分的条款是针对教区学徒而制定的,皮尔在议会辩论时拒绝把这一法案的适用范围扩展到贫困的自由儿童。尽管这一法案是童工问题改

---

① E. Royston Pike, *Human Documents of the Victorian Golden Age*, p.139.

革者们争取到的第一个重要的成果,但其实际效果却微乎其微,原因就是这一法案与1788年关于扫烟囱儿童的法案一样,缺乏实施的保障机制,最终仍不过是一纸空文。

1806年,怀特布雷又提出一个教区学徒议案,要求每个教区设立一所学校,由国家进行管理,为所有7—14岁的贫困儿童提供两年的免费教育。这个议案在下院通过,却被上院拒绝。

到19世纪一二十年代,教区学徒的重要性逐渐下降,工厂雇佣的自由贫困儿童问题引起人们更多的关注,立法的重点也开始向他们倾斜。这次,老皮尔同样走在改革的前列。1815年6月,他代表自由儿童提出了一项议案,对1802年法案进行修正和扩展,但这一议案在报告阶段被耽搁了三个月。1816年,皮尔重新提出了议案,但内容已比前议案倒退许多。1818年2月,皮尔又提出了一个只适用于棉纺织厂的议案,还不如1815年议案激烈。该议案禁止任何9岁以下的儿童工作,工作时间仍同1815年议案一样是12个小时。该议案在下院通过了,但却在上院被扼杀。1819年,在热心的切斯特主教、利物浦勋爵以及霍兰德勋爵(Lord Holland)的支持下,凯尼恩勋爵(Lord Kenyon)成功地组建了一个委员会,对工厂中的童工状况进行调查,他们的调查结果使《1819年棉纺织工厂规范法》在议会两院顺利通过。根据这一法案,所有的棉纺织厂禁止雇佣9岁以下的儿童,9—16岁的少年每天工作时间减少为13个半小时,其中扣除一个半小时的吃饭时间,真正的工作时间约为12个小时,禁止夜间工作。这一法案最大的缺点就是保留了1802年法案中由一个地方法官和一个教区牧师担任工厂视察员的安排,这样就完全摧毁了该法案的效力,使之同样成为一纸空文。1825年霍布豪斯(Hobhouse)提出了一项议案,旨在防止工厂主对1819年法案的逃避。他的议案经过修改后在两院得到了通过,其主要的优点是禁止工厂主或其父亲、儿子担任该法案中听取儿童诉冤的地方法官,这在一定程度上保证了1819年法案的执行。19世纪30年代以前,尽管政府对于改善棉纺织厂中雇佣童工的待遇做出了努力，但总的来讲，成效并不是很大。而且除了棉纺织工业之外，其他行业的童工完全不受法律的保护，而在棉纺织厂中，工厂主们仍会让他们9岁的童工每天在吃饭时间之外工作12个小时以上。因此，由于没有任何有效的机制能够保证这些立法的执行，这样的立法仍不切实际。

到了19世纪30年代，伴随着议会改革运动的蓬勃发展，工厂立法运动又掀起了一个高潮。当时，关于工厂儿童所遭受的身体和精神的苦难，人们收集了大量的证据，1833年工厂法的通过就是这种呼声的一个结果。1832年萨德勒委员会对纺织业工厂中雇佣童工的状况进行了调查，收集了大量证据，对工厂中的童工的悲惨生活进行了揭露，引起了公众对工厂童工问题的关注。但萨德勒委员会却被指责在召集证人时存有党派之见。[①] 1833年议会重新任命了一个工厂委员会对童工问题再次进行调查，这个委员会在调查时并没有像萨德勒（Michael Sadler）那样专注于披露童工劳动的极度悲惨的状况，因而他们的调查结果更令人信服。工厂委员会的委员们报告显示，在北部地区的工厂中儿童们平均每天工作12小时，有时他们要连续工作16小时。雇佣6岁儿童的现象也较常见。他们在所收集的证据基础上断言："这种不人道的不可救药的恶习，确实导致年轻人开始工作的年龄之小，每天持续工作时间之长，现在的人们对这种现象已见怪不怪了。"[②]委员们很清楚，这样的状况无论从暂时还是从长远的角度看，都是伤害儿童的健康的。他们觉得"立法是合乎情理的事"[③]。因此，议会于1833年8月29日通过了1833年工厂法，这是第一个有效的工厂

[①] 哈孟德夫妇的《城镇工人》就因为主要引用了萨德勒委员会的证词而遭人非难。但 E. P. 汤普森在《英国工人阶级的形成》中认为，萨德勒委员会收集的证据如山，"不得不使人相信它的真实性"。

[②] Malcolm I. Thomis, *The Town Labourer and the Industrial Revolution*, London: Barnes and Noble Books, 1974, p.113.

[③] John Lovell, "General Introduction of Town Labourer", in Hammonds, *The Town Labourer*, p.xxviii.

法。它涉及了除丝织业之外的所有纺织业中的儿童。根据它的条款,9 岁以下的儿童将不得被雇佣,而 9—11 岁的儿童(两年半的调整期内提高到 9—13 岁)每天工作的时间限定为 8 小时(或者每周 48 小时)。13—18 岁的"年轻人"的工作时间限定到 12 小时。此外,那些 9—13 岁的工作儿童必须每天上学两小时,而且在继续工作之前必须提供一个能证明已经完成这个学习要求的凭证。从此开始了把学习和工作结合起来的半工半读制(half-time system)。该法案还任命了一个中央政府的视察员以保证该法案的执行。①

应该说,1833 年工厂法对纺织业中的童工问题有所限制,部分地改善了纺织业中的童工待遇。但这一法案仍有许多不尽如人意之处,而且有些工厂主仍然尽可能地规避法案的条款。因此,1840 年议会专门成立了一个由阿什利勋爵(即后来的萨夫茨伯里伯爵)领导的委员会,对 1833 年工厂法的执行情况进行调查,该委员会于 1841 年发表了《关于规范工厂中童工劳动法案的委员会报告》②。该委员会的报告推动了 1844 年工厂法③的通过。新工厂法把工厂中儿童开始工作的最低年龄降到了 8 岁,但把那些年龄在 8—13 岁的童工的工时减少到了每天 6.5 小时或 7 小时,而半天的学习时间则延长到了 3 小时。莱昂纳多·霍纳是第一任视察员中的一员,他认为,工时缩短之后,8 岁的儿童不会因为在工厂中工作而受到损害。实际上正如我们所发现的,即便在立法通过之前,那个年龄段的孩子被雇佣的也很少。④ 不过在 1844 年丝织厂中,11 岁以下的童工第一次被纳入

---

① "Factory Act", 29 August 1833, in Joel H. Wiener, ed., *Great Britain: The Lion at Home. A Documentary History of Domestic Policy*, Vol.2, New York: Bowker, pp.1547 – 1558.
② "Report of the Select Committee on the Act to regulate the Labour of Children in Mills and Factories", 1841, in Joel H. Wiener, ed., *Great Britain: The Lion at Home*, pp.1583 – 1597.
③ "Factory Act", 6 June 1844, in Joel H. Wiener, ed., *Great Britain: The Lion at Home*, pp.1615 –1621.
④ Pamela Horn, *Children's Work and Welfare*, p. 41; Clark Nardinelli, *Child Labor and the Industrial Revolution*, p.105.

工厂法的条款之中。

1833年工厂法和1844年工厂法的覆盖范围逐渐扩大,由纺织业渐渐扩大到与纺织业有关的行业,如印花行业、印染行业、花边制造行业;其后又扩大到了所有之前未曾被工厂法覆盖的行业之中。为了一目了然地反映这个过程,笔者对19世纪40年代到60年代的工厂法扩展情况进行了梳理,如表8-1所示。

表8-1 1802—1867年间英国工厂法改革概况

名称	针对行业	最低年龄	工时限制	教育条款	执行效果
1802年工厂法	棉纺织业（学徒）		每天工作不超过12小时	工作日的一部分时间用来教育童工阅读、写字和算术	一纸空文
1833年工厂法	纺织业（丝织业除外）	8	9—13岁的儿童每天工作8小时（或每周48小时）	9—13岁儿童每天上学两小时	中央任命一名视察员
1844年工厂法	纺织业（包括丝织业）	8	8—13岁的儿童每天工作6.5小时；13—18岁的年轻人以及妇女每天最高工时为12小时	8—13岁的儿童每天上学3小时；半工半读制取得合法地位	
1847年十小时工作法	制造业		成年工人每天工作10小时		工厂主利用妇女和儿童在晚上轮班使得10小时法案无效
1845年工厂法	印花行业	8	禁止13岁以下的儿童和妇女在晚上10点钟到早晨6点钟之间工作	13以下的儿童每半年要上学30天	
1860年工厂法	漂白印染工业		同1844年工厂法		直到1862年才开始实行

续 表

名　称	针对行业	最低年龄	工时限制	教育条款	执行效果
1861年工厂法	花边业		同1844年工厂法		
1864—1867年工厂法	非纺织系统的其他所有行业		童工的最低年龄、工时、教育问题遵照1833年、1844年、1850年、1853年和1856年工厂法的相关要求来执行；对于一些有危险的生产程序进行了限制：玻璃融化、冷却程序中禁止雇佣12岁以下儿童；金属磨削生产中禁止雇佣11岁以下的儿童		
1867年作坊法	各种规模的作坊		同1844年工厂法		

到1867年,新通过的1867年工厂法几乎把所有的工厂都置于工厂法条款的适用范围之中,到这时,工厂中的童工问题才有了一个相对完善的解决,儿童的工作时间有所缩短,最低从业年龄有所提高,儿童在劳动的同时接受一定的教育也得到了法律的保障。尽管这些法案真正的执行效果有时也不理想,规避法律的行为时有出现,但是国家的立法限制毕竟从法律的角度界定了贫困儿童的某些劳动行为是否合法,也在一定程度上约束了以往无所顾忌利用童工劳动的行为。

19世纪初,当人们把关注的焦点集中在工厂中的童工,并使他们的状况逐渐得到改善时,另一种形式的童工问题也逐渐引起人们的关注,这就是矿井中的童工。尽管矿井中童工的苦难并不亚于工厂童工,其人数也并不少于工厂童工,但在1840年以前,人们对他们却很少注意,这也许是因为他们长年生活在地下的缘故。直到19世纪40年代,在阿什利勋爵的倡导下,议会成立的童工调查委员会的调查报告才使人们对生活在这一地下世界中的儿童的悲惨生活有所了解。阿什利勋爵在1840年也承认,"长期以来我因为只关注工厂儿童而被人们批评,人们告诉我,除了工厂儿童,在其他行业中还有与工厂儿童境况一样悲惨但人数却更为众多的儿童;他们批评我只谴责其中之一而忽视其他是不公正的"①。在1842年童工调查委员会报告发表之后不久,阿什利勋爵就向议会递交了一份议案,对矿井中雇佣童工和女工的行为加以规范,并在议会中得到通过,即《矿井法》。该法案禁止在任何矿井或煤矿中雇佣妇女下矿井工作,禁止雇佣10岁以下儿童下矿井工作。该法案还规定了执行的保障机制。

应该说,到19世纪60年代后期,在众多社会改革家的努力下,英国政府通过立法的强制手段逐步解决了工业革命时期一个严重的社会问题——童工问题。但是,值得我们深思的问题是:为什么这场改革如此旷日持久?其中有些原因很抽象,有些原因则比较实际。霍普金斯认为,一方面是下院中一些较有知识的议员把反对立法当作一个原则问题。甚至后来支持改革的麦考莱在1833年时也认为,每个人有权利不强迫自己摧毁自己的身体;如果他工作很长时间,那是他自己愿意这样做的。法律不必去保护他,因为他可以自己保护自己。在上院,大法官布鲁厄姆也持同样的观点:"每个人已经享有一个10小时工作法案了。如果他不愿意,他可以不必工作更长时间。"这些观点说明了他们对当时工人阶级生活状况的极其无知。②但另一方面,20世纪初期研究工厂法的历史学家哈钦斯和哈里森却认为,在1830年代反对工厂立法者的观念与抽象的自由观念或自由放任哲学毫无关系,相反,其主要与缩减工时会降低利润的观念有关,而所谓的儿童过度劳动的说法是改革家们的夸张说法。他们的观点反映了当时反对工厂法的制造商们的普遍态度。对缩短工时会降低利润的担心从长远来看是杞人忧天,因为过长时间的劳动通常导致工人疲惫不堪并经常犯一些严重而且浪费钱财的错误。同样,也有人争辩,限制儿童的工时会导致劳力的缺乏,但根据1833年法案任命的视察员霍纳却认为,全英

---

① Pamela Horn, *Children's Work and Welfare*, p.27.
② Eric Hopkins, *Childhood Transformed*, pp.77-78.

国没有一个工厂会因为该法案的实施而出现因缺乏劳力停工一天的情况。[①] 相反,有些工厂主如约翰·菲尔登(John Fielden),事实上是支持改革的。其部分是出于人道主义的考虑,部分则是出于限制一些不守规矩的工厂主的非法竞争的目的。这也从另一个角度反击了被制造商们看得很重的商业性原因。正因为人们对待这个问题的观点歧异较大,迟至19世纪70年代,才在政治、经济和社会各种因素的综合下,初步解决这一社会问题,儿童逐步地从一个个劳动行业中撤退出来,开始进入学校的围墙之中。但是这种变化的发生和英国政府关注点变化的另一条线索——对教育问题的重视密不可分。

2. 对童工教育的立法干预与半工半读制教育

在19世纪初期和中期,尤其是1870年教育法颁布以前,英国政府对贫困儿童的教育问题并没有单独的立法。这个时期政府对贫困儿童教育问题的干预主要以《工厂法》中相关教育条款的形式出现,主要体现在对各个行业中的半工半读制的立法规范方面,所涉及的贫困儿童仅限于在相关行业中工作的童工。

19世纪英国政府对贫困儿童教育问题的第一次干预是在1833年《工厂法》中特别针对工厂童工的教育问题提出明确要求。根据该法案的条款,9—13岁的儿童每天工作的时间限定为8小时(或者每周48小时),他们必须每天接受两小时的教育;这种教育可以由工厂主在工厂里聘请教师教育儿童,在没有这种条件的工厂中,工厂主必须负责把自己工厂中符合法案条款的童工送到其他学校去接受教育。童工每周星期一到工厂上班

---

① Leonard Horner, *On the Employment of Children in Factories and Other Works in the UK, And in Some Foreign Countries*, Shannon: Irish University Press, 1971, pp.15-16.

时必须出具一份由教师提供的证明已经完成上一周规定学时的凭证。为了确保工厂主执行这个法案,政府还任命了四名工厂视察员。① 1833 年工厂法对纺织业中童工教育问题的干预开始了把学习和工作结合起来的半工半读制。

根据 1833 年工厂法的规定,政府任命四名工厂视察员对全国纺织业中的童工教育情况进行视察,但是由于这一法案并没有规定明确的执行措施,本身存在诸多漏洞,许多不法工厂主仍然可以规避这一法律。鉴于这种状况,1839 年以霍纳为首的四名工厂视察员向议会呈递了一份联合报告,提出了堵塞 1833 年工厂法漏洞的一些办法,这些措施被纳入了福克斯·莫尔于 1839 年提出的议案中②。尽管莫尔的议案最终被撤销,但它却奠定了 1844 年工厂法的基础。1840 年在阿什利勋爵的提议下,议会成立了特别委员会对工厂法的执行情况进行调查,在四个月的时间里阿什利勋爵等人问询了四名工厂视察员、七名助理视察员、四名工厂医生、七名工厂主和四名工人,这些人的日常工作都与 1833 年工厂法的执行情况密切相关。该委员会根据调查情况向议会提出了一个改革方案,明确指出他们的目的并不是改变现有的法案,而是"确保现有法案的目标得以实现"③。他们的建议被纳入 1844 年工厂法议案中,该议案把儿童开始工厂工作的合法年龄从 9 岁降到了 8 岁,但要求纺织业中所有年龄介于 8—13 岁之间的童工在星期一到星期五之间必须每天在饭前或者饭后接受 3 小时的教育,视察员有权解雇不合格的教师。④ 1844 年法案在议会中以 137 票赞成 40 票反对而得到通过。1844 年工厂法的教育条款一直维持到 1918 年教育法的通过才被废除。从 1844 年到 1867 年,这个法案的适用范围逐渐拓

---

① "Factory Act, 29 August 1833", in Joel H. Wiener, ed., *Great Britain: The Lion at Home*, pp. 1547 - 1558.
② *Parliamentary Papers*, II, 1841, p.425.
③ *Parliamentary Papers*, IX, 1841, pp.557ff.
④ *Factories Regulation Act* 7 and 8 Vict., 1844. c.15.

大,纺织业以外的更多行业被纳入工厂法的规范之中。从教育的角度来说,各个行业中的童工逐渐被纳入半工半读制的教育体系之中。在他们自己、他们的父母以及他们的雇主都无法舍弃他们的劳动的情况下,政府通过强制的手段在他们的童年劳动生活中插入了教育的内容。因此,尽管1833年工厂法和1844年工厂法从表面上看与教育没有直接关系,但却在实质上对绝大多数贫困儿童的教育问题进行了干预。1845年,该法案拓展到印刷工业;1860年拓展到印染工业;一年以后花边制造业也在该法案的适用范围内,1864年陶器行业(除了制砖业)、雷管弹药筒生产、纸张染色以及麻纱布剪裁厂也被纳入该法案的范围;1867年法案通过之后,所有的非纺织行业和手工作坊都被置于法律规范之下。

19世纪英国贫困儿童教育中把劳动与教育结合起来的典型教育机构是工厂学校(factory school),在这种学校中就读的儿童接受的是一种半工半读制教育。

早在1802年,老皮尔的工厂法中就要求纺织厂为工厂中的学徒提供三R教育。该法案要求纺织厂主提供一个房间做教室,并任命一位教师来教育工厂中雇佣的童工,确保童工每天在工作12小时之外能够接受某种教育。但是工厂主们对这个要求反应冷淡,这个教育条款的执行没有给人们留下什么印象。[1] 1833年工厂法正式开始实行半工半读制教育,工厂童工的劳动时间和上学时间被分割开来。该法案规定,禁止棉纺、毛纺、精纺、大麻纺织、亚麻纺织、落纤或尼龙工厂雇佣任何9岁以下的儿童,9—13岁的儿童必须每天接受不少于两个小时的教育,每周一上班的时候这些儿童必须出具教师证明其在上周已经接受了每天两小时教育的证明。每周这些儿童的工作时间累计不能超过48小时。[2]

---

[1] Colin M. Brown, "Industrialists and their Factory Schools", *History of Education*, Vol.9, No.2 (1980), p.117.
[2] Edmund and Ruth Frow, *A Survey of the Half-time System in Education*, p.11.

为了确保该法案的实施，政府任命了四位工厂视察员，对工厂主是否履行其法律义务进行监督和调查。根据法律的字面要求，他们有权"进入任何工厂以及附属于该工厂的学校"，"对工厂童工的劳动和教育状况进行调查"。他们甚至有权在他们认为需要的时间和地点建立新的学校，但是由于政府没有对这个条款的执行提供保障，视察员们根本无法行使这些权力。[①] 他们的权力实际上非常有限，以至于纳索·西尼尔在1867年写道，"如果霍纳和他的同事们拥有了下院赋予他们的真正权力，现在的工厂儿童将成为劳动者阶层中教育最好的阶层"[②]。

尽管工厂学校在最初阶段有着各种不尽如人意的地方，但是它的出现毕竟为那些与教育无缘的贫困儿童打开了教育的大门，在当时纺织业雇佣大量童工的情况下，对贫困儿童的教育问题进行立法干预仍是一种进步。从1833年开始，这种比较特殊的教育机构——工厂学校开始在英国普及。根据1851年教育普查的数据，1851年，工厂学校增加到了120所，其中78所建立于1840年代。在这些学校就读的学生共有34 155人，相当于全国公立小学1 413 170名学生总数的2.4%。[③]

从教育的角度来看，当时人和工厂视察员对早期工厂学校的批评不无道理。只有少数开明的工厂主所创办的工厂学校从严格意义上说真正遵从了工厂法的要求，如亨利·阿什沃思、萨缪尔·格雷格以及杰迪戴亚·斯特拉特等人在自己的工厂中所创办的学校，不仅提供专门校舍并聘请真正的教师来教育工厂中的童工，而且接纳了附近地区的贫困儿童入学。大多数工厂主所提供的教育设施充其量遵从了工厂法教育条款的字面要求而已。这些工厂学校"仅仅是把工厂中的一些房间变成了教室，任命一位

[①] Colin M. Brown, "Industrialists and their Factory Schools", *History of Education*, Vol.9, No.2 (1980), p.117.
[②] N. W. Senior, *Suggestions on Popular Education*, London: J. Murray, 1861, p.185.
[③] Colin M. Brown, "Industrialists and their Factory Schools", *History of Education*, Vol.9, No.2 (1980), pp.117–118.

工人担任教师来教育这些儿童而已。这种方法一般是为了应付工厂视察员的检查的,它常常方便了工厂依然让儿童超长时间地工作"①。负责西区的豪厄尔在1839年的报告中说,"儿童从教室转移到纺纱织布车间的方便是显而易见的,无论视察员或监督员什么时候出现在工厂的门房,儿童们从纺纱织布车间转移到教室中去也并不很困难"②。即便不是为了应付检查,而是为了遵从法律的字面要求,这些工厂学校中的儿童也很难学到真正的知识。霍纳在报告中说道,"我不得不拒绝认可司炉工人所提供的教育证明":

> 孩子们就在地下煤库中接受教育(有一次我发现他们在煤库中上课),老师在向炉中添加煤炭给蒸汽炉烧火的间隙让孩子们阅读一本像煤炭一样黑的书中的一篇课文。人们可能以为这种事情只会发生在某些极端无知的工厂主的工厂中,但很遗憾的是,实际情况并非如此。它就发生在一个大工厂中。③

尽管工厂学校的总体情况不尽如人意,但是在19世纪中期,它承担了对贫困儿童的教育职责,尤其是那些为了增加家庭收入必须去工厂工作的贫困儿童。前面我引用了一组关于1851年这些学校的数据,下面我将通过工厂视察员霍纳和桑德斯(Sanders)于1843年和1846年对自己分管地区调查的数据对此加以说明。

1843年,在桑德斯负责的地区(约克郡的部分地区,东部和南部英格兰),有36%的工厂儿童上的是工厂学校,有45%上的是私人学校或者女私塾,只有19%是在比较不错的学校中接受教育的。但是,在第一个工厂

---

① Gertrude Ward, "The Education of Factory Child Workers, 1833 – 1850", *The Economic Journal*, Vol.45, Iss. Supplement (1935), p.120.
② Edmund and Ruth Frow, *A Survey of the Half-time System in Education*, pp.11 – 12.
③ Gertrude Ward, "The Education of Factory Child Workers", *The Economic Journal*, Vol.45, Iss. Supplement (1935), p.120.

法通过之后的十年中,由于工厂视察员们对于工厂学校情况的不断报道以及他们不断地提出改善的建议,1844年第二个工厂法对1833年工厂法的教育条款进行了调整。根据这个法案,半工半读制开始有效执行,视察员们的权力也扩大了,他们有权宣告那些条件不合格的教师所签发的教育证明无效。因此,工厂学校的不如人意之处得到了改善,更多的儿童开始进入其他学校接受教育,主要是全国协会和英国协会管辖之下的一些学校,它们开始为更多的工厂儿童提供半工半读制教育。到了1846年,在桑德斯负责的同一地区,在工厂学校中就读的工厂儿童人数虽有所下降,仍占了19.3%,而在条件相对较好的全国协会和英国协会的学校中就读的比例有了显著增长。具体如表8-2所示。①

表8-2 1843年和1846年桑德斯视察的学校就读人数

学校类型	1843年		1846年	
	人数	百分比	人数	百分比
私人学校或女私塾	4 159 人	45%	6 037 人	38.3%
工厂学校	3 367 人	36%	3 038 人	19.3%
全国协会学校	1 547 人	17%	4 434 人	28%
英国协会学校	243 人	2%	2 272 人	14.4%
总计	9 316 人	100%	15 781 人	100%

在霍纳负责的地区(英格兰北部各郡),也出现了类似的情况。1843年,这些地区的工厂儿童主要就读于工厂学校和私人学校,工厂学校的儿童占将近47.7%,私人学校的儿童占将近41%,全国协会和英国协会对这些儿童的影响力很小,只有11%左右。三年之后,这种状况就发生了根本的变化。但

---

① 1843年数据见 Report (Saunders), July 1843, p.25; V. XXVII; 1846年数据见 Report (Saunders), November 1846, p.23; V. XV. 这两组数字都转引自 Gertrude Ward, "The Education of Factory Child Workers", *The Economic Journal*, Vol.45, Iss. Supplement (1935), pp.122-123.

是在工厂学校中就读的儿童仍占了 25% 左右。具体如表 8-3 所示。①

表 8-3 1843 年和 1846 年霍纳视察的学校就读人数

学校类型	1843 年		1846 年	
	人数	百分比	人数	百分比
工厂学校	3 155 人	47.7%	3 746 人	24.6%
私人学校或女私塾	2 689 人	40.6%	3 908 人	25.6%
全国协会学校	596 人	9%	4 355 人	28.6%
英国协会学校	179 人	2.7%	3 231 人	21.2%
总计	6 619 人	100%	15 240 人	100%

工厂学校的质量问题一直是人们批判的对象，1843 年在霍纳负责的地区，在 6 619 名获得教育证明的工厂儿童中有 4 500 人根本没有接受过任何教育。就在这一地区，1843 年也有 16 所工厂学校在霍纳看来是质量较好的学校。这些学校中共有 860 名学生，占了工厂学校学生总数的 27% 左右。②

表 8-3 中的数据表明，在 1844 年工厂法通过之后，工厂儿童接受教育的比例有了显著增长，而且他们所接受的教育的质量也有了明显提升。由工厂主创办的工厂学校由于质量始终难以得到保障，学生的人数和比例逐渐减少。而就读于全国协会和英国协会名下学校的工厂儿童比例在 1843 年和 1846 年间有了显著增长，桑德斯负责地区总计增加了 23%，霍纳负责的地区增加了 38%。因此，霍纳在报告中评价，"许多新开的全国协会学校、英国协会学校以及其他公立的日校为工厂中的儿童提供了越来越多的接受更好教育的机会"③。

---

① 1843 年数据见 Report (Horner), July 1843, p.12; V. XXVII; 1846 年数据见 Report (Horner), October 1847, p.5; V. XXVI. 这两组数字都转引自 Gertrude Ward, "The Education of Factory Child Workers", *The Economic Journal*, Vol.45, Iss. Supplement (1935), pp.122-123.
② Gertrude Ward, "The Education of Factory Child Workers, 1833-1850", *The Economic Journal*, Vol.45, Iss. Supplement (1935), p.122.
③ Gertrude Ward, "The Education of Factory Child Workers, 1833-1850", *The Economic Journal*, Vol.45, Iss. Supplement (1935), p.123.

尽管有了这样的变化，工厂学校仍在很长一段时间内成为许多工厂儿童接受教育的场所。作为半工半读制教育的代表机构，它并不一定就是所有工厂童工接受教育的唯一场所，在一些学校比较多的城镇，许多工厂主宁愿选择送本厂童工到附近的某所学校上学，因为这样可以免去很多不必要的麻烦。关于这部分进入其他学校（如普通全日制小学或女私塾）的工厂儿童的教育生涯，笔者在前文论述这些教育机构的内容中，已经从总体上对他们的教育状况进行了描述。本小节对工厂学校这种教育机构进行特别介绍，是因为这种教育机构非常独特地见证了19世纪贫困儿童生活（主要是劳动和教育）的特征。这种学校的存在本身说明了19世纪前期和中期大多数贫困儿童的生活重心就是劳动；但是，同时它也更好地说明了当时的英国社会和英国政府对于贫困儿童的教育问题开始密切关注。这种特别关注也启动了英国政府在这方面的干预历程。从1802年到1833年，再到1844年，立法的一点点深入和完善也见证了这种态度变化。因此，从某种意义上讲，这种学校尽管教育质量不尽如人意，涉及的学生也非常有限，但是它非常典型地体现了19世纪中期英国贫困儿童生活的特征。

随着1870年教育法的颁布，工厂学校的使命正式终结，工厂儿童的教育问题被交付给资质更好的学校。但是工厂学校所代表的半工半读制仍然继续存在，1870年的教育法对这个问题也没有特别规定。1874年，纺织厂中的最低工作年龄由8岁提升到10岁，四年之后，即1878年，禁止所有的工厂和手工作坊雇佣10岁以下的儿童。[①] 随着最低工作年龄的提升，从事全职工作的年龄也提升到了14岁，这意味着在10岁和14岁之间的儿童可以半工半读。1893年，最低工作年龄提升到11岁，1899年又提升到12岁，但是半工半读制依然合法地存在。1918年教育法正式废除了半工半读制。[②]

---

① Frederic Keeling, *Child Labour in the United Kingdom*, pp.xiv, xv.
② 关于最基本的教育史可参见标准的教材，如 S. J. Curtis, *History of Education in Great Britain*, London, 1948; H. C. Barnard, *Short History of English Education 1760 – 1944*, London: University Tutorial Press, 1948.

二、政府对初等教育的资助与管理

1. 政府补贴的设置与初期运行

对于 1833 年议会通过教育补助金计划的原因,历史学家们的看法不太一致。一种观点认为 1833 年议会通过这项决议是迫于激进派领导人罗巴克于 7 月底向议会提出建立"一个统一的全国性的国民教育体系"议案而做出的妥协之举,因而罗巴克的议案被视为政府教育补助金的起源;[①]另一种观点则认为 1833 年议会通过的这项决议起源于政府部门,是政府人员早已酝酿在心的一个举措。[②] 其实,19 世纪 30 年代是英国政治舞台比较复杂的一段时期:激进派和辉格党人在多数情况下结成政治联盟,但是两者在许多问题上也存在着差异,教育问题上的差异就比较明显。激进派希望建立一个国民教育体系,但是掌握政权的辉格党人却不愿意在国家干预教育问题上涉足过深。1833 年改革后的议会第一个会期开始时,激进派的领导人罗巴克向下院提出了一项详细的教育改革议案,要求英国模仿普鲁士的教育模式,建立一种义务的、不分教派的教育体制,由一名内阁层次的高级官员进行监督。[③] 但是罗巴克的这个议案不过是提交给议会供他们在下一个会期来考

---

① James Murphy,*Church,State and Schools in Britain*,p.16.
② D. G. Paz,*The Politics of Working-Class Education in Britain,1830 – 1850*,p.13.
③ D. G. Paz,*The Politics of Working-Class Education in Britain,1830 – 1850*,p.13.

虑的问题,它在政府补助金的问题上没有起到作用。早在当年的 3 月和 5 月,上议院院长布鲁厄姆曾在上议院两次提到教育问题。在 3 月 14 日的议会辩论中,布鲁厄姆试图为自己没有提出人们寄希望于他的教育议案而辩护,他认为,在当时除了新兴的工业城镇之外,对教育方面进行立法和国家干预没有必要;5 月 31 日,他又再次提到教育问题,认为政府会对大城镇中教育缺乏的状况进行补救。① 因此,罗巴克的教育议案提出以后,遭到了议会两党的反对,他们担心国民教育体系会使国家在干预教育的问题上陷得太深,有违自由放任的原则,而且也担心国家办教育会破坏长期存在的民间自助办学的传统。财政部长阿尔索普勋爵(Lord Althorp)尽管也承认英国教育存在缺陷,但是反对用这种方法解决教育问题,他坚持认为已经过去的 20 年中,在私人的努力下,教育已经取得了令人惊异的成就。由于国民教育体系将必然对民办学校的自愿捐助产生抑制作用,必须寻找其他的援助教育的方法。因此,阿尔索普勋爵提出了教育补助金议案,议会顺利通过。该议案决定每年从国库中拨款 2 万英镑作为对初等教育的校舍补助金。这是英国教育从只作为宗教教派行为或民间行为,向教育国家化发展的转折点,也是英国建立国民教育体系和国家直接掌控教育领导权的开端。

1833 年 8 月 16 日,人们期待已久的新举措终于出台,当时各种财政杂支的预算中也包括了现在这个著名的对教育进行 2 万英镑补助的计划。改革者们解释这么做是为了"弥补私人捐助建立校舍的不足,是为了全英国贫困阶层子女的教育利益"②。议会第二天就同意了这项补助计划。阿尔索普勋爵在对这项财政预算进行答辩的时候,认为这是一个谨慎的措施,仅仅是为那些无法筹措到足够的公共捐助来建立新校舍的学校进行个别补助,他向议会保证财政部"无疑……会非常小心地采取提供补助的方式"。他解释道,在发放补助金的时候,财政部会考虑两个学校协会的推荐

---

① D. G. Paz, *The Politics of Working-Class Educationin Britain*, 1830 – 1850, p.12.
② D. G. Paz, *The Politics of Working-Class Educationin Britain*, 1830 – 1850, p.12.

意见,不会给没有获得当地人捐赠的学校发放补助金,而且会要求申请补助金的学校保证:一旦获得资助建立了校舍,学校必须维持下去。阿尔索普补充道,这只是一个试验,如果私人的捐献因为获得国家补助而减少,这个补助金计划将不再继续下去。但是他并不希望出现那样的局面,因为政府的政策实现了1818年布鲁厄姆委员会的提议。① 对于这样的补助计划,激进派表示不满,指责这个补助金计划是典型的辉格派的零碎改革,即对特别严重的弊端进行补救,却回避普遍性的问题;不仅这种补助是杯水车薪产生不了效果,因为政府所补助的数额少得可怜,而且只有财政部青睐的那些学校能够获得这种补助。与此同时,在政治圈子的另一端,罗伯特·英格利斯爵士则谴责政府偷偷地从后门塞进了"一个新的体制"②。约翰·拉塞尔勋爵在辩论结束时的总结颇具辉格党的调和风格:"在议会能够采纳一个更全面、更能得到广泛理解的体系之前……这种性质的补助应该是有益的,既能改善全国的宗教和道德水平,也能从总体上体现社会福利的改善趋向。"③

因此,从1833年开始,英国政府首先从经济援助的角度对贫困儿童教育不足的问题进行干预。按照1833年计划,政府每年将为全英国范围内(包括苏格兰在内)的学校提供总计2万英镑的补助金,主要用于校舍的建设。但是,从第二年开始,政府资助的口径发生变化,改成为英格兰(不再包括苏格兰的学校)的学校提供2万英镑校舍建设的补助金。此举引起苏格兰议员的强烈不满,在他们的争取下,政府从1834年开始每年提供1万英镑的教育补助金用于苏格兰大城镇小学的校舍建设。从1833年至1838年,政府资助英格兰小学教育的2万英镑补助金每年都按计划拨款,不过补助的范围和条件略有所变化;而给苏格兰的1万英镑补助在1833—1838

---

① D. G. Paz, *The Politics of Working-Class Educationin Britain*, 1830-1850, p.12.
② *Mirror*, 1833, IV, 3889-3890, 3896-3898.转引自 D. G. Paz, *The Politics of Working-Class Educationin Britain*, 1830-1850, p.12.
③ *Mirror*, 1833, IV, 3898. 转引自 D. G. Paz, *The Politics of Working-Class Educationin Britain*, 1830-1850, p.13.

年间共拨款四次,分别是在 1834、1836、1837 和 1838 年。①

2. 教育委员会的设立及对政府教育补助金的管理

1839 年,虽然拉塞尔政府建立国民教育体系的改革尝试在教会的强烈反对之下失败了,但是拉塞尔政府仍坚持从财政中年度拨款用于教育,并成立"枢密院特别委员会"(即"枢密院教育委员会"),专门监督议会教育拨款的使用情况。关于这个委员会的设立详情,本书第六章已有详细阐述,不复赘述。

从 1839 年开始,在新成立的教育委员会的管理之下,政府教育补助金的发放方式、范围和数额都有所变化。据统计,在 1833—1870 年间,政府对教育的拨款资助基本上是逐年增长,19 世纪 50 年代后期增长的幅度尤其惊人。具体参见表 8-4。

表 8-4　1833—1870 年间政府的教育补贴拨款②

(单位:万英镑)

年　份	资助金额	年　份	资助金额	年　份	资助金额
1833	2	1850	19.3	1862	77.5
1840	3	1852	16.4	1864	65.5
1842	3.2	1854	18.9	1866	67.6
1844	3.9	1856	25.1	1868	75.0
1846	5.8	1858	66.9	1870	89.5
1848	8.3	1860	72.3		

由于政府对教育补助金的申请提出了一个前提条件,即英格兰和威尔士所有申请补助的学校必须得到全国协会和英国学校协会的支持,这就意

---

① J. Alexander and D. G. Paz, "The Treasury Grants, 1833–1839", *British Journal of Educational Studies*, VXXII, No.1 (1974), p.84.
② Michael Sanderson, *Education*, *Economic Change and Society in England*, p.21.

味着罗马天主教和一些新教徒的学校,譬如卫理公会的学校将不能获得援助。1839年以前,80%的国家资助流向了国教的学校。[①] 后来在凯-夏特沃斯的斡旋和争取之下,各个教派在教育补助金问题上的矛盾有所缓解。1847年,卫理公会的学校也开始接受国家补助;1851年,罗马天主教派的学校也终于可以接受国家补助。尽管如此,政府补助的绝大部分仍流向了国教的学校,具体参见表8-5。

表8-5 1840—1852年间对小学校舍建设与维护的补助[②]

(单位:英镑)

年份	全国协会学校	英国协会学校	卫理公会学校	罗马天主教学校	苏格兰长老教会学校	苏格兰独立教会学校	总额
1840	3 149	3 923	—	—	1 837	—	8 909
1841	13 198	5 946	—	—	3 133	—	22 277
1842	18 962	991	—	—	3 666	—	23 619
1843	19 605	2 384	222	—	2 626	—	24 837
1844	27 867	2 149	—	—	1 018	—	31 034
1845	41 844	3 337	—	—	1 189	—	46 370
1846	38 241	2 779	—	—	631	120	41 771
1847	40 234	3 245	250	—	760	598	45 087
1848	42 745	3 658	1 028	—	1 968	—	49 399
1849	36 442	3 351	1 789	—	1 048	4 320	46 950
1850	31 200	1 175	2 089	—	2 099	3 802	40 365
1851	20 430	889	1 155	100	974	864	24 412
1852	26 985	1 375	1 679	1 649	525	1 260	33 473
总数	360 902	35 202	8 212	1 749	21 474	10 964	438 503
比例	82.30%	8.03%	1.87%	0.40%	4.90%	2.50%	100%

本表数据来自 D. M. Mason,"The Expenditure of the Committee of Council on Education,1839—1852",*Journal of Educational Administration and History*,Vol.17,No.1,pp.36-37. 除了最后两行为笔者统计的总数和比例外,其余皆为原来的数据,其中年度总数的统计有小小的误差,尤其是1848年因缺乏苏格兰独立教会学校的确切资助数目而无法统计其接受资助的总比例。

---

① James Murphy,*Church,State and Schools in Britain*,p.17.
② D. M. Mason,"The Expenditure of the Committee of Council on Education,1839-52",*Journal of Educational Administration and History*,Vol.17,No.1,pp.36-37.

从表 8-4 的数据中我们可以清楚地看出,在 1870 年以前的 37 年时间里,政府对教育的资助增长了近 44 倍。表 8-5 使我们能够比较清楚看出补助金的去向。和 1839 年前的总体情况相仿,80%以上的政府补助都流向了国教的学校,这从一个侧面说明了国教在英国贫困儿童教育问题上占有举足轻重的地位。但这份表格所揭示出的另一个倾向更引人注目:在 1840 年代后期,各个教派都从政府对教育的补助中分一杯羹,长期受到排挤的卫斯理宗和罗马天主教的学校也分别在 1846 年和 1851 年正式获得了政府补助的资格。由于政府补助和政府对学校的控制和监督是联系在一起的,这个新的变化体现了英国政府在教育问题上取得了越来越多的主动权,1830 年代严重影响政府干预教育的一个重要因素——宗教困难问题,已经不再是一个棘手的难题,英国政府在朝着国有教育体制的形成上又取得了重大的进展。

图 8-1　1849 年,切尔西的圣马可学校在进行期末教学考核①

---

① 图片来源:John Lawson and Harold Silver, *A Social History of Education in England*, p.291.

凯-夏特沃斯在教育委员会成立之后的十多年间一直担任教育委员会书记,他的三个观念在很大程度上引导着国家对教育的逐步干预和国有教育体制形成的进程。第一,必须为贫民提供更好、更广泛的教育机会,因而国家必须提供更多的援助;第二,国家对教育援助的增加必须与国家对世俗教育控制的加强联系在一起;第三,在宗教教育仍保留在教士手中的同时,学校的总体管理必须有世俗人士的参与,这实际上涉及了由世俗人士来管理世俗教育的问题。① 这三个观点的每一点都包含着国家必须对教育加以控制的思想。但同时,凯-夏特沃斯很清楚,无论现在他们在教育方面取得了什么样的进展,这一切都不是来自立法的正式许可,而只是来自议会的年度财政资助以及行政命令。他把他自己看作"处在朝着国有教育体制形成方向发展的第一步的位置上,他的责任重大"②。枢密院教育委员会最突出的成就是转变了1839年反对成立该委员会的保守派的观念。到1842年保守派首相皮尔在一封写给格雷厄姆的标着"绝密"的信中写道,"我的观念是,在提供良好教育方面,更快的进展将由权力正谨慎而渐渐扩展的枢密院委员会所采取的特殊手段来实现,而不是由政府公布的任何计划来实现"③。

凯-夏特沃斯和他管理下的教育委员会利用这种财政资助权与各个教派周旋。在他的努力之下,教育委员会加强了对接受政府补助金的学校的控制和管理。尽管教会与政府之间在这方面的斗争依然非常激烈,但是由国家对所资助学校进行督导的原则已经得到确认。据统计,从1840年到1871年,政府每三年任命一次的督导人数逐渐增长,见表8-6。

---

① James Murphy,*Church, State and Schools in Britain*,pp.26-27.
② James Murphy,*Church, State and Schools in Britain*,p.27.
③ James Murphy,*Church, State and Schools in Britain*,p.27.

表 8-6 督导人数的增加[①]

(单位:人)

	1840	1843	1846	1849	1852	1855	1858	1861	1864	1870	1871
督导	2	3	8	21	23	29	30	36	62	62	73
助理督导	—	—	—	—	2	10	16	25	—		
督导助理	—	—	—	—	—	—	—	—	14	18	28

督导人数的逐年累加,既证明了英国政府对于初等教育的资助力度在日渐增大,也证明了政府对于初等教育的控制和管理程度日益加强。因此到了19世纪60年代中后期,人们关于初等教育问题的讨论已经不是该不该建立国民教育体系的问题,而是建立一个什么样的国民教育体系的问题。

[①] John Hurt, *Education in Evolution*, p.42.

第九章
国民教育体系的酝酿及建立

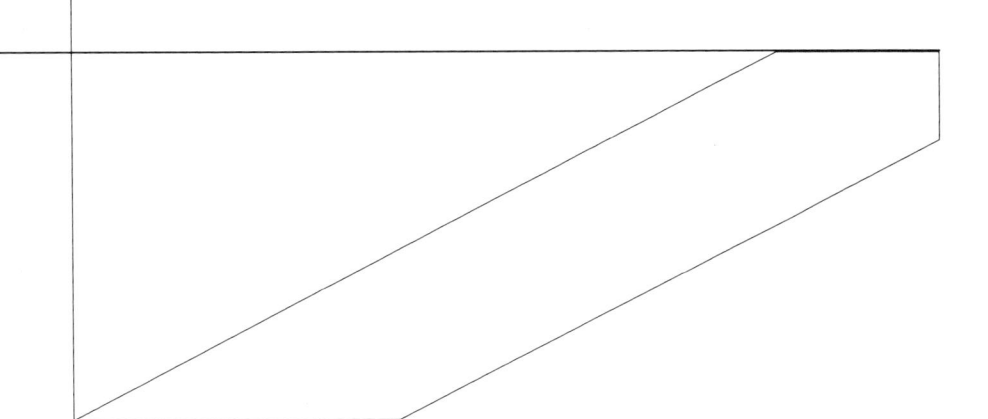

一、拉塞尔建立国民教育体系的改革尝试

在 1832 年以后的几年里,那些期望改革法案的通过会给教育改革带来新进展的人心情越来越迫切,越来越不耐烦。布鲁厄姆、罗巴克、怀斯等人不断提出议案;统计学会对英国教育的缺陷也进行了大量报道;教育中央协会指出,"英国教育的最大缺陷……是缺乏一个全国性的组织……这是文明社会的一个重大的例外情况"①。但是,长期以来英国教会把控着英国民众的教育,教会与教育之间有着密不可分的联系,建立全国性的国民教育体系势必削弱教会对于教育的掌控权,因此遭到教会的强烈反对。即便是那些赞成教育改革的人士,对于到底应该建立一个什么样的教育体制也存在着严重的意见分歧。人们不断地将英国与其他国家的情况进行比较。英国学校协会宣称,大众教育不应该再保持这种低级状态,应该考虑裴斯泰洛齐的观点。1838 年它提议建立一个基于"圣经经文的"全国教育体制,但"排除任何宗教的特别仪式",天主教教徒和犹太人子女有权不读这个圣经。毫不奇怪,作为内务大臣的约翰·拉塞尔在下院讲,尽管他"完全相信在这个国家中进一步发展和鼓励教育是议会和国家的职责",但在"那些赞成在这个国家实行普遍教育的人"之间达成一致意见之前是不

---

① James Murphy, *Church, State and Schools in Britain*, p.18.

可能成立一个教育委员会的。①

1838年对英格兰和威尔士贫民教育状况进行调查的特别委员会在调查后认为,工人阶级子女的教育极度缺乏,这个问题亟待解决。委员会的报告使当时掌权的辉格党政府更加意识到,对于贫民的教育问题,他们应该做的远非为那些比较幸运的能够获得年度财政资助的学校提供教育补助金,国家对教育的直接干预势在必行。1839年,拉塞尔企图仿效爱尔兰的国民教育体系在英格兰和威尔士也实行国民教育体系。1839年2月,他向议会提出了政府关于建立统一教育的计划。其内容主要包括:在国家的指导下建立一个教师培训学院和一个附属模范学校。不同宗教派别的学生和儿童都可以入学,学校中的宗教指导将具有既"特别"(指有教派区分)又"一般"(指没有教派区分)的特点。所谓"特别"是指不同教派的宗教指导将在某一特定时间由指定的教士进行,可以每天都学习圣经,罗马天主教徒也可以阅读他们自己版本的圣经。所谓"一般"指的是宗教教育并不与世俗教育分割开来,而是与"所有知识学习结合在一起并对整个纪律体制进行规范",不分教派的指导将针对所有不同教派的儿童,这是正常课程的一部分。拉塞尔计划企图在承认各宗教团体对教育一直享有控制权的前提下,通过国家的指导建立一个不分教派的大众教育体制。应该说这是英国政府第一次正式对教育进行干预,但它遭到的反对程度之激烈令拉塞尔也未曾预料。长期以来,英国教会尤其是国教把教育的控制权看作他们权力不可分割的一部分。由于拉塞尔政府的这项计划对国教的教育垄断权有所忽视,同时也由于它对罗马天主教表示出某种宽容,该计划遭到了国教的强烈抗议和批判,甚至也遭到了部分新教教派如卫斯理宗的谴责,被认为"敌视宪法、敌视国教,而且也是敌视神启本身"②。虽然大部分

---

① 转引自 James Murphy, Church, State and Schools in Britain, p.18.
② James Murphy, Church, State and Schools in Britain, p.20.

的新教徒对该计划表示了支持,但他们仍对该计划对于国教的明显妥协表示不满。

这样,在不到两个月时间里,拉塞尔政府关于建立国民教育体系的尝试行动以失败而告终。关于建立培训学院的计划被推迟到"人们的意见更加一致的时候"再实行;(1835年投票决定的)1万英镑的指定款项在全国协会和英国学校协会之间分配。这个尝试似乎失败得很彻底。但是,拉塞尔政府这次勇敢而可贵的尝试在英国国民教育发展史上却留下了不可磨灭的印痕,它表明政府已充分认识到建立大众教育体制的重要性,并能主动承担起为所有民众包括下层民众提供教育的职责,教育不再是中上等阶层的专利,也不再是教会的一统天下。更为重要的是,这次改革并不像布鲁厄姆那样悲观地认为的是一场彻底的失败,因为在这场失败的教育改革的灰烬中,诞生了一个重要的教育管理机构——"枢密院教育委员会",即后来的教育部的前身。

二、纽卡斯尔委员会与"根据效果付薪制"

到了19世纪50年代,越来越多的贫困儿童到学校去上学,政府对教育的经费投入也一年比一年多。1860—1861的财政年中,用于教育、科学和艺术的经费预算达到1 305 912英镑,这几乎是当年度英国国内行政机构所需财政预算的1/5。① 尽管很多民办教育团体曾经因为反对政府对他们的控制而抵制政府的资助,但他们也在严重的经济困难面前放弃了斗争。现在政府面临的问题已经不是能否对教育进行干预以及这种干预会遇到什么样的压力、产生什么样的后果等问题,而是如何提高办学效益,在尽量少花钱的前提下让更多的贫困儿童入学的问题。为了对20多年来的教育资助的效果进行全面调查,并为下一步建立"针对所有社会阶层的合理而且廉价的小学教育体制"提出切实可行的建议,1858年政府成立了由纽卡斯尔公爵亨利·佩勒姆(Henry Pelham)领导的特别委员会,专门负责调查英国初等教育的实际状况,这是英国第一次对初等教育进行调查。

1861年纽卡斯尔委员会公布了他们的报告。报告中称,1858年大约有不到1/8的儿童上学。

> 据户籍处处长1858年夏季的估计,英格兰和威尔士的总人口达

---

① John Hurt,*Education in Evolution*,p.186.

19 523 103 人,在同一时间那些名字应该登记在学校的名单上接受某种教育的儿童人数为 2 655 767 人,我们发现名单上已登记的人数为 2 535 462 人,还有 120 305 名儿童没有受过任何形式的学校教育。因此,各种日间学校在校学生在总人口中的比例为每 7.7 人中有 1 名,或占适龄儿童总数的 12.99%。①

委员会发现,大部分学生在 11 岁时就离开学校了,只有 5.4%学生坚持上学到 13 岁,所有学生的平均在校时间大致为 4—6 年。② 委员会对现有的初等教育状况非常失望,学生们并没有受到他们所需要的教育,即便是在有王室督导视察的学校,"仅有不超过四分之一的儿童受到良好的教育"。委员会认为这是初等教育的重大失败:

> 学校的教导普遍有着既好大喜功又流于表面的特点,除了那些非常好的学校,一般学校的教导过于偏重高年级学生而忽视了低年级学生,而且在最简单但却最必不可少的教育方面,不能确保对学生进行全面的基础训练。③

但是,纽卡斯尔委员会并不赞成义务教育。"在我们看来,全民义务教育制既做不到也不可取","由于义务教育制度有悖于我们的政治、社会和宗教感情,而且我们的教育在没有实行义务教育的情况下也运行良好,我们并不认为,在这个国家普遍实施义务教育,具有实际操作的可行性"。④ 纽卡斯尔委员会的结论比较保守,他们站在中上等阶层的立场上,带着优越而怜悯的心态俯瞰社会贫困儿童的教育:

> 让一个农民的儿子一直上学到十四五岁,从他们的实际利益考

---

① J. Stuart Maclure, *Educational Documents: England and Wales*, *1816 to the Present Day*, Methuen: London and New York, 1979, p.73.
② J. Stuart Maclure, *Educational Documents*, p.71.
③ J. Stuart Maclure, *Educational Documents*, p.74.
④ J. Stuart Maclure, *Educational Documents*, pp.74-75.

虑,这么做即便可能,我也怀疑是否可取。但这是不可能的。就全日制学校而言,我们必须下定决心,允许他们在学校最多读到 10 岁或 11 岁。①

在此期间,学校只要将一些必需的读写算知识,认真传授给这些孩子,就足矣。

纽卡斯尔委员会报告对于国家对初等教育的经费补助问题非常重视,在第一卷就开宗明义提出"根据效果付薪"(payment by result)。关于经费补助,他们其实提出了两个建议。第一个建议是,"给予学校用于其一年经营的所有资助都应简化为两种补助",第一种补助从国家的总税收中开支,第二种补助从地方税收中开支。② 尤其是第二种从地方税收中开支补助的建议是以往没有的。但这个建议没有被政府采纳,因为不信奉国教地区的反对尤其激烈。第二个建议是根据当地的督导对所有学生进行年度考试的结果来决定给予学校的经费。"补助将在本校学习的儿童掌握了某种程度的知识的情况下"予以发放,"知识掌握的程度将由当地教育理事会任命的考试委员会来确定","考试委员会单独对每个参加考试的孩子进行读写算方面的测验"。③ 他们提出这个建议的主要原因是他们认为教师并没有付出足够的精力认真教导学生们学习读写算基本知识(三 R)。"他们在很大程度上未能履行作为小学教师的某些最重要的职责,相当大比例的儿童来学校上学并没有获得令人满意的教导。""在某些地区,相当多的儿童甚至连阅读都没学会……这些孩子总体上并没有掌握学校应当教授的初级课程。读和写都学得不好。"④正因为如此,委员会觉得有必要对教师的教学效果进行考核,把学生们的考试成绩与老师的薪水和学校获得的资助

---

① J. Stuart Maclure, *Educational Documents*, p.75.
② J. Stuart Maclure, *Educational Documents*, p.72.
③ J. Stuart Maclure, *Educational Documents*, p.72.
④ J. Stuart Maclure, *Educational Documents*, p.78.

挂钩。

委员会所提出的"根据效果付薪制"被当时的教育委员会副部长罗伯特·罗伊（Robert Lowe）采用。他们起草了《修正法典》（*Revised Code*），根据学校督导对学生进行的年度考试结果决定对该学校的年度经费资助。"根据效果付薪制"不仅取决于学生考试结果，而且也取决于学生出勤情况。这一体制继续了导生制的一个重要特色——教育应该尽可能廉价。罗伊在下院用了一段很著名的话对"根据效果付薪制"进行总结：

> 如果它不能做到廉价，那么它应该卓有成效；如果它不能做到卓有成效，那么它必须廉价。①

无论怎么看待这个问题，很明显"廉价"成为一个决定因素。这个法典的主要目的是改善学生们在三R教育上的糟糕状况，因为三R是获取知识的基本工具。但令人遗憾的是，它把教师转变成挣取政府资助的教员而不是一名教育者。每一个正常上学的儿童可以挣到8先令，如果三R中有一门学科没有过关就减掉2先令8便士；学校将在幼儿班以上分设六个等级的班级，每一个等级将规定具体的年度考试科目。②

所以到了19世纪60年代中期，随着英格兰和威尔士对贫困儿童开始实行普及教育，这种教育的重点再次放在了节省金钱上。由于实行"根据效果付薪制"，学校越来越强调出勤登记，儿童甚至在生病的情况下也被要求去上学。由于考试结果至关重要，学生们被强制灌输学习内容。总体而言，在这一制度实施以前，学校的学习气氛相对宽松，采用的方法也不是如此狭隘。那时，尽管接受政府资助的学校要受到督导的监督，但这些监督起初一般是用宽松方法进行的，对老师和学生都比较有利。这个时期的督导约翰·克尔在自传中记载道：

---

① Eric Hopkins, *Childhood Transformed*, p.144.
② John Burnett, *Destiny Obscure*, p.150.

> 无论是老师还是督导都有比较较大的自由度和更多的空间……一个热心于工作的老师可以在更健康的条件下进行教育指导,由于他觉得他可以做任何在他看来有益于学生的事情,他可以自由地思考和调整他的教育程度和教育水平,这使他的工作更加有效率……①

但是,1862年《修正法典》的提出打破了这种和谐的关系。过分强调三R的机械性训练限制了学生的学习内容,而且通常使得教师和学生之间的关系恶化。教师除了努力挣最大份额的资助外别无选择,这就意味着"他们通过威胁、惩罚的手段强迫学生,甚至在考试那天把生病的但却可能过关的儿童带回学校参加考试"②。尽管罗伊在20年后仍重申他的观点,认为《修正法典》并没有机械地排除所有其他形式的教育,但是他也承认,"根据效果付薪制"其实是一个财政选择,而非一个文化选择。他在一封信中写道:

> 根据我对这一法典的理解,你和我都认为三R不仅仅或者并不主要是我们应该给予的教育的数量,它只是可以完全通过考试衡量出来的知识量,我们也只能据此比较可靠地给予学校资助。它更主要是一个财政选择,而非一个文化选择。③

对于贫困儿童而言,英国政府实施的《修正法典》既给他们带来了文明的福祉,也给他们的发展带来了桎梏。政府对教育的资助日益增加,使得贫困儿童接受教育的机会比19世纪初大为增加,他们因此也从这种教育改革中分享到了一定的文明福祉。但是,《修正法典》作为一种教育政策具有自己不可克服的缺陷。

---

① John Kerr, *Memories Grave and Gay: Forty Years of School Inspection*, London: Edinburgh W. Backwood, 1902, p.48.
② John Burnett, *Destiny Obscure*, p.150.
③ John Hurt, *Education in Evolution*, p.208.

首先，"根据效果付薪制"对于年度考试结果的过分倚重，使得贫困儿童在享受到一定的文明福祉的同时，也戴上了考试的枷锁。简单的死记硬背式的机械化学习并不能产生教育所希望的效果，用一位督导的话来讲：

> 我认为，填鸭、填鸭、使劲地填鸭而没有其他任何东西大概是一个最严重的错误。但根据我们现在的体制，三R是我们学校中唯一的课程，当它们作为最高目标最终得到实现的时候，教育指导除了填鸭之外，什么也不是。①

许多学校的经营者们为了获得较多的政府资助，往往把罗伊所设想的"最低程度的教育"当成了他们能给予学生的"最高程度"的教育。幸运的是，这一完全填鸭式的法典没有维持很长时间。1871年，较高年级的学生如果通过一些"特殊"的科目的考试，如历史、地理、语法、代数、几何和自然科学等，学校也可以获得资助，1875年又扩展到一些能够在全校范围内开展的"经典"科目（历史、地理、语法和女孩子的针线活）。这种变化的结果是降低了三R在课程表中的统治地位，但是真正能够利用这种好处的只是那些坐落在大城镇中的学校，它们往往拥有更多学有专长的教师队伍。乡村小学的校长或女教师比较典型的做法是，征得督导的同意后开设两门"经典"课程，他们很少开设"特殊"课程，因为这么做有可能会使他失去依然是小学主要收入来源的三R资助。"根据效果付薪制"最终在1897年被废止，对每一个儿童的年度考试也被阶段性的对教学效果的一般性视察所取代。②

其次，《修正法典》所提供的教育是有限的教育。即使贫困儿童的教育可能正朝世俗化方向发展，但它仍是一种很有限的教育。在19世纪初是

---

① 转引自 John Burnett, *Destiny Obscure*, p.150.
② 参见 Frank Smith, *A History of English Elementary Education*, 1931, 第8, 9, 10章对"根据效果付薪制"的论述。

这样，到了19世纪60年代仍是这样。人们仍认为，只要给予男女儿童最低程度的教育以满足其谋生的需要就可以了，这样可以尽可能地少花纳税人的钱。罗伊在下院中再次明确阐述了这一点：

> 我们所确定的，是教育的最低程度，而不是最高程度。除非儿童能够读、写和计算，只有学生的出勤率我们不会给予经费。但我们不是说儿童不能学习更多的知识。我们对任何知识都不反对；但问题是我们应该为这些知识付出多少钱……我们不应该忘记这个事实，这个体制所针对的儿童是那些根本付不起教育费用的人的子女。我们并不打算给予这些儿童能使得他们提升自己在生活和生意中的地位的教育。①

在此，我们又听到了早些时候流行的观点：为贫困儿童提供教育并不是为了提升他们的社会地位。关于贫困儿童的中等教育问题在许多年以后才被提及，初等教育已经是他们所需要的全部了，这就是60年代的观念。然而面对日益增加的学生人数，教会团体面临的经济困难更加严重，在他们的压力下，政府于1870年推行了一种新的初等教育形式。

---

① John Hurt, *Education in Evolution*, p.208.

三、1870年初等教育法

1870年2—8月,由英国下院议员、枢密院教育委员会副主席福斯特主持制定的"初等教育法议案"在议会下院和上院分别三读通过并得到王室批准,由此诞生了英国第一个初等教育法——《1870年初等教育法》,亦称《福斯特教育法》。从此,英国开始正式确立公立初等教育制度,并在一段时期内形成了英国教育史上公立初等学校与教会学校并存的局面。

1. 诞生背景

《1870年初等教育法》的产生,是许多直接和间接的政治因素、经济因素和社会因素共同作用的结果。

第一,在1870年以前,教会团体和慈善团体的民间办学已经为英国初等教育做出了巨大贡献,并有效地探索了小学教育的模式,为英国政府接手初等教育奠定了良好的基础。与此同时,从19世纪30年代到60年代中期英国政府也为建立国有教育体制做了很多努力,取得了实质性的进展,当然与正常的国有教育体制相比,这种进展仍存在着差距和不足。一方面,让贫困儿童进入学校上学已经日益被政府和社会所接受。满足贫困儿童就学的学校一般都是国教的教会学校(即全国协会的学校)。政府对教会团体(不论是国教徒还是非国教徒)的民间办学也提供了越来越多的经济资助,其年度资助已经超过了50万英镑。在力求降低费用的《修正法典》的规范之下,针对贫民阶层的教育已经取得了巨大的成就。另一方面,在19世纪60年代,下层民众送子女到学校上学还不是义务行为,这种教育也不是免费教育。"实际上,有些父母看不到教育的意义,还是宁愿尽可能快地送子女去工作,因为他们的劳动能为家庭增加收入。"[①]而且,即便贫困儿童真的去学校上学了,他们在学校中往往也只是待上很短的一段时间;他们所接受的教育也非常有限,不会超过最基本的三R的要求。

第二,政府数次通过《工厂法》,对童工劳动施加愈来愈严格的限制,迫使许多企业纷纷提高童工的最低就业年龄。但是在社会缺少相应的儿童福利配套措施的情况下,大量儿童不能就业只能流落街头无所事事,带来了一定的社会安全隐患,而民间自助办学资源又不足以完全消化这些滞留在校园外的贫困儿童。尽管罗伊的《修正法典》力图通过廉价办学的手段让更多的贫困儿童进入学校上学,但是这种廉价的办学终究不是免费的办学,仍有许多贫困家庭的儿童因为交不起"廉价的学费"而被排斥在教育体系之外。因此,从19世纪60年代后期开始,一股要求政府进一步采取立法手段把那些迄今为止因为家庭贫困而被排斥在教育体系之外的儿童纳入教育体系之中的潮流又重新掀起。要求建立免费的、义务的世俗教育的国民教育同盟也在1869年成立,中等阶级要求建立国有教育体制的压力和呼声也越来越大。

第三,在经济方面,1867年巴黎国际博览会已有迹象表明,英国的工商业霸主地位正日益旁落,德国和美国在许多工业领域已经迎头赶上,甚至超过了英国。这些国家的崛起被许多人认为与它们优先重视发展教育有关,有人甚至认为普鲁士能打赢历史上有名的"七星期战争",主要归功

---

① Eric Hopkins, *Childhood Transformed*, p.233.

于它大力发展普及义务教育;而英国人在克里米亚战争中战绩平庸也是由它忽视普及教育所造成的。

第四,在政治方面,与《议会改革法》有关。经过工人阶级和各阶层进步人士的长期斗争,1867年英国颁布了《议会改革法》,百万工人获得了选举权,而在此之前英格兰和威尔士的选民总共才100万左右。要使工人成为合格的选民,就必须让他们接受教育。如福斯特所说,初等教育的迅速发展"还关系到我国立宪制安全有效的运转","关系到我们民族的强盛"。因此,普及初等教育在当时的英国已迫在眉睫。

上述背景促使英国一些进步教育组织如曼彻斯特教育援助协会等在1860年代中期发起了一场全国性的运动,呼吁政府增加教育拨款,发展教育事业。1869年,代表不信奉国教者、世俗主义者和激进派利益的国民教育联盟(National Education League)宣告成立,它的前身是伯明翰教育联盟,该组织呼吁推行普及的、义务的、免费的和非教派利益的初等教育。1870年,代表国教利益的全国教育联合会(National Education Union)成立,与国民教育联盟针锋相对,主张继续由教会垄断初等教育,认为要更好地发展初等教育,政府就应该为教会提供更多的教育资助;如果政府无法承担庞大的教育资助费用,就应该通过征收地方税补充中央政府的拨款。当时的自由党格拉斯顿政府下定决心,通过立法解决初等教育问题,福斯特受命着手立法的准备工作。

2. 主要内容

福斯特的教育议案在递交议会后,在将近半年的时间内经过一次次辩论、一次次修改,最终获得通过,正式颁布为《1870年初等教育法案》。法案内容多达100条,有些条款又细分若干条目。法案条款主要分为两大部分:第一部分是关于地方承办学校,从第4条到第95条;第二部分是关于议会补助,从第96条到第100条。第一部分内容繁多,又细分为学校的供给(5—24条)、校务委员会的构成、权力与管理(25—39条)、学区划分与管理(40—52条)、学校的开支与账目管理(53—62条)、学生出勤及其他问题(63—95条)。

总览该法案条款,其内容主要涉及三个方面。

第一,填补缺口(fill the gaps)。

由于教会团体和社会团体自助办学的传统比较悠久,对下层人民的教育长期以来似乎一直是他们当仁不让的权力和固有领地。因此,福斯特在提出自己的教育改革方案时为了避免教会团体尤其是国教的反对,不得不非常小心,兼顾教会团体的感受。用他的话来说,他的方案是:

> 对现有民办体系的一个补充——也就是说……用最少的公众资金、民办教育团体团结合作方面最小的损失,并从父母那儿获得最多的援助来填补缺口。①

因此,1870年教育法并没有废除已有的民办教育体制,而是在这一体制存在的同时,由国家弥补民办教育体制的不足和空缺之处。

法令将全国划分为数千个学区(school district),全国范围内所有市镇都是单独的学区,乡村地区的每一个教区(民事教区而非教会的分区)也是单独的学区,这样就将全国的城市、乡村都纳入学区之内,首都伦敦作为一个单独的学区。法令要求:

> 每个学区的公立初等学校必须为本学区所有儿童提供充足的就学名额。那些已经拥有充足的初等教育设施的学区,将不再新建学校;那些就学名额不足的学区(**本法案称之为"公立学校就学名额"**),

---

① John Lawson and Harold Silver,*A Social History of Education in England*,p.316.

将按照本法案提出的方式补足其差额部分。①

教育部将在法案正式实施后,对每个学区的教育现状进行调查。对于教育设施不足、低效的不合格学区,教育部将予以公示,并给教会6个月的宽限期,令其整改,补足差额。宽限期过后学校设施仍然不足的学区,教育部应促成当地建立由地方纳税人选举出来的校务委员会,由校务委员会弥补差额部分,方法是成立由公众资金供养的公立学校。如果校务委员会在一年期限内未能补足差额,教育部将认定其为"失职的校务委员会",对其进行改选。②

简而言之,1870年初等教育法承认以前各教会团体兴办和管理的学校为合法的公立学校,认可民间自助办学体制的存在。政府的职责是在民间办学资源不足以致某些学区出现就学名额缺口的情况下,创办由公众资金资助的公立学校(board school),填补就学名额的缺口,保障学区所有儿童都有就学机会。"填补缺口"事实上造成了国有教育体制和民间自助办学体制共存的状态,这种就学名额缺口在一定程度上也成为国家和教会争夺教育控制权的战场。根据该法案的规定,教会团体可以在6个月的时间内填补现有的缺口,对不符合法定办学条件的学校进行改善,否则将在当地成立校务委员会,由校务委员会来兴办学校,取代教会团体在当地的教育资格。因此,在1870年底,出现了一窝蜂般建立教会学校的高潮——在1870年最后5个月中政府接到了大约3 000份校舍补助的申请,而在1869年全年只有226份申请。③ 与此同时,教育部也展开了调查,准备在一些教育设施严重不足的地方建立新学校,填补空缺。伦敦第一所公立学校创办

---

① National Education Union, *Elementary Education Act. 1870: A Brief Manual Explanatory of "The Act to Provide for Public Elementary Education in England and Wales"*, Manchester, 1870, p.8.
② 法案第6条以及第8—11条涵盖了上述内容。National Education Union, *Elementary Education Act. 1870*, pp.8 - 11.
③ Eric Hopkins, *Childhood Transformed*, p.235.

于 1873 年;到了 1875 年,共建立了 79 所——这是一个快得令人惊异的建造速度。① 校务委员会新建的公立学校很多都建造在工人阶级居住的城市地区,这些地区往往是教会团体认为不值得建造学校的地方。但校务委员会避无可避,因为它的职责就是保障所有儿童都能获得就学机会,填补教会办学遗留的缺口。

第二,管理方式。

1870 年初等教育法改变了以往教会团体办学各自为政的纷乱局面,将教会团体兴办或管理的学校以及校务委员会新建的公立学校,都纳入国家的管理体制之下。在中央层面有教育部,这个机构其实就是原来的枢密院教育委员会,其成员就是教育委员会的大臣们。② 在地方层面,设有大大小小的校务委员会,直接管理所在学区的初等教育事宜。首都伦敦的模式有所区别,只成立一个"伦敦校务委员会",教育部将整个伦敦分为十个区域,每个区域选举产生代表本区的伦敦校务委员会成员;一些人数较少的学区不能单独成立校务委员会,需几个学区合并成为联合学区,选举产生一个校务委员会。因此,全国上下形成了一个细密、合理的校务委员会网络。中央层面的教育部是校务委员会的上级,对校务委员会有监管、指导的权力,同时也负责政府层面教育法规的发布、调整、执行、监督以及议会教育补助的发放与管理。但是,1870 年初等教育法在管理方面最有特色的举措是,赋予了地方校务委员会以极大的教育管理权力。各地的校务委员会由当地的纳税人选举产生,负责监督本学区的教育工作,他们享有广泛的法定权力。例如,它有权征收地方教育税,征用地皮,建造新的公立学校,这样的学校由地方税资助;它有权接收愿意归属它们管理的民办学校;它有权延聘教师,并为每所直属的公立学校任命不少于 3 人的学校管

---

① Mary Sturt, *The Education of the People: A History of Primary Education in England and Wales in the Nineteenth Century*, p.320.
② National Education Union, *Elementary Education Act. 1870*, p.6.

图 9-1 伦敦校务委员会开会场景，1882 年

理人员；它也有权决定所属公立学校是放弃宗教教学实行纯粹的世俗教育，还是进行不分教派的宗教教导，即只讲授圣经，不涉及特殊的教义问答和宗教习语；它还有权制定地方性法规，在所在学区实行强制性的义务教育，对学区内某些困难学生减免学费；等等。①

1870 年初等教育法在经费管理方面也是中央和地方双管齐下。在中央层面，由教育部负责政府补助的授予。各个学校每年须向教育部递交申领政府校舍补助的申请材料，由教育部审核并决定是否给予补助。法案第 96 条规定：在 1871 年 3 月 31 日以后，对于任何非本法案意义上的公立初等学校，将不再提供政府补助。需要申领政府补助的初等学校必须在 1870 年 12 月 1 日或者之前向教育部提交申请书以及能够帮助教育部做出判定的材料，否则议会不会提供帮助修建、扩建、改建和修缮学校的补助。② 教育部在授予议会补助事务上的权限虽然很大，但每一个决定，无

---

① National Education Union，*Elementary Education Act. 1870*，pp.20-27.
② National Education Union，*Elementary Education Act. 1870*，pp.37-38.

论是同意补助还是拒绝补助,都必须审慎决断,它每年必须向议会提交一份专门报告,陈述当年度拒绝补助的案例并说明拒绝的原因。在地方层面,由校务委员会设立专门的学校基金(the school fund),并进行管理和分配。该学校基金的来源包括学生交的学费、议会提供的资金、通过贷款筹集的资金以及校务委员会通过任何法案许可的方式包括征收地方税所筹措的资金。① 学校基金的主要部分用于支付校务委员会为填补本学区教育空缺而创办的公立学校所需要的建校费用和日常费用。

这种中央和地方协同办学的体制极大地保障了初等教育体制的顺利运行。国家的行政权力(无论是教育部还是校务委员会)在初等教育的管理上越来越主动,教会团体虽然仍旧在坚持办学,不愿意放弃对民众的教育权,但是它们在英国初等教育领域的话语权越来越小,甚至连政府补助的发放也不再像以往那样必须经由全国协会或英国协会之手。

第三,宗教问题。

在宗教问题上的妥协是1870年初等教育法最重要的特色,也是其主要内容之一。这种妥协体现在两方面。一是对教会团体办学的认可。前文已经分析过,1870年初等教育法的一个基本特色是"填补空缺",它所构建的国民教育体系并不是彻底的由国家承办的世俗教育体系,而是认可已有的各教会团体所兴办和管理的学校也是合法的初等教育机构。在此基础上,对于教会办学不足的地方,由校务委员会兴办世俗的公立学校。福斯特在下院首次介绍教育议案时就指出:

> 我们必须注意,在建设时不要造成破坏,即在推出新的体制时不要摧毁现有的体制。……我们的目标是完善现有的民间自助办学体系,填补其空缺,尽量节省公众资金,尽量争取家长们的援助,竭诚欢

---

① National Education Union, *Elementary Education Act. 1870*, p.27.

迎那些乐于助人的仁爱之士的合作与支持。①

福斯特在准备这个法案过程中深刻意识到,必须考虑教会的看法,不去触动教会团体自助办学的体制,否则他的立法很难成功。他的朋友提醒他,如果他对教会妥协太多,伯明翰教育同盟可能会就宗教问题与他展开斗争,他的回应是"那就让他们来战吧!"②。福斯特法案在宗教问题上妥协的第二个方面体现在学校的宗教教导上,这也是法案在通过之前争议最激烈的地方。法案准许初等学校进行宗教教学,但这种宗教教导必须遵循课时表信仰条款和考珀-坦普尔条款的约定。所有初等学校,包括教会学校,其学生有因为信仰问题退出宗教教学课堂的权利;所有校务委员会新建的公立学校,不准讲授专属某一教派的宗教教理问题和宗教惯用语。关于这一点,本书第六章"权力的博弈"第三部分"信仰条款与国民教育体系"中已经做了详细阐述,此处不再赘述。

3. 评价

《1870年初等教育法》在英国教育史上最重大的意义在于,国家第一次正式充当教育的承办人,不再把对国民的教育职责推卸给社会上的民办教育机构(包括各教会团体),它标志着英国国有教育体制的正式创建。1870年教育法并没有废除已有的民间团体自助办学体制,而是在认可这一体制合法存在的同时,由政府填补民办教育体制的不足和空缺之处。其方法就是,在需要建立新学校的地方,成立校务委员会来负责当地贫困儿童的教育问题。校务委员会的成员由当地的纳税人选举产生,学校的费用由地方教育税和政府的年度补助共同承担。这种学校并不是免费的,学生

---

① "Speech by Mr. W. E. Forster, Vice-President of the Council, Introducing the Elementary Education Bill, in the House of Commons, Feb. 17th, 1870", in J. Stuart Maclure, *Educational Documents*, p.100.
② John Lawson and Harold Silver, *A Social History of Education in England*, p.316.

家长每周必须为子女交纳不超过 9 便士的学费。这种教育也不是义务教育，但是校务委员会可以通过一些地方性法规对当地 5—12 岁儿童的入学提出要求，也可以根据该儿童的实际文化水平，对 10 岁以上的儿童进行适当的免除，允许其半工半读甚至从事全职劳动。

1870 年教育法对于英国贫困儿童的教育来说，具有非常重要的意义。首先也是最重要的一点，国家在贫困儿童教育问题上涉足越来越深，承担起越来越多的责任。与早年只是通过政府从经济上补助民间办学的手段相比，1870 年教育法使得国家正式承担起为下层民众提供教育的职责，正式站在了下层民众教育舞台的中央，这种转变是史无前例的。一旦国家迈进了这个舞台的中央，就很难再退出，而且必然会在这个舞台上占据越来越多的空间，承担起越来越多的职责。用一位历史学家的话来说，这种转变是"不可逆转的"[①]。其次，由于该法案的宗旨之一就是把那些迄今为止仍被置于教育体系之外的贫困儿童纳入新的教育体系之中，因此在新的校务委员会的努力下，逐渐在 1870 年以后形成了一个可以把各个层次的儿童（包括最贫困的儿童）包括进来的全国性的教育网络，即便是在人烟比较稀少的乡村地区和非常贫困的城市贫民窟地区，也有了可以让贫民子女入学的学校。尽管该法案没有实施义务教育，但是法案也赋予校务委员会一定的权力，让他们在必要的情况下强制要求父母送子女入学。虽然真正动用这种权力的校务委员会很少，但是他们也会不断地向父母施加压力，要求他们送子女入学。对于那些顽固坚持不送子女上学的父母，校务委员会甚至可以把他们送上法庭。再次，1870 年法案从法律的角度赋予贫困儿童的童年一种新的内涵，尤其是对于 5—12 岁之间的儿童来说，他们的童年生活从法律上被界定在校园之中，劳动不再是这个年龄段儿童童年生活的主要内容。1870 年教育法和 1867 年的工厂法涉及的贫困儿童童年生

[①] Eric Hopkins, *Childhood Transformed*, pp.257-258.

活两个最主要的方面——教育和劳工的立法是相辅相成的。1867年的工厂法使得所有行业的童工劳动都受到了立法的规范,年幼的儿童被转移出劳动力市场;而1870年教育法则从教育的角度把那些被工厂法从工厂中转移出来的儿童接纳到学校的围墙之中。尽管立法和现实之间仍存在着相当大的差距,在这些立法通过之后仍有许多贫困儿童游离在校园之外,或者滞留在工厂之中,但是至少国家以法律的形式对贫困儿童的童年生活进行的规范,向整个社会传递了一种信息:上学是贫困儿童开始工作之前必要的经历,不再是工作之外可有可无的选择。无论人们对待贫困儿童教育问题的反应如何,"1870年以后教育日益成为整个成长过程中必然的步骤,成为他们不可逃脱的命运"[1]。19世纪后30年中,越来越多的年幼儿童进入学校,越来越少的年幼儿童进入工厂。因此,在19世纪贫困儿童生活重心发生转移的过程中,离开了国家的法律力量,这个转变过程不会来得那么快。

---

[1] Eric Hopkins, *Childhood Transformed*, p.238.

四、国民教育体系的完善

《1870年初等教育法》是英国教育史上最典型,同时也是较为切实可行的妥协法案。该法案没有规定免费或义务的教育,却使两者都有可能;既满足了教会的利益,未取消民办学校而只是对它们进行补充,又体现了改革的需要,实现教育的世俗化目标;还使得政府花最少的钱获得了尽可能大的教育控制权。事实上,也正是这个妥协法案,带来了教育的竞争时代,并使得普及初等教育成为实际可能。但《1870年初等教育法》毕竟没有规定免费或义务的初等教育,因此在19世纪后30年,议会又相继颁布了一系列有关普及初等教育的法案,使其不断充实和完善。

1. 关于义务教育

1870年教育法从国家层面确保为英国普通儿童提供充分的上学机会,这样就把上不上学的选择权放到了家长手上。1870年教育法并没有对家长提出必须送子女上学的强制要求,只是在有关出勤问题的第74条中规定,各地的校务委员会在特殊情况下可以征得教育部的同意,制定地方法规,要求5—13岁的儿童(除非有特殊原因)必须到校上学。违反者将被处以不超过 5 先令的罚款。① 截至 1871 年底,在新建的 300 个校务委员会中,有 117 个校务委员会通过了某种程度上的义务教育法规,要求所在学区 5—13 岁的学龄儿童都必须上学,否则家长就要受到舆论和经济的制裁。伦敦校务委员会最先行动,通过法规,要求伦敦所有 5—13 岁的学龄儿童必须入学,其中 10 岁以上且通过 5 级学业考核的儿童可以得到豁免,彻底离开学校,10 岁以下能够证明因为需要养活自己或帮助父母养家糊口而去从事兼职劳动的儿童也可以得到豁免,去半工半读。其余的 116 个校务委员会所通过的地方法规也与此大体类似,皆为 10 岁以上完全豁免,10 岁以下半豁免,但不同的是,伦敦校务委员会对学业考核等级的要求是达到 5 级,其他校务委员会有的要求达到 4 级,还有一些甚至只要求达到 3 级。② 到 1873 年,全国有十分之四的小学儿童被强制上学。

人们对义务教育问题的认识经常有一个误区,认为义务教育是由议会立法推动的。其实这只说对了一半,最初的义务教育在很大程度上是地方校务委员会的行动,议会所做的只是把已经在有些地方由校务委员会推行的义务教育推向全国。

1873 年,议会采取了第一次行动,通过法案,要求接受济贫救济的父母必须送其子女入学。福斯特本想提出议案,在全国范围实行义务教育,但未能得到他的同事们的全部支持而放弃。到 1876 年,地方性义务教育已经覆盖了一半的小学学龄儿童。在一些大的城镇,校务委员会工作比较积极,义务教育能覆盖五分之四的儿童。

1876 年,这种地方上的义务教育制获得了中央政府的认可,议会通过了《桑顿教育法案》。桑顿教育法禁止 10 岁以下的儿童从事任何雇佣

---

① National Education Union, *Elementary Education Act. 1870*, pp.33 - 34.
② H. C. Dent, *1870 - 1970: Century of Growth in English Education*, London: Longman, 1970, pp.15 - 16.

劳动,10—14岁之间的儿童只有在三R方面达到了《修正法典》所规定的4级熟练程度才能从事全职或兼职劳动。法案第4条规定,每个儿童的父母有责任让自己的子女接受足够的读写算方面的初等教育,如果父母没有履行这一职责,他们应受到本法案提出的各种处罚。① 出于平衡,政府在打了一棒子之后又给出了一根胡萝卜:通过4级考核的11岁儿童如果在前两年的出勤记录达到350次,教育部将为他们提供3年的免费教育。该法案还规定,在校务委员会没有覆盖到的地区建立"出勤委员会"(School Attendance Committee),督促父母送子女入学。如果父母不送子女入学:

> 地方当局有责任先向其父母提出警告,然后向即决裁判法庭提出指控。该法庭在证明该指控属实之后,可以命令该儿童进入某所愿意接收他的合适的学校去上学,并在命令中指明这所学校的名字。这所学校可以由其父母选择,如果他们没有选择出学校,就由法庭指定一所它认为合适的公立学校。这个儿童必须在学校开学的所有时间里上学,或者按法案所规定的其他方式上学。②

如果父母在没有合理理由的情况下拒绝执行法庭判决的入学命令,"对于初犯者,如果儿童的父母没有到庭,或已到庭但未能向法庭证明自己已经尽了最大努力来执行命令,那么法庭可以对其施以20先令以下的罚款"③。

1880年,议会又通过《芒代拉法案》,要求所有校务委员会执行1870年教育法中的义务入学条款,中央政府最终把这种在地方上实行的义务教育制推广到全国。芒代拉法案对1870和1876年的两部教育法有关义务

---

① National Education Union,*Elementary Education Act. 1876*,p.2.
② National Education Union,*Elementary Education Act. 1876*,p.4.
③ National Education Union,*Elementary Education Act. 1876*,p.5.

教育方面的内容进行了拓展，规定所有学区制定义务入学的法规，所有5—12岁的儿童必须义务入学，其中10—12岁的儿童可以根据其实际达到的教育水平或者已有的出勤情况获得部分或完全豁免，去从事半工半读劳动或者全职劳动，但具体标准由各学区自行决定。由此可见，在1870年教育法颁布10年后，义务教育的实际年限只有5—10岁。此后议会又通过一些法规，逐步提高义务教育的年限。1893年，可以获得豁免的离校年龄提高到11岁，1899年又提到了12岁。①

由此，国家通过法律的强制力量推行了义务教育，力图把所有5—12岁（后来提高到14岁）的儿童纳入正常的教育轨道中来。在1880年以后，对于那些依然坚持不送子女入学的父母，校务委员会和出勤委员会有权采取一些特殊行动，比如送交地方法庭进行处罚等。

2. 关于免费教育

早在教育法改革之前，人们对于应该建立什么样的世俗国民教育体系就有过争论，有人主张建立免费的、义务的世俗教育体系；也有人认为，花钱送孩子上学是父母天经地义的责任，国家不应该替父母承担责任。观点的碰撞也许会有影响，但现实的经济因素才是决定性的。福斯特在起草法案时最终放弃了免费教育，根本原因就是他意识到政府不可能愿意承担免费教育需要付出的巨大经济代价。"去年家长交付的学费总额大约为42万英镑"，如果实施免费教育，"原来的42万英镑学费将不得不增加一倍"；不仅如此，原本免费教育的对象是工人阶级子女，"但中等阶级子女也会挤进这免费教育的行列，工人阶级中的富裕阶层也会如法炮制"，国家的教育开支会急剧增加，"它足以吓坏我们的财政大臣"。②

---

① John Lawson and Harold Silver, *A Social History of Education in England*, pp.321 – 322.
② J. Stuart Maclure, *Educational Documents*, p.102.

1870年初等教育法并没有实行免费教育,儿童到公立学校上学必须每周缴纳学费,学费的标准由当地校务委员会规定;教育法并没有对民办学校的学费标准做出限定,但是由校务委员会创办的公立学校每周的学费不得超过9便士。法案虽然没有实行免费教育,却赋予了校务委员会在特殊情况下建立免费学校以及减免学费的权力。法案规定,如果某学生的家长过于贫困,无力承担孩子的学费,校务委员会可以适时免除该生的全部或部分学费,但免费的时间不能超过6个月。[1] 如果某个学区的某个地域的居民过于贫困,校务委员会也有义务在该地域建立一所免费的公立学校,让该地域的儿童享受到教育部承诺的教育福祉,这所学校的学生无须缴纳学费,学校运营所需要的费用由校务委员会从学校基金中开支。[2]

免费教育和义务入学之间的关系非常密切。从某种程度上讲,实施免费教育将有助于义务入学的执行。校务委员会在执行教育法过程中遇到的出勤率难题,其实主要根源就在于贫困阶层的经济困难。极端的贫困使得一部分父母很难遵从校务委员会的规定。尽管他们可以向校务委员会申请减免学费,但申请手续比较复杂,而且也被认为是非常丢脸的事情,许多人宁愿不送子女上学,也不愿丢脸去申请减免。截至1891年,校务委员会发放的免费名额依然不超过学生总数的10%。[3]

为了从根本上解决父母因为付不起学费而不让子女上学的问题,英国政府在1891年通过了索尔斯伯里教育法案。根据该法案,父母可以向校务委员会为自己的子女申请免费名额,那些不收费的学校也可以获得额外补助作为弥补。

---

[1] National Education Union, *Elementary Education Act*, 1870, p.13.
[2] National Education Union, *Elementary Education Act*, 1870, p.19.
[3] John S. Hurt, *Elementary Schooling and the Working Classes*, 1860-1918, p.158.

这样，从 1870 年福斯特教育法到 1880 年芒代拉教育法和 1891 年索尔兹伯里教育法，英国政府终于创建了为社会下层民众子女提供义务的、免费的国有教育体制，1918 年实现了完全免费的初等教育。最终，所有 5—10 岁（在许多情况下甚至直到 14 岁）的儿童必须去上学，父母们不可以再用"付不起学费"来作为不让子女上学的理由。

第十章
国民教育体系下的儿童教育

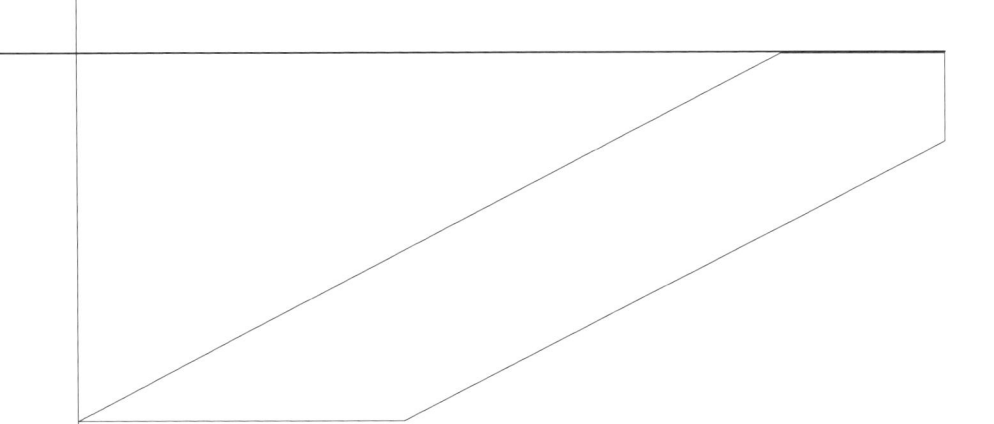

1870年以后，英国政府在大众教育问题上采取了越来越主动的态度，国民教育体系在其后的30年时间里不断完善。义务教育制的逐渐普及以及19世纪末免费教育的实行，极大地促进了贫困儿童教育状况的改善：越来越多的贫困儿童进入学校上学，从事全职童工劳动的儿童人数日益减少，半工半读制也日益遭到更多人的批评。总体而言，19世纪最后30年见证了贫困儿童教育的发展，不仅他们在学校中的生活发生了前所未有的变化，实际教育水平也得到了前所未有的提升，这种状况与19世纪初形成了鲜明的对照。

一、学校:公立与民办并存

1. 就学机会——鸿沟被填平

1870年教育法的一个重要宗旨就是"填平鸿沟",即填补现有的民办学校所遗留下的空白。从实质上来讲,民办学校所遗留下的教育鸿沟往往指的是最贫困阶层子女的教育,他们要么集中在大城市最贫困的贫民窟地区,要么在偏远落后、人烟稀少的乡村地区,都是民办学校不愿涉足的地方。从某种意义上讲,1870年教育法通过以后的30年时间里,福斯特这个"填平鸿沟"的目标基本上得以实现。他曾经在1870年向议会提出教育改革议案时的演讲中描述了当时已有的教育设施严重不足的状况:在政府资助和督导的1.3万所小学(1.1万是日校,0.2万所是夜校)的登记册上,"只有五分之二的年龄在6—10岁的工人阶级儿童……以及三分之一的年龄在10—12岁的儿童"登记在册。从大概的数字来看,这意味着:

> 6—10岁的儿童中,我们已经帮助了70万人……但是仍有100万儿童我们无法提供帮助;在10—12岁的儿童中,我们已经帮助了25万人,仍有至少50万人我们无法提供帮助。[1]

---

[1] H. C. Dent, *1870-1970: Century of Growth in English Education*, p.11.

将近30年之后,这种状况有了很大改观。

在1870—1896年间,英格兰和威尔士设立了将近2 500个校务委员会,其中有一半设立在人口不到1 000人的学区;德文郡的116个乡村校务委员会中,89个校务委员会只建了一所学校,25个有两所学校。

在1870年教育法通过的时候,英格兰和威尔士大约有8 300所接受政府资助和督导的民办学校(其中6 000多所与国教有联系)。根据汉密尔顿对1870—1882年间民办和公办学校的统计,这十多年间,教会团体和校务委员会的办学数量都有了显著增加,尤其是教育法通过的最初几年,教会办学增加的速度非常快。1877年之前,教会新建学校总数远远超过校务委员会,1877年校务委员会新建学校的数量才第一次超过教会团体新建学校数。但是,有两点值得注意:一是教会团体办学在这十多年间仍是绝对的初等教育办学主体,截至1882年,教会团体办学十年间新增学校数是校务委员会新建公立学校的1.5倍以上,加上教会团体在教育法通过之前原有的学校,1882年时教会团体的学校数量占据了全部学校数量的四分之三;二是公立学校的办学经历了从无到有,十多年间每年的办学规模都在稳步增长,尤其是1877年以后,校务委员会每年的新建学校数目都超过了教会团体的办学数,校务委员会很好地承担了"填平鸿沟"的角色。具体的数据见表10-1。到了1900年时,民办学校的数量将近14 500所,校务委员会公办学校的数量将近5 700所。在19世纪90年代,由于给予民办学校校舍建筑方面的补贴后来无法维持,民办学校的数量实际上减少了350多所,而校务委员会的公立学校增加了1 000多所。[①]

---

① John Lawson and Harold Silver, *A Social History of Education in England*, p.320.

表 10-1　1870 年后民办学校与公立学校数量统计①

(单位：所)

年份	民办学校	公立学校	学校总数	民办新增	公办新增	每年新增学校总数
1870	—	—	8 281	—	—	—
1872	9 772	82	9 854	1 491	82	1 573
1873	10 574	520	11 094	802	438	1 240
1874	11 408	838	12 246	834	318	1 152
1875	12 081	1 136	13 217	673	298	971
1876	12 677	1 596	14 273	596	460	1 056
1877	13 105	2 082	15 187	428	486	914
1878	13 611	2 682	16 293	506	600	1 106
1879	14 027	3 139	17 166	416	457	873
1880	14 181	3 433	17 614	154	294	448
1881	14 370	3 692	18 062	189	259	448
1882	14 421	3 868	18 289	51	176	227

学校数量的增加意味着可以招收的学生数目也有了显著增加。根据汉密尔顿的统计，1870 年后的十多年间，教会团体民办学校的招生人数也有了急剧增长（表 10-2）。1870 年，民办学校的入学人数为 115.2 万，到了 1882 年增加到了 201 万；与此同时，校务委员会公办学校招收的学生数量随着新办校的增加，也在逐年增加，1882 年达到了 94.5 万人，接近当年全部在校生总数的三分之一。

截至 1891 年 8 月 31 日，各种办学机构（包括公立和民办）所能提供的学额（school accommodation）有了显著的增加，1870 年招生规模不到 190 万（这时仍是教会办学），1891 年的招生规模已将近 563 万，其中校务委员会公办学校的招生规模将近 200 万。教会办学所提供的就学名额从 1870 年的 187.8

---

① 本表格数据来源：Rowland Hamilton,"Education in England and Wales Before and After the Elementary Education Act of 1870", *Journal of Statistical Society of London*, 46, 2(1883), p.326. 每年新增学校数据根据原文数据统计而来。

万增加到了 1891 年的 364.8 万，翻了将近一番。详细数字见表 10-3。

表 10-2 1870 年后民办学校与公立学校学生入学人数①

（单位：万人）

年份	民办学校	公立学校	入学总人数	注册总人数
1870	—	—	115.2	169.3
1872	132.7	0.9	133.6	196.9
1873	141.2	7.0	148.2	221.9
1874	154.1	13.8	167.9	249.8
1875	161.0	22.7	183.7	274.4
1876	165.7	32.8	198.5	294.4
1877	172.3	42.8	215.1	315.5
1878	184.6	55.9	240.5	349.6
1879	192.5	67.0	259.5	371.1
1880	198.2	76.9	275.1	389.6
1881	200.7	85.6	286.3	404.5
1882	207.0	94.5	301.5	419.0

表 10-3 1870—1891 年间学校招收学生数量统计②

（单位：人）

学校类型	容纳学生数量	
	截至 1870 年 8 月 31 日	截至 1891 年 8 月 31 日
国教学校	1 365 080	2 670 529
英国协会、卫理公会等教派学校	411 948	628 893
罗马天主教学校	101 556	348 383
公立学校	—	1 980 396
合计	1 878 584	5 628 201

---

① 本表格数据来源：Rowland Hamilton, "Education in England and Wales Before and After the Elementary Education Act of 1870", *Journal of Statistical Society of London*, 46, 2(1883), p.326.
② *Educational Work of the Church*, *Since the Passing of the Education Act* (1870), London, 1892, pp.1-2.

尽管从绝对数字来看,民办学校仍然占据优势。但是,我们应该从下面的背景来考察这个问题。首先,校务委员会的职责是"填平鸿沟",也就是填补民办学校在前面几十年所遗留下来的教育空白。校务委员会的发展经历了从无到有的过程,1895 年的 195 万学生数以及 1900 年的将近 5 700 所校务委员会公立小学都是绝对的净增数。其次,由于校务委员会的公立小学和带有宗教性质的民办小学在 19 世纪最后 30 年中同时并存,他们之间存在着激烈的竞争。一方面,在校务委员会不遗余力地改善贫困儿童的教育状况的同时,教会团体和校务委员会展开了激烈的竞争,但是他们关注的并不是贫困儿童的教育本身,而是宗教、政治、权力和经济方面的争夺。在德比郡,人们

> 几乎不关心儿童和他们的教育,但是非常关心未来的工人、圣会、虔诚和不虔诚、阻止革命、地方税等等。正是这些问题延误了校务委员会的选举,即便是校务委员会选举出来了,这些问题也妨碍着他们的工作。[1]

1870 年教育法给予教会学校建筑校舍的宽限期刺激了教会学校建筑的迅速增加。用张伯伦的话来说,新的教会学校的成立是"为了阻止校务委员会在成百上千个地区的选举产生,因而也使得儿童的义务上学变得没有可能"[2]。另一方面,由于校务委员会的公立小学集中了大量被其他教育机构(主要是民办教育机构)忽视或拒绝收录的贫困儿童,他们在和民办学校的竞争中往往对那些"更体面更有身份"的家庭缺乏吸引力,据说在伯明翰,"许多更体面更有身份的人情愿送子女去教会学校上学"[3]。

在这样的背景下,考察校务委员会办学的成就,我们就会发现,校务委

---

[1] Marion Johnson, *Derbyshire Village Schools in the Nineteenth Century*, p.125.
[2] John Lawson and Harold Silver, *A Social History of Education in England*, p.320.
[3] J. Chamberlain, *The Educational Policy of the Government*, *From a Nonconformist Point of View*, Birmingham: Cornish Brothers, 1872, p.11.

员会的公立小学对于贫困儿童来说，具有非常重要的意义，它所取得的成就也令人侧目。伦敦校务委员会仅仅用了12年的时间就达到了25万的招生数，到了20世纪初校务委员会使命终结时，它已经提供了50多万的就学名额。① 这对于改善伦敦贫民窟地区的贫困儿童教育状况非常关键。有些工人阶级比较集中的居住区在教会团体看来是不值得建造学校的地方，但是校务委员会的职责是"填平鸿沟"，因此它们不得不在这些地区建立学校。这种学校一般都特别简陋，可以算真正的贫民窟学校，在这种地方教书是很艰难的任务。其实，从很早的时候起人们就意识到校务委员会的职责就是为那些被排除在教育体制之外的贫困儿童提供教育，因此条件较好的工人阶级仍可以继续送其子女去教会学校上学，而最贫困的阶层则送子女去校务委员会学校就读。校务委员会也认可这一点，它们为不同家庭背景的儿童提供收费标准不同的教育机会。到了19世纪80年代末，伦敦校务委员会有11万个每周1便士的就学名额，18万个每周2便士的就学名额，10万个每周3便士的就学名额，6万个每周4便士以上的就学名额。② 伯明翰校务委员会也采取了类似的区分社会层次的政策。③ 不同的学费标准成了区分社会地位高低的工具，每周一两个便士的最低收费针对的是那些最贫困的儿童，"他们置身于我们这个学校里穿着更好、更守纪律的学生中，会感到很不舒服"④。1872年，芬斯伯里的英国协会学校收取的学费比较高，目的是吸引"小生意人和其他有钱人"的子女来上学，这些人能够负担得起选择性更强的教育费用。⑤ 通过对不同阶层的

---

① Stuart Maclure, *One Hundred Years of London Education 1870-1970*, p.27.
② John Hurt, *Elementary Schooling and the Working Classes*, p.71.
③ Carl Chinn, "Was Separate Schooling a Means of Class Segregation in Late Victorian and Edwardian Birmingham?", *Midland History*, 1988, Vol.13.
④ William E. Marsden, "Social Stratification and Nineteenth-Century English Urban Education" in Ronald K. Goodenow and William E. Marsden, eds., *The City and Education in Four Nations*, pp.118, 120.
⑤ Pamela Horn, *The Victorian Town Child*, p.81.

学生收取不同的学费，以及在条件较好的地区建立收费较高的学校，公立小学日益能够满足各个阶层学生的需求。但是，霍恩博士认为，"这种区分等级的做法暗示了维多利亚后期英国教育改革运动的局限性，也暗示了在这方面长期存在的不平等，就像维多利亚后期英国生活的许多方面一样"[1]。

无论是校务委员会的公立学校，还是教会团体的民办学校，他们的竞争在实际中促进了贫困儿童教育的改进，应该说贫困儿童是真正的得益者。校务委员会和民办教育机构的竞争在事实上形成了一个覆盖全国的小学教育网络，无论是以前上不起学的贫困儿童还是家境不错的儿童，无论是城镇儿童还是地处穷乡僻壤的乡村儿童，都被纳入了这个教育体制之中。尽管不同的学校在教育质量和教育设施方面存在着比较大的差异，对于每一个生活在19世纪末的英国贫困儿童来说，教育已经不再是可望而不可即的奢想，而是唾手可得的选择。这应该说是19世纪英国贫困儿童教育所发生的一个根本性变化，它使得所有的贫困儿童都有了接受教育的机会。

2. 父母的选择

关于贫困儿童的父母对待子女教育问题的态度，霍普金斯认为是一个很难概括的问题。[2] 如果用主观因素和客观因素来概括，在下层人民处理子女教育问题时，客观因素是家庭的经济状况，主观因素是下层人民自身对待子女教育问题的认识程度。

对于绝大多数贫困儿童的父母来说，家庭经济状况是决定子女是尽早参加劳动还是进入学校读书的主要因素。在能够基本维持生活的情况下，

---

[1] Pamela Horn, *The Victorian Town Child*, p.98.
[2] Eric Hopkins, *Childhood Transformed*, p.142.

一般父母会尽可能把子女送到学校去接受教育；但是对于家庭经济比较困难的父母来说，子女的收入将成为家庭收入的重要部分。尽管一些贫困父母心里并不愿意这么做，但迫于现实的压力，他们还是把子女送进工厂或其他劳动行业；子女的教育问题对于这部分父母来说是次要的，在生存都很困难的时候，教育不能为这些可怜的人带来丝毫安慰。

在19世纪初期现代社会福利体制还没有发展起来的情况下，济贫院尽管可以为穷人提供一些救助，但1834年新济贫法的"劣等原则"使得进济贫院成了万不得已的最后办法。许多贫困家庭为了避免沦落到如此窘迫的地步，只能把子女尽早地送出去从事生产劳动，以此增加一些家庭收入。许多儿童的第一份工作都是父母通过家庭关系或者朋友关系而找到的，在决定从事什么工作的问题上，儿童没有任何选择的余地，父母的决定代替了一切。对于众多的贫困儿童父母来说，送子女去劳动往往是迫于无奈的选择。1833年工厂法颁布后开始实行的半工半读制从法律的角度认可了童工劳动的现实，19世纪的立法曾多次对童工劳动进行干预，但是始终没有从根本上禁止童工劳动，这也是对贫困儿童父母所面对的严峻现实的默认。有时，父母宁愿违反法律也要尽早送子女去劳动，这种反面事例更能说明贫困儿童父母的态度。有些父母为了增加家庭收入，即便子女还没有达到法定年龄，也会送他们去工作。一些父母甚至会提供伪造的子女出生记录，或者拿年长孩子的出生文件给年幼的子女用，以便年幼的孩子能被允许工作。1874年6月，一位名叫托马斯·孔文的石匠由于让两个都没达到13岁法定年龄的女儿从事全职工作，被罚款2英镑。法庭记录上显示，被告用的是伪造的出生证明。[①] 有时已经夭折的年长孩子的出生证明也可以拿出来用。当法官或工厂视察员询问这些冒名顶替的孩子们时，他们都能训练有素地立刻回答

---

① Pamela Horn, *The Victorian Town Child*, p.110.

出"伪造的年龄"。①

对于贫困儿童的父母而言,子女的劳动和教育仿佛一个跷跷板的两端,中间的支点就是家庭的经济状况。在家庭经济状况较好的情况下,教育的分量就重一点,在家庭经济状况不太好的情况下,劳动的分量就重点,甚至完全倾斜到劳动方面。尽管这样的分析带有太重的经济决定论的味道,但是在贫困儿童的劳动和教育问题的选择上,物质决定意识是不可否认的,没有了经济基础作为生存的保障,追求人的更高层次发展的教育就失去意义。正如芬恩描述教育体制对于工人阶级儿童的意义时所说:"在工人阶级家庭中,家庭内部的职责比到学校上学更为重要……学校是开始正式劳动之前的等待期,一旦找到合适的工作就会被放弃。"②因此,下层人民的家庭经济状况在客观上决定了他们对待子女教育问题的态度。

贫困儿童的教育对于父母来说,可能意味着两方面的经济损失,一是放弃子女通过劳动为家庭增加的额外收入,二是为子女接受教育支付一定数额的学费。在免费的义务教育制实施以前,贫困儿童的教育基本上是收费教育,这个情况增加了家长们对子女教育的抵制和不满。如果孩子们来上学的时候没有带上学费,可能会被老师拒之门外。1874年3月朴茨茅斯的肯特街学校校长写道,"我不得不让七名儿童回家去取学费"。这个做法招致了几个学生家长的反感,三个星期以后,这位校长补充道:"史密斯太太威胁要让她的儿子退学,因为他被送回家去取学费。"③在一些特别贫困的地区,送子女去上学对劳动者家庭来说可能是一项相当沉重的经济负担。这不仅涉及支付他们的学费,牺牲子女做工的潜在收入,还必须为他们置办衣服,尤其是鞋子,因为学校一般禁止学

---

① Marjorie Cruickshank, *Children and Industry*, p.97.
② D. Finn, *Training Without Jobs: New Deals and Broken Promises*, p.9.
③ Pamela Horn, *The Victorian Town Child*, p.87.

生赤脚到学校上学。① 但是,在那些家庭人口多,或收入低,或者家庭主要收入者生病或失业的情况下,父母们很难遵从学校的规定。在极端贫困的情况下,只要他们能够证明自己所说的情况是真实的,他们可以向校务委员会(或者在1876年以后向济贫官员)申请免交学费。但是申请免交学费的手续比较复杂,而且也被认为是非常丢脸的事情,许多人不愿意去申请。当然,有些贫困父母为了省掉这种麻烦,干脆不送子女上学。但是,在19世纪后期,这种做法轻则招致官方的警告,重则招致起诉。在朴茨茅斯的肯特大街、斯旺大街和格林罗等地区,四年的时间里因为这个问题被起诉的案例总数翻了一倍,从1876年的133起增加到了1879年的271例。② 在1876年的133起诉讼案中,一百个家庭的父母职业有记载,其中30%是半技术工人,40%是非技术工人。③ 芬斯伯里有一位家长曾经因为子女的缺勤而被传唤53次,很显然是屡教不改。④

正因为存在着这样的客观现实,当政治家、教育改革家和宗教人士在19世纪中期对于给予贫民子女什么样的教育问题展开狂热争论时,在这一场风暴的中心地带,大部分贫困儿童的父母却非常平静。⑤ 身为教育督导的特里门希里也认为,很难让没有受过教育的父母理解教育的价值,让他们知道适当的教育对他们是有利的。当这种教育不仅要牺牲这些儿童的工资收入,而且要父母支付学费时,更难说服这些父母们。⑥ 历史学家文森特(David Vincent)通过对19世纪英国工人阶级传记的研究,也揭示

---

① Christine M. Heward, "Compulsion, Work and Family: a Case Study from Nineteenth-Century Birmingham", in Ronald K. Goodenow and William E. Marsden, eds., *The City and Education in Four Nations*, Cambridge: Cambridge University Press, 1992, p.150.
② David Rubinstein, *School Attendance in London*, pp.48 – 49.
③ Pamela Horn, *The Victorian Town Child*, p.88.
④ Pamela Horn, *The Victorian Town Child*, p.89.
⑤ James Murphy, *Church, State and Schools in Britain*, p.7.
⑥ Eric Hopkins, *Childhood Transformed*, p.141.

出"教育服从于家庭经济需求的总体认识"①。

尽管家庭经济状况客观上决定了父母们对于子女教育的态度,但是不同的父母对于子女教育的不同认识也在一定程度上影响着贫困儿童的教育水平。

有一些父母,尤其是父亲身为技术工人、家庭生活水平较高的家庭的父母,对教育比较重视。1851年创刊的《燧石玻璃工人杂志》②在卷首语中如此劝诫工人们:"不要去酗酒,去获取智慧……去获取知识!只有获取知识,你才会拥有力量。"③身为技术工人的工程师托马斯·赖特(Thomas Wright)在1871年也宣称,"没有人比受过教育的工人更加不耐烦地蔑视那些没有受过教育的工人"④。技术工人不仅让他们的子女正常上学,而且经常让他们在学校里一直上到十三四岁。⑤

但是,这样的技术工人阶层毕竟还是少数,对于大多数的普通工人来说,生存是家庭首要考虑的因素。因此,儿童一旦有能力去挣哪怕一个便士,马上就会被送出去工作。即便他们确实去上学了,父母也会要求老师"尽快结束对他们的教育",也就是说,应该尽快结束儿童最基本的三R教育,好让他们尽早离开学校去工作。⑥ 在19世纪中叶,对教育漠视或强烈反对的父母人数仍然非常可观。在工业地区,尤其是在黑乡,人们认为教育是与普通工人毫不相关的事情。因此,那里的儿童在体力允许的情况下必须去工作,让他们待在家中是鼓励懒惰,并使他们成为傻子。有些人甚至认为,人生的成功并不需要教育。在黑乡有一句著名的俗语,"到矿井中

---

① D. Vincent, *Bread, Knowledge and Freedom: A Study of Nineteenth-Century Working Class Autobiography*, p.94.
② 燧石玻璃工人是地位比较高的技术工人阶层。
③ Eric Hopkins, *Childhood Transformed*, p.141.
④ David Rubinstein, *School Attendance in London, 1870-1904: A Social History*, 1969, p.12.
⑤ Pamela Horn, *The Victorian Town Child*, p.72.
⑥ Eric Hopkins, *Childhood Transformed*, p.141.

工作的父亲发了财,到学校读书的儿子成了穷光蛋"①。正因为如此,这些地区下层人民的子女接受的正规教育很少,而且在很小的年龄就离开了学校。

伯内特(John Burnett)在对工人阶级的传记进行研究时也发现,"许多工人阶级父母对于子女的教育几乎没有兴趣"②。在一个金钱意识浓厚的世界中,收入比学习更重要,读书被看作浪费时间。有些父母公开反对子女读书。兰恩的家庭就是如此,他们生活在维多利亚后期的伦敦小巷中,家庭非常贫困,父母都不识字,他们不准书籍或报纸进入家门,可能是因为他们担心这些会对他们的权威形成挑战。③ 传记作者乔治·格雷戈里(George Gregory)的文盲父母所表达的观点代表了下层民众对于子女教育的普遍观念:"书本不是为我们准备的。"正因为这类原因,另一位传记作者明妮·弗里斯比(Minnie Frisby)12岁的时候被迫退学。当时她已经是一名导生,她很想成为一名教师;但是她的父母希望她去工作,他们告诉她,"上学不是劳动"。这种态度与19世纪60年代在斯拉普斯顿的全国协会学校中上学的阿尔弗雷德·艾尔森(Alfred Ireson)所表达的观点比较类似:"人们对教育并不是很重视。只要你喜欢,你可以上学;只要你喜欢,你也可以工作。童工是受到鼓励的。"④有些父母即使送子女上学,也仅止于让他们掌握最简单的阅读技能,有些甚至只是为了让子女尽早获得劳动的资格。因此,许多儿童在学校里上学的时间非常短,而且在这个短暂的时期内,上学也是三天打鱼两天晒网。19世纪五六十年代在政府资助和督导的学校中,读书的儿童中大约有五分之二只在一所学校中待不到一年

---

① Eric Hopkins, *Childhood Transformed*, p.142.
② John Burnett, *Destiny Obscure*, p.155.
③ Paul Thompson, "Voices from Within", in H. J. Dyos and Michael Wolff, eds., *The Victorian City*, Vol.1, 1973, p.73.
④ John Burnett, *Destiny Obscure*, p.156.

的时间。① 在 60 年代早期,调查大众教育状况的王室委员会的一名助理委员总结了这种普遍情况,他承认,几乎不可能"准确地说出儿童们'通常'会在学校待多长时间":

> 对于孩子接受什么样的教育以及孩子在学校中应该待多长时间,在父母当中,似乎没有能够让他们认可的习惯性标准。一个孩子被家长带走……并不是因为他已经在学校中上了很长时间学,或是已经知道了很多东西,而是因为他已经到了去工作的年龄了。②

当然,并不是所有的父母对于子女的教育问题都比较漠然,有些父母对教育的热情确实比较高。比如威尔·克鲁克斯(Will Crooks)的母亲借来杂志,在可能的情况下就鼓励子女读给她和邻居们听。"我大约十岁或十一岁的时候就开始读《休闲时间》和《安息日待在家里》,我妈妈和邻居们总是借来这些书,要求我们把这些故事读给他们听。"③伯内特教授认为:

> 父母对教育的热情,在城镇地区要比乡村高得多,英格兰北部要比南部高得多,条件较好的家庭要比贫困的家庭高得多。④

在兰开郡和约克郡交界处的托德莫顿,"体面的"工人阶级家庭"对于追求更好的自我发展有着强烈的欲望,而教育似乎就是一条通道"⑤。但热情最高的应该是威尔士的工人阶级,比如在朗达的托尼潘迪这个地方,艾贝尔·琼斯(Abel Jones)上了小学,接受了教育,后来成了一位学校督导:

> 没有多少钱的父母为了给予子女最好的教育,付出了艰辛的努力,讲起来仿佛一个奇幻故事。我的脑海中经常浮现这样一个事例,

---

① David Rubinstein, *School Attendance in London*, p.7.
② Pamela Horn, *The Victorian Town Child*, p.74.
③ George Haw, *From Workhouse to Westminster*, p.19.
④ John Burnett, *Destiny Obscure*, p.156.
⑤ John Burnett, *Destiny Obscure*, p.156.

有一个家庭有九个孩子，父亲的收入一年不超过 100 英镑。两个儿子成了矿业官员，后来生意很成功，另外一个生意也很好，第四个儿子进入了议会。五个女儿全部进了大学，获得了教师资格证书，都成了女教师。①

隐藏在这种教育热情背后的动机主要有两个，一是通过教育改善子女的就业前景，一是通过教育提升子女的社会地位。随着 19 世纪中后期工业社会的逐渐定型，社会对劳动者素质提出较以往更高的要求，贫困儿童在就业时面临的门槛越来越高。在工业化大生产最初阶段依靠文盲劳力和年幼劳动力而运作的工业也开始需要能够阅读告示和操作规范的成年工人来操作复杂的机器。这种变化从劳动力需求的角度刺激了部分贫困儿童父母尽可能改善子女的教育。因此，他们对待子女教育问题的价值观念也发生了变化。一方面，他们尽可能地为子女提供职业前景较好的教育，比如由于伦敦的"大北方"铁路公司以及西北地区铁路的主管拒绝录用不会读写的男孩子，结果在伦敦两条铁路的终点站周围区域，工人阶级父母尽可能地延长儿子在学校里的学习时间，为的是让他们获得在铁路公司谋职所必需的文化技能。② 与此同时，19 世纪中后期政府文官体制的发展也为下层民众子女社会地位的提升打开了一条通道，能够进入这个通道的唯一办法是接受良好的教育。③ 另一方面，贫困儿童的父母对于子女接受什么内容的教育更加挑剔。在维多利亚初期，大多数父母希望子女学会阅读，到了 19 世纪中叶，写字也被认为是很重要的内容，不能提供这些条件的学校开始不受欢迎。④ 上文论述女私塾时已经分析过下层民众之所以宁愿多花学费送子女到那些收费比公立学校更高的女私塾去上学的原因，

---

① Abel J. Jones, *From an Inspector's Bag*, 1944, pp.5 – 6. 转引自 John Burnett, *Destiny Obscure*, p.156.
② J. S. Hurt, *Elementary Schooling and the Working Class*, p.33.
③ Hugh Cunningham, *Children and Childhood in Western Society*, p.102.
④ J. S. Hurt, *Elementary Schooling and the Working Class*, pp.28 – 29.

其中之一就是女私塾能够提供他们想要的教育内容。关于这点，拉克尔的论述颇具启发意义，把我们的视角带入了工人阶级对教育的需求方面。他批评了教育史学家在论述19世纪英国教育史时总是忽略工人阶级的教育需求的研究倾向，指出，"在绝大多数工人阶级父母愿意把相当多的钱花在子女教育上的时候，能够满足他们需求的教育手段却很不完善"，正因为如此，许多父母不愿意送子女去宗教教育性质浓厚的公立学校上学，因为这些学校只提供最基本的三R教育，而且宗教教育始终是其根本原则。[①] 工人阶级父母对子女教育问题的这种倾向"刺激和拓展了公立学校的课程"，公立学校不得不提供比最初设想的要多得多的内容。"实际上，来自私立学校和英国协会学校的压力使得国教徒放弃了20年前不教写字的政策。同样的压力也对主日学校产生了影响。"[②]有很多证据可以说明，在下层人民中存在着对教育的需求，正如文森特所指出的，"教育远不是由外部机构强加于工人阶级团体的商品"[③]。18世纪中期，英格兰大约有70%—80%的学校教育是由私人提供的，到了1875年这个比例仍有四分之一之多。[④] 其中有些学校是直接根据父母的要求而建立起来的。戴维·洛夫（David Love）描述了他自己是如何在一些大村庄的人的劝说之下创办了一所教育他们子女的学校：

> 他们为我找到了一处较大的空房子，有点像谷仓，在屋子的尽头有一个壁炉。他们很快就在里面放上长凳和桌子，第一周我有20多个学生，以后每周都有所增加，直到40多个。但是我教一个学生阅读每周才挣一便士不到，教一个学生写字每周才挣三个半便士，因此我

[①] Thomas Laqueur, "Working-Class Demand and the Growth of English Elementary Education", in Lawrence Stone, *Schooling and Society*, p.197.
[②] Thomas Laqueur, "Working-Class Demand and the Growth of English Elementary Education", in Lawrence Stone, *Schooling and Society*, p.198.
[③] D. Vincent, *Bread, Knowledge and Freedom*, p.102.
[④] P. Gardner, *The Lost Elementary Schools of Victorian England*, p.76.

的工资非常少,收入很低。①

父母可以根据子女的学习内容进行付费,写字的学费要高于阅读。同样,父母也有一些控制权。他们可以而且也确实把子女从一个学校转移到另一个学校,他们比较偏向私人学校,而不太看好由教会或国家等当权者建立的学校。②

---

① D. Vincent, *Bread, Knowledge and Freedom*, p.103.
② T. W. Laqueur, "Working-Class Demand and the Growth of English Elementary Education, 1750-1850", pp.195-201; D. Vincent, *Bread, Knowledge and Freedom*, pp.100-103; P. McCann, "Popular Education, Socialization and Social Control: Spitalfields 1812-1824", in P. McCann, *Popular Education and Socialization in the Nineteenth Century*, pp.28-30.

二、内容:三R为主

1870年教育法比较耐人寻味的一点是,它对教育设施的重视到了事无巨细的程度,但是却对除了宗教教导之外的课程设置丝毫没有提及。之后通过的一系列教育法案也是如此,这似乎已经形成了一个传统,初等教育的课程设置和教学方法并不需要议会来决定,它是教育署来决定的事情。因此,"根据效果付薪制"延续了下来,三R也作为考核学校和学生的主要内容继续存在。但成也萧何,败也萧何。"根据效果付薪制"日益不得人心,最终迅速走向消亡。

1862年罗伯特·罗伊的修正法典颁布以后,接受政府资助的学校主要教授的课程集中在三R方面,即阅读、写字和算术。三R是"根据效果付薪制"所要考查的主要内容,学校能够获得多少资助取决于学生们在这三方面的考试成绩。"当我们小男生注意到我们功课中的一些有意思的特征正在消失以及我们列队欢迎督导来对我们进行严格的三R考试的时候,我们知道变化已经发生了。"这是当时的学生对修正法典的一个回忆。这个模式从19世纪60年代开始一直延续到了19世纪末,对于英国教育的影响深远,对于接受这种教育的儿童来说,它的影响也非常深刻。到了19世纪七八十年代,上学仍然"很辛苦,这是不可否认的……准备这些考试,主要是机械性地死记硬背,仍然在实际中操纵着老师和学生"①。这种状况引起了当时一些有识之士的不满和批评。科学教育家里昂·普莱费尔在 1870 年就曾对工人阶级的教育进行过评论:"这是什么样的生存斗争工具啊!"低劣的教育水平正"使得这片土地变成贫瘠的荒原。这是我们生活于其中并且吹嘘其文明程度的时代耻辱"。艺术家约翰·拉斯金在六年以后也感慨道:

> 我同情那些不幸的公立小学的学生们,他们被关在梦想和诗歌世界之外,过早地在法典和规矩的约束下变得麻木而庸俗,就这样虚度了光阴,人生就像一个还来不及讲述的故事。②

但是 19 世纪末的儿童仍然比 60 年代的儿童要幸运得多,因为在 19 世纪最后 30 年的时间里,三 R 教育虽然还是学生们学习和考核的主要课程,但远不及 60 年代那么严苛,学校课程的设置开始变得更为自由和宽松。

1871 年教育部签发了"新法典",在三 R 之外为不超过两门的特殊科目(special subjects)提供补助。这样,学校课程有了一个新的发展趋向。根据该法典的规定,六个等级中比较高的三个等级的学生可以学习特殊课程,在年度考试的时候每人可以报考两门这样的特殊课程。③ 每通过一门考试,政府将给予 3 先令的资助。这些科目包括地理、历史、几何、代数、自然科学、政治经济学、语言,"或者任何明确地根据教育计划按部就班讲授的科目"。在 70 年代只有大约 2%—3% 的学生能通过特殊科目的考试。④

1871 年的新法典改革力度并不太大,第一个真正的突破是在 1875 年。1875 年的法典采用了"班级科目"(class subjects)这个考核方法,根据以班级为单位的熟练程度(而不是根据个别学生的考试成绩)将政府的

---

① G. A. Christian, *English Education from Within*, Gandy, 1922, pp.9, 33.
② T. Raymont, *A History of the Education of Young Children*, pp.247-248.
③ H. C. Dent, *1870-1970: Century of Growth in English Education*, p.18.
④ John Lawson and Harold Silver, *A Social History of Education in England*, pp.328-329.

补助发给学校,学校必须对校内所有 1 级以上的儿童教授班级科目。1882 年的法典对此进行了完善,枢密院委员会的副主席,自由党人士芒代拉(A. J. Mundella)在原有的六个等级年度考试的基础上增加了一个七级考试;同时还把学校分成"合格""良好"和"优秀"三类,每一类的资助水平有所差别;①获得"良好",每门课程可获得 4 先令一人的资助;"合格"为 2 先令。② 该法典还拓宽了班级科目的范围,鼓励学校设立图书馆和储蓄银行等。

值得注意的是,在特殊科目的资助上升到 4 先令的时候,三 R 的资助却降低到了 3 至 4 先令③——这是课程重心发生转移的一个显著标志。到了 1896 年,强制考核的科目除了三 R 之外,还有女孩子的针线活、高年级男生的绘画和一个班级科目。这些科目成了所有学生必须学习的必修课。除了这些必修课之外,孩子们还可以学习诸如唱歌、背诵、绘画、英语、地理、科学、历史和家庭经济等班级科目。在威尔士,威尔士语也是一个可供选择的班级科目。另外,孩子们还可以学习一些特殊的科目,如机械、化学、物理、动物生理学、农学、航海学、语言和速记;女孩子可以学习烹饪、洗衣和乳制品制作,男孩子可以学习园艺。④ 当然,这些班级科目和特殊科目都有一定的局限性,往往都是根据所在学校教师自己的兴趣爱好来确定一两门。用一位 19 世纪 80 年代后期接受这种教育的年轻人的话来说,"阅读、写字和算术是基础,历史、地理、音乐和艺术是装饰"⑤。有时,在一些条件不太具备的学校中,这种装饰甚至被完全省略了。1900 年左右,在蒂普顿的毛德·克拉克学校中,女孩子们不学习历史或地理,但是学习烹饪、缝纫和家务,因为这些内容被认为是与她们相关而且实用的知识,"我

---

① John Lawson and Harold Silver, *A Social History of Education in England*, p.329.
② H. C. Dent, *1870 – 1970: Century of Growth in English Education*, p.18.
③ H. C. Dent, *1870 – 1970: Century of Growth in English Education*, p.18.
④ John Lawson and Harold Silver, *A Social History of Education in England*, pp.330 – 331.
⑤ Pamela Horn, *The Victorian Town Child*, p.76.

们被培训成未来的家庭主妇和母亲"①。

可以看出,尽管19世纪后期的课程设置有了很大的拓展,突破了三R的狭窄范围,但是拓展后的科目在很大程度上保留了"职业训练"的特征,各种手工劳动教育在19世纪最后20年中获得了巨大的发展,英语、历史、地理、科学等所谓"装饰性"的课程(即我们今天意义上的素质拓展课程)即使存在也非常有限。那时的课程设置仍没有摆脱为贫困儿童提供最基本的知识教育和最迫切需要的技能教育的框架,这是为确定中上等阶层和下层民众之间界限分明的社会地位做准备的。1889年一位小学校长写道:

> 我很清楚,即便现在人们对于小学教师应该传授的教育含量仍有着完全不同的观念。有些人似乎永远害怕穷人的教育会让他们超出他们固有的生活地位。②

中上等阶层并不打算为下层民众提供能够让他们超出其应有生活地位的教育,这不能不算是19世纪英国小学教育的一个缺憾。

1870年教育法在向下层民众的子女拓展初等教育方面迈出了重要的一步,在此后的30年中,每一个英国儿童,不论贵贱,都获得了接受初等教育的机会。在校务委员会和民办团体的共同努力之下,小学遍布全国;义务教育制的实施使得父母送子女入学成为法律强制的义务,1891年开始实行的免费教育从根本上去除了贫困儿童不能入学的经济原因。从此,每一个英国儿童都能接受初等教育不再是一种梦想。

---

① John Burnett, *Destiny Obscure*, p.158; David Wardle, *Education and Society in Nineteenth-Century Nottingham*, p.91 中评价道,到1880年"能够说学校的课程表内容不太狭窄仍有很长的路要走"。
② A. Park, *The Higher Education of the Elementary Teachers*, Manchester, 1889, p.6.

三、出勤:上学是义务

在19世纪最后30年中,对于贫困儿童来说,教育设施的完善和普及使得他们的就学机会大大的增加,即便是地处最偏远和最贫困区域的最贫困的儿童都有了接受教育的机会。但是,教育设施的增加只是为他们接受教育提供了一种可能。对于许多生活在赤贫边缘的儿童和他们的家庭来说,上学是排列在生存之后的第二位选择,在生存都无法保障的情况下,许多儿童和他们的父母仍然选择放弃。

在1870年教育法通过之后的几年中,更多的学校建立起来,但是它们却面临着学生经常缺勤甚至不入学的困扰。据汉密尔顿对1870—1882年间的学生入学情况的统计,1876年前的入学率始终维持在67%左右,1876年以后随着各地校务委员会对学生出勤(school attendance)的要求越来越严,入学率有所增加,但1882年也才达到72%。

表10-4 1870—1882年间学生入学率统计[①]

年份	入学总人数/万人	注册总人数/万人	平均入学率/%
1870	115.2	169.3	67.5

---

① Rowland Hamilton, "Education in England and Wales before and after the Elementary Education Act of 1870", *Journal of Statistical Society of London*, 46, 2 (1883), p.326.

续 表

年份	入学总人数/万人	注册总人数/万人	平均入学率/%
1872	133.6	196.9	67.8
1873	148.2	221.9	66.8
1874	167.9	249.8	67.2
1875	183.7	274.4	67.0
1876	198.5	294.4	67.4
1877	215.1	315.5	68.2
1878	240.5	349.6	68.8
1879	259.5	371.1	69.9
1880	275.1	389.6	70.6
1881	286.4	404.5	70.8
1882	301.5	419.0	72.0

1891年8月对各个教会团体以及校务委员会学校在教育法通过之后的办学成就的最新调查数据显示,22年间,尽管学校数量在增加,招收的学生人数也在增加,但是学校的出勤率却没有显著增加,具体数据见下表。

表10-5 1870—1891年各类学校招收学生及出勤人数[①]

学校类型	截至1870年8月31日			截至1891年8月31日		
	学额/人	出勤人数/人	出勤率	学额/人	出勤人数/人	出勤率
国教学校	1 365 080	844 334	61.9%	2 670 529	1 677 123	62.8%
英国协会、卫理公会等教派学校	411 948	241 989	58.7%	628 893	386 206	61.4%
罗马天主教学校	101 556	66 066	65.1%	348 383	195 056	56%
公立学校	—	—	—	1 980 396	1 491 571	75.3%
合计	1 878 584	1 152 389	61.3%	5 628 201	3 749 956	66.6%

① 本表中的学额和出勤人数数据来源:*Educational Work of the Church,Since the Passing of the Education Act(1870)*,pp.1-2。出勤率是根据原文中的数据计算而得。

可以看出，1870年在公立学校还没有出现的情况下，教会团体办学的出勤率平均在61.3%，22年后这个数据也没有大的变化，除去公立学校的数据，教会团体办学的平均出勤率仍维持在61.9%左右。其中国教和新教学校的出勤率略有增加，分别从1870年的61.9%和58.7%增加到1891年的62.8%和61.4%，罗马天主教会学校的出勤率甚至出现了较大幅度的下降。相比之下，校务委员会公立学校的出勤率要高得多，达到了75.3%，即便如此，仍有四分之一的学龄儿童缺勤或逃学。

在有些地区，缺勤情况比较严重。根据肯特和苏塞克斯地区的督导阿灵顿牧师的说法：

> 一所有121名儿童的学校一年上课420次。只有3个儿童来上了400次以上，不到34人来上了300次……还有什么比这样的零零碎碎的教育状况更令人泄气？这样的时断时续如何才能灌输守纪的习惯？①

贫困儿童的逃学或者缺勤主要有两方面的原因。一是无力支付学费，哪怕这种学费低廉到只有一两个便士的程度。坎伯兰郡和威斯特摩兰郡的督导也发现赤贫家庭的父母真的很难支付子女的学费：

> 城镇的校务委员会无疑在这方面遇到了很大的困难。在去年对卡莱尔的视察中，我发现贫儿班来上学的学生很少，很难想象怎样才能让他们来上学。②

第二个原因是许多父母无法放弃子女的劳动。朴茨茅斯的慈善女校校长在1871年2月写道：

---

① *Reports of the Committee of Council for Education* (England and Wales)，1876-1877，p.391.转引自 Eric Hopkins，*Childhood Transformed*，p.239.
② Eric Hopkins，*Childhood Transformed*，p.239.

沃思又旷课了,派人去找她妈妈,她妈妈却说必须把女儿留在家里照看小宝宝,因为小宝宝的脾气特别暴躁,而且说,如果她不能在需要的时候把女儿叫回家,她就不让女儿在这儿上学了,把她送到另一所学校去。

她还加了一句,"艾玛·斯科特由于母亲外出,竟然把小宝宝带到了学校——我们把她送回家了"。另一个女孩获准在母亲被监禁时暂时请假,但是她却一直旷课。当学校最终派人去叫她回校时,她的回话是她不能来上学,因为她"必须照看小店"①。

频繁的缺勤或逃学不仅严重干扰了教学秩序,影响了贫困儿童的实际受教育水平,而且也是对教育资源的浪费。鉴于此,许多校务委员会不得不动用1870年教育法赋予的"便宜行事权",制定了关于义务教育的地方法规。1876年,这种地方上的义务教育制获得了中央政府的认可。1876年的桑顿教育法禁止10岁以下的儿童从事任何雇佣劳动,10—14岁的儿童只有在三R方面达到了修正法典所规定的四级熟练程度才能从事全职或兼职劳动,并且规定在校务委员会没有覆盖到的地区建立"出勤委员会",督促父母送子女入学。1880年的芒代拉法案要求所有校务委员会利用1870年教育法中的义务入学条款,中央政府最终把这种在地方上实行的义务教育制推广到全国,要求所有5—12岁的儿童必须义务入学,其中10—12岁的儿童可以根据其实际达到的教育水平或者已有的出勤情况获得部分或完全豁免,去从事半工半读劳动或者全职劳动。1893年,可以获得豁免的离校年龄提高到11岁,1899年又提到了12岁。② 1891年,英国政府又采取了一项重大举措,通过了索尔斯伯里教育法案,给予那些不收费的学校以额外补助,父母也有权为自己的子女争取免费的上学名额。从1870年到1891年,英国政府通过三次初等教育法案为社会下层民众子女创

---

① Pamela Horn, *The Victorian Town Child*, p.87.
② John Lawson and Harold Silver, *A Social History of Education in England*, pp.321-322.

立了免费的义务教育体制,一百年之后这个体制仍然是英国教育的基础。

1880年以后,对于那些顽固坚持不送子女入学的父母,校务委员会和出勤委员会有权采取一些特殊行动。在某些地区包括伦敦,最顽固的缺席者会被送到"逃学者学校(truant school)",那儿的氛围比较恶劣,目的是让正常出勤显得更加令人愉快。然而,最主要的施加压力的方法是任命出勤官员(经常被称为"校务委员会的人")和最终的法庭传票。① 单是在伦敦,因为缺勤而发出的传票从1889年的12 831张,迅速增加到1900年的28 836张。有时面对过于贫困的家庭,地方法官也会表示同情,难以狠心处罚,因为这会让贫困的家庭雪上加霜。② 即便有时真的对违法者施加罚款,这种罚款的数额也小到可笑的地步。1887年林肯郡的一位出勤官员宣布,"地方法官拿出传票根本没有用,因为他不愿意宣判他们有罪";1894年该地地方法官宣判的一笔罚款竟然是十年中的第一次。③

图10-1 伦敦校务委员会官员逮逃学学生,1871年

---

① John Lawson and Harold Silver, *A Social History of Education in England*, p.325.
② Hugh Cunningham, *Children and Childhood in Western Society*, p.105.
③ John Lawson and Harold Silver, *A Social History of Education in England*, p.326.

图 10-2 出勤官员对逃学儿童进行家访

我们很难对这些儿童及其父母所做出的选择进行对错的评判,但是从历史的发展角度以及贫困儿童自身的发展角度来说,19 世纪末政府通过法律的强制力量实行义务教育制,无疑对这部分儿童的童年生活产生了重大的影响,改变了他们的生活和命运。从 1870 年到 19 世纪末,在校务委员会和出勤委员会的不懈努力之下,义务教育取得了不错的进展。1869 年的曼彻斯特和索尔福德大约有 10 万名年龄在 3—12 岁的儿童,其中 5.5 万人在学校登记册有名字,3.8 万人能够保持正常出勤,出勤率大约为 69%,非常接近全国范围内的平均数字。1870 年,在接受政府资助的学校中,学生的出勤率为 68%,1900 年这个数字上升到了 82%。当伯明翰校务委员会在 19 世纪 70 年代初成立的时候,儿童们平均每周缺席四个半天;

30 年以后这个数字减少了一半。① 单纯的数字变化尽管不能完全说明出勤率状况的改善,而且也有可能遮蔽了教育质量上的差异,但是,只有更多的儿童进入学校,才会有更多的儿童能够从教育中受益。义务教育制的实行无疑通过外部强加的手段把更多的儿童纳入了国民教育体系之中,也通过法律的力量促成了贫困儿童生活重心向教育的倾斜。

---

① E. F. M. Maccarthy, *Thirty Years of Educational Work in Birmingham*, Birmingham, 1900, pp.6 - 7.

四、效果:校园体验与识字水平

19世纪后期,英国国民教育体系的形成和完善为英国儿童,尤其是贫困儿童提供了尽可能多的教育机会,将许多儿童从工厂车间或街道转移到学校的围墙之中,改变了他们的生活模式,提升了他们的文化水平,也改善了他们的未来发展前景。这是总体趋势,对于个体的儿童来说,国民教育体系的效果可能是因人而异的。

1. 快乐或不快乐的校园体验

综观19世纪前半期,人们会发现,教育者一直在感叹儿童们上学时间太短,有时有一年,有时只有几个星期或几个月。19世纪初,有许多儿童甚至根本没有机会上学,他们长大以后就是完全的文盲。对于当时许多儿童来说,学校是一种很陌生的事物,是一处令他们觉得有点高不可攀的地方,那儿的大人要求很高而且手中拿着藤条时刻威胁学生要对他们绝对服从,那些反应慢以及胆敢不服从的学生立马就会招致惩罚。因此,全日制学校在19世纪早期对于普通贫困儿童来说,基本上没有什么吸引力。即便到了19世纪后期,这种状况也没有太大的转变,学校总体上来说不是一个受孩子们欢迎的地方。

(1) 不快乐的经历

从现有的一些工人阶级传记可以看出,绝大多数儿童没有享受到教育的快乐。开始上学几乎总是伴随着焦虑有时甚至是受创伤的感受。许多儿童在经历了最初的恐惧之后能够安定下来,进入对枯燥乏味的学校生活的麻木忍耐过程中,他们在教室之外寻找伙伴,急切地期待假日的到来,盼望着解脱束缚的那一天早点到来;但也有相当多的儿童讨厌上学,甚至到了仇恨的地步,他们从来不调整自己去遵守纪律、集中精神上课。在许多人的描述中,一个反复出现的主题是对冷酷的教师、严厉的体罚和侮辱性的言语责骂的恐惧。① 在关于儿童心理和学习方法等更为开明的观念慢慢渗透进小学之前,"教育"对于许多儿童来说除了纪律、强制性掌握某些基本技能和记忆大量毫无关联的知识之外,没有什么其他意义。

在不快乐的学校生活中,许多儿童对学校和教师产生的是厌恶和恐惧的情绪体验。一位名叫泰特的自传作者总结了这种复杂情感:

> 奇灵厄姆路小学不错……它的主要宗旨是不让我们去从事挣钱的劳动……学校的教育建立在纪律严明的基础上。阅读、写字和算术是最基本的内容,孩子们不停地接受反复灌输,直到他们掌握这些内容为止。我们经常被严厉地鞭笞,要是犯了非常严重的过错,校长就会用皮带来教训我们。②

哈里·多雷尔(Harry Dorrell)的自传也是这么描述的:

> 我五岁的时候开始上学。在焦虑之中,我就算不是一个星期一个星期地挨时间,也是在一天一天地挨着日子。对于一个淘气的男孩子来说,上学是一种威胁。开学那一天就是计算日子的开始……巨大

---

① John Burnett, *Destiny Obscure*, p.169.
② John Burnett, *Destiny Obscure*, p.152.

的、空空荡荡的大厅,陌生的、面色苍白的女教师,牢牢地嵌入了我对学校的认识中……一段时间以后,我想大约是一年左右吧,我成了一个被教化好的人,大部分时间带着恐惧之心急切而不情愿地晃荡着赶向学校。我学会了憎恨学校,但却把这种憎恨埋藏起来,直到我离开学校。对我而言,只有羞怯胆小的孩子才能理解这种像死亡般折磨人的痛苦的九年。①

对上学的这种恐惧和痛苦的经历常常因为上学第一天老师和其他同学不友好的态度而有所强化。在阿瑟·奥尔伍德(Arthur Allwood)上学的第一天,女教师就给了他这样一个"非常可怕的演讲",以至于他从学校逃跑了,到了晚上他的父亲才在离家三英里远的地方把他找到。②

学校生活最不吸引年幼儿童的地方在于其经常性的严厉体罚。无论是男孩子还是女孩子,不服从以及所有的严重错误都会招致体罚。许多老师会因为计算或写字的错误、作业的不整洁或者所谓的粗心大意而体罚学生,甚至会因为学生在学习中对老师布置的学习任务"没有努力"所导致的学习效果太慢而鞭笞学生。在自传中得出的印象是,大多数的教师几乎是机械性地没有任何恶意地鞭笞学生;教鞭是职务的象征,甚至不应该鞭笞学生的见习教师也会藏一根短树枝在他们的夹克衫袖子里。做过见习教师的斯宾塞(F. H. Spencer)说道,"各个等级的教师都有自己的教鞭,我们通常不是很残忍地使用这些教鞭,但经常是不加鉴别、不假思索地使用这些教鞭"③。

许多儿童对这种待遇的反应最初似乎是怨恨,继而是慢慢地适应和接受,甚至还会有点敬畏。爱德华·布朗的叙述反映了复杂的态度:

---

① John Burnett, *Destiny Obscure*, pp.152–153.
② John Burnett, *Destiny Obscure*, p.153.
③ F. H. Spencer, *An Inspector's Testament*, London, 1938, p.73.

> 我们的校长,詹姆斯·丘吉尔——我们男孩子叫他"吉米",是 19 世纪教师的典型标本。他的外貌令人生畏,浓密的黑色大胡子,上嘴唇刮得很干净,面容严峻。但所有这些多多少少是一种假象,其实他是一个正直而且能干的人,有点幽默……当他被激怒或者有人反对他的时候,他会非常固执而且一意孤行,他坚信教鞭的价值,因为在许多场合我自己也为此付出了代价。①

但是有些传记在描述女教师的时候提到了一种故意的残忍,有时甚至是病态的虐待。黛西·考珀(Daisy Cowper)回忆 90 年代在利物浦上学时的女教师:

> 她很丑:脖子和下巴下的皮肤又老又黄,布满了皱纹,令人恶心,她的眼睛白里带黄。她对自己丑陋的容貌无能为力,但是她可以对我们残忍和无情。在我听来,她所说的话语只剩下刺耳的粗暴的声音……学校中的大女孩成了她发泄病态本能的对象,她会像野兽般用教鞭打我们的手心,每只手一下,每一下都用尽手臂上的所有力气,重重地打得人要晕过去,我有时都害怕手腕会断掉……②

同样,爱米莉·利也写道:"我总是害怕老师。在幼儿部的三年中,只有一个老师似乎是真正喜欢孩子的。其余的似乎都把她们的时间用在谋划如何折磨我这个小脑袋上。"其他的自传作者的评价中,有人说"我太怕她了,以至于她所说的东西我都听不进",还有人说"她从来不微笑或大笑——老师从来不会和孩子们一起笑的"③。

过于严厉的体罚有时也会招致学生的反抗,有些年纪大的男孩子会因此反击教师。一位布里斯托尔工人的儿子就把他在学校中求学生活的失

---

① John Burnett, *Destiny Obscure*, p.153.
② John Burnett, *Destiny Obscure*, p.154.
③ John Burnett, *Destiny Obscure*, p.154.

败归咎于过分严苛的纪律：

> 我不能集中精力……那是因为对教师的恐惧,在他们当值的日子里,他们非常残忍……有一个身材魁梧的男人,有六英尺多高……有一天我坐在课桌旁,面前放了一本书,正在写老师让听写的东西。纸突然被我弄上了污迹,我手足无措。就在这时……我感到一只手猛地……打在我的耳朵上。有一分钟的时间我的耳朵听不见,但我从座位上站了起来,正好踢在了他的胫骨上。随后他把我送到校长那儿。但他再没有对我怎么样……只是严厉地训斥我。①

1880年,萨顿考特尼的乡村学校中,一个教师在一名年轻的见习教师的协助下负责一百名不守规矩的乡村儿童的教育,亨利·洛克记载道,"我曾经看见有学生在被鞭笞之后踢教师的腿并向他扔石板";雷金纳德·高沙尔记得男孩子们把老师锁在外面,因为他在忏悔星期二没有给他们放半天假,但是当这个老师最终进了教室之后,就用桉树枝抽打整个班级的学生。②

在许多引发学校生活不快乐的因素当中,有一个就是贫困儿童的衣着,他们通常穿着破烂的衣服、靴子或鞋子,这使得他们成为其他儿童欺凌的目标,偶尔也是老师讽刺挖苦的对象。乔治·罗尔斯(George Rowles)在自传中写道：

> 今天,当我已经84岁的时候,学校的铃声仍令我心中充满恐惧……即便在公办学校中,也有着社会等级的差别。我有低人一等的感觉大概是因为我的靴子和衣服不好,我的靴子是最便宜的平头钉子的那种,能穿得更久一些,我的衣服是由我母亲做的。③

---

① "Bristol People's Oral History Project", Transcript No.R. 003 at Bristol Local History Library.
② John Burnett, *Destiny Obscure*, p.154.
③ John Burnett, *Destiny Obscure*, p.155.

对于爱德华·布朗来说，他学生时代的阴影来自他的二手衣服，这些衣服是他母亲的雇主送给他的："它们使我感到极其羞辱。有一套衣服我到今天都还记得。它是有条纹的天鹅绒做的，金色的，做工很好，但它使我在一群穿着本色布衣服的同伴中显得很不协调……"①

即便像艾丽丝·福利（Alice Foley）这样能够避免被最严重的贫困袭击的人，也深刻地体会到因为贫困而无钱添置新校服的痛苦。艾丽丝从来没有新衣服，总是穿年长的姐姐的"旧衣服"：

> 我的校服与约瑟夫五颜六色的外套没什么区别，但是我衣服上的补丁很小心地隐藏在一件大的无袖裙下面。在一个倒霉的日子里，当我在学校操场上很开心地跳着旋转舞的时候，我的无袖裙高高地旋起……我的快乐生活突然之间因为……一群衣服很好的女孩子异口同声地嘲笑我罩衫上的补丁……而阴暗下来。无袖裙像舞台幕布一样落下了，一个沮丧的小女孩意识到自己和其他人不一样，偷偷地溜走了。②

贫困儿童对于学校的反感不仅在于学校纪律的严明、惩罚的严厉以及学校中的贫富差距所导致的屈辱感，还包括学校布置的大量家庭作业。在19世纪的学校中，"惩罚"和"家庭作业"成了学生们反对最强烈的两件事。这不仅因为他们很难在过分拥挤、嘈杂的家庭环境中完成作业，也因为他们在放学以后通常要做家务活或做些挣钱的事情。引人注目的是，1889年秋天，在好几个城镇的学生中爆发了罢课斗争，学生们反对最强烈的两件事分别是家庭作业和频繁使用鞭打的做法。罢课斗争从九月末开始，直到十月中旬才结束，波及苏格兰和英格兰的赫尔、利物浦、布里斯托尔、博尔顿、卡迪夫、斯旺西、伦敦以及其他主要城镇。每一个地方的单独斗争都没超过一整天的时间，但从总体来看，好几千儿童参加了这次斗争。他们

---

① John Burnett, *Destiny Obscure*, p.155.
② Alice Foley, *A Bolton Childhood*, p.32.

中有些人,就像卡迪夫的学生一样,在街上游行,举着临时准备的旗帜,呼吁那些没有参加斗争的学生们加入他们的行列。① 他们受到了新闻媒体的广泛关注,许多报纸赞同《西部时报》的悲观性结论,即"当非常小的孩子都起来反对当局时,社会已经处于很糟糕的状况了"②。但是,卡迪夫的《西方邮报》(Western Mail)所作的评论更具有现实意义,"斗争者的精神"很难经得住"父母拖鞋的揍打"③。《利物浦回声》(Liverpool Echo)的评论员文章非常准确地预言这场斗争将很快被老师和家长所阻止,也指出不必把

图10-3　1911年12月12日伦敦学生罢课,要求废止鞭打,增加半天假日④

---

① Tony Taylor,"As the Old Cocks Crow, the Young Ones Learn: the School Strikes of 1889 and the New Union Movement", *History of Education*, Vol.23, No.1 (1994), p.89.
② Pamela Horn, *The Victorian Town Child*, p.93.
③ Pamela Horn, *The Victorian Town Child*, p.93.
④ 图片来源:John Lawson and Harold Silver, *A Social History of Education in England*, p.380.

这场斗争太当回事,但是其目的需要引起重视:"书籍太多和书籍太少一样糟糕,家庭作业确实成了学生们抱怨最多的事情。正处于成长期的儿童的体质没有被充分考虑。许多孩子正承受着教育时间过长和家庭作业过多的负担,即便是成年人承受这样的负担也无法坚持一个月。"① 然而,这种同情态度只占少数,孩子们短暂的反抗所获甚微。它的重要性在于,它揭露了学生们对"严厉束缚他们的课程"的痛恨,以及对许多小学中强加在他们身上的严厉的纪律的痛恨。②

(2) 快乐的回忆

并非所有的19世纪贫困儿童都没有享受到学校生活带来的快乐,只是这种快乐的感受与不快乐的回忆相比,要少得多。当这种幸福真的发生的时候,一般都是和一位慈祥而又能干的教师联系在一起的,"他能够刺激孩子们的想象,丰富孩子们的情感,使他们对上课感兴趣,并且学得不错,而且能在学校中获得一些成功,如获奖、被任命为班长或者迅速升到高年级"③。对于19世纪90年代的威廉·贝尔彻(William Belcher)来说:

> 在邓斯库姆路高小的生活是一个连续获取知识的全景图……学校生活至少对我来说是收获有益教导的过程,完全达到了大学教育的程度。十岁的时候我们就在学十四岁孩子在中学学习的内容了。④

杰西·沙尔曼(Jessi Sharman)的回忆也是一个比较快乐的记忆,她是在诺里奇的科尔曼家族拥有和经营的卡洛学校(Carrow School)上学的,这所学校是为职工子女办的。在这里,每一个幼儿睡觉时都有一个大的床垫,而且还有像一些关于火山的"展示课","尽管在其他学校中经常使用教鞭

---

① Pamela Horn, *The Victorian Town Child*, p.94.
② Tony Taylor, "As the Old Cocks Crow, the Young Ones Learn", p.105.
③ John Burnett, *Destiny Obscure*, p.156.
④ John Burnett, *Destiny Obscure*, p.156.

(我是这么听说的),但在卡洛却从未使用过一根教鞭"。①

在贫困儿童对于学校生活的快乐回忆中,给他们留下最深印象的往往是主日学校。在某种程度上,去主日学校上学成为许多儿童在主日最重要的活动,而不仅仅是去接受教育。许多年轻人喜欢的是大城市主日学校中所提供的社交环境和娱乐设施,而且也从这些学校所传播的宗教信息中受益。对于年轻的制陶工人查尔斯·肖来讲,主日学校在他年幼的生活中具有非凡的价值和意义:

> 无论其他日子是什么样的天气,主日在我眼中似乎永远是阳光明媚的日子。它给予我一周中唯一一个快乐的早晨。那个早晨我会洗个澡,那是其他早晨没有时间做的事情。我的衣服破得无法穿上,但是我大姐在主日早晨总是帮我梳妆打扮,我的头发梳得很整齐,还搽了发油(有香味的发油),所以我身上总是有一股香味……主日学校……在我六岁到十岁的时间里对我产生了潜移默化的影响……主日为我的生活带来了甜美,并且使我摆脱了平时工作日的堕落影响。②

后来,肖成了一位卫理公会牧师。尽管大多数主日学校并没有像它们预期的那样起到鼓舞成年教众的作用,但它们确实传播了对大量工人阶级家庭很有吸引力的"体面"和"文雅"等价值观念。但是有些儿童实在太贫穷,连这种学校都上不了。杰克·拉尼根(Jack Lanigan)是索尔福德一位寡妇的儿子,他和弟弟就"因为从来没有一件像样的衣服"而不能去主日学校上学,为此他们非常难受:

> 如果你能去主日学校上学,你会被认为是优雅的人,但是我们只能在主日晚上去格拉弗大道贫民免费学校(Gravel Lane Ragged

---

① John Burnett, *Destiny Obscure*, p.157.
② Charles Shaw, *When I Was a Child*, pp.7-9.

School)上学。你们从来不会在主日见到我们这一对衣衫褴褛的孩子的……即使把我们两人的衣服加在一起,这一堆破布也凑不成一套衣服。①

对任何一件事情的评述都很难一概而论,贫困儿童对待教育的态度也是如此。尽管有许多儿童表达了对学校的不满和讨厌,也有不少儿童从学校教育中受益。出现这种态度差异的主要原因在于,19世纪人们对于贫困儿童的劳动和教育的总体观念仍然以劳动为主,教育并不是贫困儿童童年生活必需的构成部分,因此教育的重要性始终排在劳动之后的第二位,从家长到贫困儿童自身,这种认识左右着他们对待教育的态度。各个学校在质量和管理学生的制度上存在的差异,也在一定程度上影响着学校对学生的吸引力。当然,我们也不能否认,个体学生对于学习的兴趣和爱好的不同也导致他们对于学校生活的不同认识。1870年以后,大量贫困儿童第一次被纳入到初等教育体制之中。为了提高出勤率,许多校务委员会为那些正常出勤的学生提供奖励、证书和奖章,这也成为部分学生努力争取的目标。"当我一想起我在七年的时间里从来没有迟到或缺席一次,我对上学的感情就十分浓烈",沃尔特·索思盖特(Walter Southgate)在描述他于19世纪末在贝斯纳尔格林的莫勒姆街学校上学经历时写道:

> 每年我都得到一枚奖章,第七枚是"金质"奖章。在各种"标准"之间,为了获得"校旗"而保持较高的平均出勤率是一场非常艰苦的斗争,我想这是与政府的资助联系在一起的。我记得那次在街道上踢足球时……我……非常严重地伤到了膝盖骨……我托人将请假条送到了学校,结果是我们班的同学们安排了男生连续两周轮班背我到学校并送我回家,他们宁愿这样也不愿意班上的出勤记录受到影响。②

---

① John Burnett, *Destiny Obscure*, p.98; Pamela Horn, *The Victorian Town Child*, p.85.
② Walter Southgate, *That's the Way It Was*, p.56.

图 10-4　1897—1898 学年师生合影,学生们衣服上挂满了出勤奖章

2. 识字水平的提高

19 世纪最后 30 年中,国民教育体系的形成和完善、初等教育设施的增加以及小学学习内容的扩展,为贫困儿童识字水平的提升提供了非常难得的机遇。贫困儿童的识字水平也是对国家在教育问题上倾注大量人力、财力所获得的效果的一种检测。但是对识字水平进行考察确实是个非常复杂的问题,这不仅是因为数据的缺乏,也因为它的改善与否是众多因素共同作用的结果。从某种程度上讲,国家对教育问题的重视和投入只是为贫困儿童提供了外部的教育保障,为他们的识字水平提升提供了机会。但是,贫困儿童能否真正从中得益还取决于许多内部因素,如下层人民愿不

愿意送子女入学,贫困儿童在学校中能够学习多长时间以及他们自己对于教育的认同度等问题。只有外部环境和内部因素充分结合起来,贫困儿童的文化水平才有可能真正得到提升。

整个 19 世纪,英国贫困儿童的识字水平呈一个逐渐上升的态势,1870 年并不是识字水平变化的转折点,1870 年的教育法以及其后国家在教育问题上越来越主动的态度也不是促成大众识字水平提升的唯一因素,1870 年以前在民办教育机构的努力之下,大众的文化水平就已经达到了比较高的程度。

关于 18、19 世纪英国的识字水平状况,史学界观点并不一致。以劳伦斯·斯通(Lawrence Stone)和哈特维尔为一方,以斯科菲尔德(Schofield)、桑德森和尼古拉斯为另一方,形成了观点对峙的局面。① 他们的争论焦点主要是 1750—1800 年间识字率的增降趋势以及这种变化与工业化的关系问题。排除他们在论战中的观点差异,一个基本的事实仍然得到了大家的认同,那就是在 19 世纪初的时候,大众的识字水平已经达到了比较高的水平,增长的趋势是不容置疑的。萨金特在 1867 年发现,在一个 15 000 人的例子中,在 1799—1804 年间结婚的人当中有 54% 能够签名。② W. P. 贝克(W. P. Baker)对约克郡西区 17 个乡村教区和教堂自 1754 年以来的历史进行了研究,他发现,男子的识字率在 1801—1810 年间是 64%,自那以后稳定增长。③ 劳伦斯·斯通在萨金特和贝克的研究基础上,展开了自己的研究。他发现,在 1799—1804 和 1831—1837 年间,在他所研究的所有城镇中,民众识字率有了进一步的提高,只有北安普敦和哈利法克斯有所下降。对于整个英格兰和威尔士来说,斯通认为,识字率从 1775 年的 56% 上升到 1800 年的 65%,到 1840 年的 66%。④

---

① Michael Sanderson, *Education, Economic Change and Society in England*, p.17.
② W. L. Sargent, "On the Progress of Elementary Education", *Journal of the Royal Statistical Society*, 1867, p.91.
③ Michael Sanderson, *Education, Economic Change and Society in England*, p.11.
④ Michael Sanderson, *Education, Economic Change and Society in England*, pp.11-12.

对于1830—1870年间的大众识字水平,史学界一致认同增长的观点。桑德森认为,从19世纪前一二十年开始,大众的识字水平无疑开始稳定提升,但是地区之间不可避免地有所差异。[①] 文森特根据每次人口调查时总登记官的分类标准按照成年男子社会职业的不同计算出男子识字率的上升表(表10-6)。

文森特把第三等级——从事手工劳动的技术工人分成了六个类别,即传统手工行业、需要一定文化程度的行业以及工业革命期间的四个先锋部队:纺织工人、制陶工人、冶金工人以及矿工。从表中可以看出,不同社会等级的工人阶层在19世纪中后期都经历了识字率逐渐提升的过程,19世纪末工人阶级的男子已经基本上消除了文盲现象。但是,其中存在着行业与行业之间的速度差异。在1839年的时候,除掉少部分"有文化的"职业如印刷工人、铁路工人以及邮局工人之外,第三等级工人的平均识字率并不低,处在这个阶层顶端的是传统手工行业,他们虽然也一直有着少量的文盲,但是他们的识字状况与职员和官员阶层比较相似,而与直接受到工业化影响的其他群体不太相似。处于这个阶层最底端的是矿工,他们中有五分之四的人不能签名,甚至比非技术工人的识字水平还低。迟至70年代,传统工匠的识字率仍然是矿工的近两倍。很显然在整个19世纪,在工人阶级这个整体中识字水平仍存在着相当大的差异。对于工人阶级整体来说,40年代似乎出现了一个总体停滞的趋势。自40年代以后就一直处于增长的过程之中,但是增长的幅度各不一样。除了手工行业因为已经没有多少增长的空间之外,大多数部门都经历了相对停滞和迅速增长的时期。总体而言,起点越低,发展的空间就越大。纺织工人在50年代经历了大幅发展的过程,冶金工人在60年代也进入快速发展的过程,制陶工人在被落下来之后也在70年代奋起直追,剩下来的三个类别(矿工以及

---

① Michael Sanderson, *Education, Economic Change and Society in England*, p.18.

表 10-6 1839—1914 年间不同职业成年男子的识字率[①]

(单位：%)

社会等级	1	2	\\	3	\\	\\	\\	\\	4	5
职业	官员	职员	传统手工业行业	需要一定文化程度的行业	纺织工人	制陶工人	冶金工人	矿工	半技术工人	非技术工人
1839	100	90	87	100	63	58	53	21	58	27
1844—1849	96	91	83	89	58	50	60	20	62	31
1854—1859	96	91	85	93	70	56	61	30	66	41
1864—1869	100	90	85	100	85	61	79	47	71	51
1874—1879	100	96	90	100	84	78	75	47	79	56
1884—1889	100	96	94	98	93	88	88	70	92	71
1894—1899	100	98	99	100	86	100	100	88	97	86
1904—1909	100	100	99	100	100	97	100	97	99	97
1914	100	100	98	100	100	100	100	99	99	99

[①] David Vincent, *Literacy and Popular Culture: England 1750－1914*, Cambridge, 1989, p.97.

第四等级的半技术工人、第五等级的非技术工人)在80年代也都进入了快速增长的过程。半技术工人绝大多数都是从事非机械化的交通运输业的工人,在这十年中,13个百分点的增长使得他们最终和工匠站在了同一条水平线上。但是矿工和非技术工人仍有相当长的一段路要走。用最基本的阅读和写字的标准来衡量,正是这两个类别的工人充分展示了普及性义务教育的成果。如果我们从理论上给予学生15年时间让他们从学生长到结婚年龄,1870年教育法的影响可以集中地体现在1884—1889年以后的数据中。在短短的一代人时间里,矿工们实现了50个百分点的飞跃,非技术工人实现了41个百分点的飞跃。[①]

无独有偶,波特通过对英格兰和威尔士每十年一次的识字率统计数字(不分职业)的分析也得出了和文森特相似的结论。波特按照性别分别统计了自1841年到1900年间的男女识字率的数字以及每十年中的净增比率,见表10-7。

表 10-7 1841—1900年男女识字率[②]

(单位:%)

年份	男子		女子	
	识字率	净增率	识字率	净增率
1841	67.3	—	51.1	—
1851	69.3	2.0	54.8	3.7
1861	75.4	6.1	65.3	10.5
1871	80.6	5.2	73.2	7.9
1881	86.5	5.9	82.3	9.1
1891	93.6	7.1	92.7	10.4
1900	97.2	3.6	96.8	4.1

---

① David Vincent, *Literacy and Popular Culture*, pp.96-97.
② G. R. Porter, *The Progress of the Nation*, p.147.

从这个表格中可以看出，自 1841 年开始一直到 1900 年，男女的识字率都处于稳定增长过程中，而且到了 19 世纪末的时候，男女的识字率都达到了比较高的程度（接近 97%）。但是，从文森特和波特的数据中，我们不仅能够看出 19 世纪大众识字率处于稳定增长这样的总体趋势，而且还有两个非常重要的特征需要特别注意。第一，二人的数据都表明了在 1870 年初等教育法颁布以前大众的识字率就已经处在稳定的增长过程之中。在文森特根据行业统计的数据中，1870 年前除了制陶工人的识字率只有 3% 的增长之外，其他行业工人（纺织工人、冶金工人、矿工、半技术工人以及非技术工人）的识字率都有了 13%—26% 的增长；而在波特的数据中，在 1871 年以前的 30 年中，男女的识字率分别增长了 13.3% 和 22.1%。因此，从中能够得出的结论就是，促成大众识字水平提升的并不仅仅是福斯特的初等教育法，识字率提升的趋势在福斯特法案通过以前的 20 多年中就已经存在了。用唐纳德·里德的话来讲，"到 19 世纪中期，英国工人阶级中有至少三分之二到四分之三的人可以流畅地阅读，男人的识字水平可能要高于女人，在北部和中部地区的制造业城镇中阅读水平最低"[1]。沃尔文曾一针见血地指出：

> 很显然，1870 年教育法之后的教育体制并没有造就多少大众文化，它不过是建立于已经存在的基础之上，提高了原有的文化程度和质量。英国到今天依然残存的文盲现象应该会让我们不至于对 19 世纪后期的文化水平形成过分乐观的总体性评价。[2]

这也是我不愿意以 1870 年为界来论述下层人民的识字水平的一个主要原因。第二，尽管 1870 年教育法并不是促成大众识字水平提升的主要因素，

---

[1] D. Read, *England, 1868 - 1914: the Age of Urban Democracy*, London: Addison-Wesley Longman Ltd., 1979, p.89.
[2] James Walvin, *A Child's World*, p.120.

但是这绝不是说 1870 年教育法对于 19 世纪下层民众识字水平的提升没有效果。从文森特的数据中可以看出，在 1870 年教育法颁布以前，矿工和非技术工人识字率最低，大约在 50% 左右，之前的 30 年时间里他们的识字率增长速度也比较缓慢。但是在 1870 年以后的三十年中尤其是在 19 世纪最后的 15 年时间里，他们的识字率经历了快速增长的过程，到 1899 年大约在 87% 左右。如果以 1865 年左右出生的儿童来计算，他们接受教育应该是在 70 年代，而他们的识字水平反映在结婚登记的数据上应该是在 80 年代末 90 年代初。因此 80 年代末 90 年代初这两个行业识字率的迅速增长恰好反映了 1870 年教育法通过之后教育设施得到改善的真实情况。用奥尔蒂克（Richard Altick）的话来讲，福斯特法案做的是教育的"扫尾工作"，那些居住在贫民窟或者偏远的乡村地区的非常贫困的儿童也学会了阅读。[1] 正因为在 19 世纪最后 30 年教育设施全面普及，尤其是覆盖了以往民办教育无法触及的阶层和地区，才使得大众的识字水平在 19 世纪末达到了比较高的水平。从一定程度来讲，福斯特法案虽没有显著加快识字水平的普及，但是它确实做到了保证 1851—1871 年间已经提高的识字水平能够得到维持。"如果国家没有在这个时候的干预，识字水平的进展很有可能在 19 世纪最后 25 年中出现大幅度的减慢，其原因就在于，当时的文盲集中在民办教育体制很难提供教育的阶层和地区。"[2]因此，19 世纪最后几十年中识字能力的进步与就学名额的增加有关，同样也与出勤状况的改善以及学校生涯的变长有关。在乡村地区，在以前没有学校的地方，校务委员会创办了学校。在城镇，最能体会到 1870 年教育法和随后的系列法案效果的就是最贫困的阶层。1887 年贫民免费学校联盟主席在被问及贫民免费主日学校的状况时说道，"教育法的效果非常显著。教育法颁布

---

[1] Richard D. Altick, *The English Common Reader: A Social History of the Mass Reading Public 1800 - 1900*, p.172.
[2] Richard D. Altick, *The English Common Reader*, p.172.

以前,来我们贫民免费学校上学的不识字儿童的数目非常大。现在几乎每个儿童都能阅读圣经或者圣约书"。他认为贫民免费学校的儿童能够"在大多数时间里勤奋地阅读"①。

根据结婚登记时的签名情况来判断识字率,有一点需要加以特别注意:结婚登记簿上的签名并不能准确地告诉我们这些人除了能签自己的名字外还能写多少字,我们也不能明确地判定他们到底能阅读多少东西。因此,桑德森认为:

> 结婚登记簿上的签名能够准确告诉我们的只有一个信息:如果某人在这种特殊场合下都不能签名,我们可以断定他肯定根本不会写字。这样的人绝对称不上有文化。实际上,结婚登记签名准确地反映了文盲率。为了方便起见,我们所说的识字实际上百分百地反映了文盲率的最低程度。相应地,我们应该清楚,即使那些被断定为识字的人,也包含了非常不明确的低文化水平。②

一些童工调查委员会在对一些童工进行面试时也发现,这些儿童在开始工作之前教育水平低得可怜。1863年童工调查委员会调查时,一位八岁的孩子与他的父亲(在伯明翰黄铜铸件车间工作)一起接受了面试,他自称在开始工作之前在一所日校中学习了12个月。但是当人们要求他说出字母表中的字母时,他却说不出来。十二岁的威廉·霍默也在一个较大的黄铜铸造厂工作,他从四岁到九岁曾经上过一家日校,但是当人们要求他读出一些简单的单词时,他却把"for"读成了"of"。他的总体文化水平也一样可怜:"女王是威尔士国王,是亚历山德拉王子"(这个孩子用的原文是Prince Alexandra,Alexandra是女性名,Prince是王室男性尊称,很显然这里是Princess的误用)。显而易见,这样的孩子从他们所接受的微乎其微

---

① John Lawson and Harold Silver,*A Social History of Education in England*,p.325.
② Michael Sanderson,*Education*,*Economic Change and Society in England*,p.10.

的教育中几乎没有受益。组织这次面试的助理委员也被眼前的无知状态所震惊:

> 鉴于……我们所检查的伯明翰世俗教育和宗教教育在设施上比较充足,包括了主日学校、日校以及夜校、图书馆等等……这些证据揭示出如此低的教育水平或者说相当无知的状态就不是让人有一点惊讶的问题了……如果我们认为上帝、圣经、救世主、基督教徒……是大多数人完全不了解的观念,这并不夸张。"我曾经听说过(基督),但是我不知道它是什么。"……天堂只是在"很多年以前父亲去世的时候,妈妈说他去那儿了"才听说过……对一个大工厂中 7 到 16 岁之间的 80 名女孩子的分析可以说明一些问题……她们中 72.5% 承认自己不会阅读,13.75% 实际上不会阅读,12.5% 可以读一点点,剩下的 1.25%,也就是只有一个女孩可以很流利地阅读。①

大多数年轻工人接受的微乎其微的教育是这个令人沮丧的记录的原因,但即便一些承认自己上学时间相对较长的儿童学到的知识也很有限。正是因为这个原因,奥尔蒂克对 1900 年识字率将近 97% 的情况进行了特别说明:

> 不能把 1900 年识字率将近 97% 的事实错误地理解为那一年全国已经接近完全识字的水平了。这个数据仅仅意味着,在那一年结婚的年轻人(**大多数的年龄介于 16 和 25 岁之间**)有 97% 的人能够在结婚登记的时候自己签名。但是这部分人只是总人口中的一小部分,与他们共同生活的年长的男男女女们在他们自己结婚的时候已经进入了

---

① "Third Report of the Children's Employment Commission", *Parliamentary Papers*, 1864, Vol. 22, Report by Mr J. E. White upon the Metal Manufactures of the Birmingham District, pp.65, 66, 60-61.

"文盲"的行列中,而在此期间他们的状况很有可能没有发生变化。①因此,结婚登记时的签名给我们提供的识字水平方面的信息也是非常有限的,它所涉及的人群也是很小的一个群体,我们除了能断定这个群体不是文盲之外,其实所知无几。

除了结婚登记簿上的签名之外,能够为我们了解下层民众识字水平提供另一个线索的是针对下层民众的廉价出版物。19世纪后期出版和印刷行业是经济增长的新的主要领域,廉价的出版物和流通范围非常广的报纸开始大量出现。它们在这个时候把连续发生的技术革新和满足全国人民对于印刷品世界的迫切需求结合在一起②,因而出现了繁荣局面。人们发现在"街道后面阴暗的小商店中,它们和廉价的烟草堆放在一起……在只有上帝知道的庭院和小巷中,这样的廉价出版物不断生产出来,然后被高高地堆在柜台上,但是只有几天的时间(就被售卖一空)"③。一些印刷商为了利润也加入这个行列。阿尔弗雷德·哈姆斯沃斯,即后来的诺思克利夫勋爵(Lord Northcliffe),在当时印刷业反应比较迟钝的背景下创办了《每日邮报》,他安装了轮转印刷机,为了吸引广告收入,他史无前例地利用电报作为消息的来源,并出版了价值半便士的报纸,刊载一些简短的标题文章和生动的新闻消息。④ 从19世纪末开始,报纸的流通量达到了百万份。在出版业方面,精明的出版商也把目光投向了年轻人群体,出版了大量专门针对年轻人的出版物。这类出版物品种丰富,从昂贵的说教性著作——通常具有鲜明的教派特征或宗教性质——到廉价但通常低俗的连环画和惊险小说,品种繁多。但是装帧比较精美的出版物价格通常也非常高,远非家境并不富裕的人能够企及。贫困儿童更喜欢在廉价的连环画和

---

① Richard D. Altick, *The English Common Reader*, p.172, note 83.
② James Walvin, *A Child's World*, p.120.
③ John Lawson and Harold Silver, *A Social History of Education in England*, p.326.
④ John Lawson and Harold Silver, *A Social History of Education in England*, p.326.

杂志中寻找快乐,"这些出版物非常成功,但却是社会阶层较高的人所深恶痛绝的"①。

出版业和印刷业的繁荣,尤其是针对下层民众的廉价出版物和印刷品的繁荣,不仅说明了当时社会已经出现对这些大众化读物的强烈需求,而且也确凿地证明了下层民众的识字水平在19世纪末有了较大的提高。著名历史学家屈维廉在《英国社会史》中一段关于大众识字水平的论述曾经遭到奥尔蒂克的批评。屈维廉认为,义务教育

> 创造了一个数量非常巨大的能够阅读,但却不能判别什么东西值得阅读的人群,对于耸人听闻的廉价读物,他们很容易养成猎奇的阅读习惯。因此,文学作品和杂志的质量在很大程度上从1870年开始降低,因为它们现在关心的是几百万中的只有一半或者教育水平低的大众,这些人的祖先根本不会阅读,也不是报纸或者书籍的主顾。②

奥尔蒂克对他的这种观点进行了批判,认为:

> 真实的情况是,福斯特法案和它的后来者并不是"创造"了一个半识字的读者群,而是扩大了这个半识字的读者群;文学作品和杂志的"质量降低"早在1870年以前就开始了。③

撇开他们争论的焦点——"1870年教育法到底该不该对文学作品和杂志的'质量降低'负责"这个问题不谈,两人的观点都证明了一个事实:在19世纪中后期出现了文学作品和杂志的质量降低的趋势,其实也就是针对下层民众的廉价读物的出现;而且这个趋势的出现和教育所造就的半识字的读者群大量增加是密切相关的。但不同的是屈维廉把这种趋势的出现归咎于1870年教育法,奥尔蒂克则认为早在1870年以前这种趋势就已经出

---

① James Walvin, *A Child's World*, p.121.
② G. M. Trevelyan, *English Social History*, Toronto, 1944, p.582.
③ Richard D. Altick, *The English Common Reader*, p.171, note 81.

现了。应该说奥尔蒂克对屈维廉的批评是中肯的。从前面的论述中我们已经知道,早在1870年以前下层民众的识字水平就已经达到了比较高的程度,而且一直处于稳定增长的态势之中。拉克尔通过对19世纪上半叶主日学校的研究也得出了相似的结论:"通过主日学校,"拉克尔写道,"儿童被浸染在印刷文字之中。在19世纪上半叶单是主日学校联盟就卖出了1 000万册左右的阅读和拼写书籍……所分发的小册子、书籍、《新约全书》和《圣经》等也达到了好几千万。"① 到了19世纪末,即便非常普通的工人家庭也能享受到报纸杂志给自己带来的快乐。一位诺丁汉花边染工家庭"尽管没有几本书,但是他们买当地的晚报和周日的报纸"②。某些工人家庭象征家庭身份的财产中,"书籍、圣经和钟是最显眼的东西"③。19世纪中后期廉价出版物的出现是和教育所造就的半识字的读者群联系在一起的,没有读者的需求,出版界不可能获得商业的成功。

与此同时,在印刷出版界努力迎合下层民众对于简单廉价读物的大规模需求之外,在另一个层面上,图书馆设施也在增加。从60年代开始,公共图书馆开始大范围地建立。1902年西德尼·韦伯指出,伦敦的外借图书馆中藏书达到75万册,图书馆里的参考书达到15万册。1880年,只有2 000所学校有自己的图书馆,但是在1895年有图书馆的学校达到了6 400所。④ 图书馆设施的增加和藏书的增多,为下层民众的阅读打开了另一个通道。到了19世纪末,艾丽丝·福利的一个职责就是每周一晚上拿一大袋子书到离家比较远的图书馆分部去换书。当她回到家时,她借来的书很快就被分光了。⑤ 威尔·克鲁克斯的母亲尽管自己不识字,却在可能的情况下从图书馆借来杂志,鼓励自己的子女读给她和邻居听。一位出身

---

① Thomas Walter Laqueur, *Religion and Respectability*, p.xi.
② Pamela Horn, *The Victorian Town Child*, p.54.
③ Eric Hopkins, *Childhood Transformed*, p.106.
④ John Lawson and Harold Silver, *A Social History of Education in England*, p.327.
⑤ Alice Foley, *A Bolton Childhood*, pp.25-26.

工匠家庭的孩子描写自己在维多利亚时代末期每周的童年生活时说道，"如果是阴雨天的话，我在星期一晚饭时间去图书馆借一本书读"①。从这些记述中可以看出，图书馆的藏书在19世纪后期已经成为这些出身于社会下层的儿童获取知识的一个正常的渠道。

对整个19世纪贫困儿童的识字水平进行衡量是一个非常复杂的问题。通过结婚登记时的签名可以管窥一部分下层民众在某个时期的识字水平，但是这方面的信息仍然有着相当大的局限性，一是因为它不能为我们提供关于下层民众整体识字水平的全面信息；二是它不能准确地描述贫困儿童真实的识字水平，尽管有些年轻人能够自己签名，但是他们到底能阅读多少文字以及他们的阅读流利程度如何都无法通过这个渠道得到直观的展示。能够对签名文化进行补充的资料就是出版业和印刷业的繁荣程度，尤其是针对下层民众的廉价出版物的流行，在某种程度上补充说明了大众识字水平的整体提升，但是它除了让我们得到一个大致的印象之外，也不能证明下层民众的识字水平达到了何种程度。尽管存在着这样的不确定因素，在整个19世纪，下层民众识字水平逐渐提升的趋势仍然是不可否认的，这也得到了许多研究大众识字水平的历史学家的公认。至于下层民众识字水平的提升与1870年教育法的关系问题，史学界也基本上形成共识：在1870年以前，下层民众的识字水平就已经处于逐渐增长的过程之中，1870年不是其起点，但是1870年教育法的作用在于，维持了这种增长的态势，并把它普及到了1870年以前依靠民办教育设施无法触及的阶层和地区，从而在整体上提升了下层民众的识字水平。到了1900年，基本上所有的行业和所有的地区都实现了教育的普及，识字水平都达到了前所未有的程度。

---

① Pamela Horn, *The Victorian Town Child*, p.66.

结　语

英国是世界上最早进行工业化的国家,但它的巨大成就却不是教育普及的结果,而是生产过程中的技术革新带来的。在1833年以前,对于国民教育,尤其是针对社会下层民众子女的初等教育,英国政府在自由放任思想的主导下,基本上持无为而治的态度,社会下层的教育基本上由教会主持,可以说,教会对英国民众的教化做出了重要贡献。

19世纪是英国由农业社会向工业社会转型的重要时期,社会关系、阶级结构、政治统治、宗教信仰都经历了不同程度的变化。工业化带动城市化进程,大量农村人口涌入城市,成为城市工人。工人阶级队伍日渐扩大,其思想意识也逐渐觉醒。而他们生活于其中的城市社会的经济生产和社会生活都不同于以往的农业社会。社会下层民众及其子女——未来的劳工,都需要适应新的社会变化。教育既是一种很合适的改造工具,也是普通民众改善自身命运的一个机会。

英国普通儿童的教育问题不但是一个教育话题,也是一个与社会、国家和教会诸多方面息息相关的综合问题。

长期以来,英国社会的中上等阶层对于下层民众的教育比较抵触,能够接受教育尤其是古典知识的教育,是其身份的象征和优越感的显示,他们担心社会下层民众在接受了教育、增长了知识之后,会对自身的地位和命运感到不满,进而威胁到中上等阶层的地位和安全。

经济发展带来诸多社会变化,人们看待儿童的观念与态度也发生了变化,对塑造合适的道德品质的迫切要求使得英国社会不再紧闭只对中上等阶层开放的教育大门,贫民子女也开始获得一些教育机会,17世纪开始出现的慈善学校以及18世纪后期开始出现的主日学校就是如此应运而生的。正在形成中的工业社会对劳动者识字水平的要求逐渐提高,这也刺激了19世纪世俗教育的出现。城市化进程的加剧使得各种社会矛盾日益凸显,其中儿童犯罪问题被当作影响社会安定秩序的重要威胁。随着城市生活中儿童犯罪现象的日益加剧,儿童犯罪与控制首次被放到教育层面来考察,中上等阶层的社会改革家们致力于创办贫民免费学校、感化学校以及劳动教养学校,由此形成了19世纪中期的贫民免费学校运动和感化学校运动。这些特殊的教育机构将儿童的心灵改造放在首位,力图通过这些学校为他们提供合适的教育,使他们成为合格的自食其力的社会成员,而不是通过简单粗暴的监禁和揍打等方式来惩罚他们的失足与过错。

这些社会变化对贫困儿童的教育提出了更高的要求,而实现和满足这种需求,不仅得益于教会长期以来对教育的控制与经营,也需要国家层面政府权力的支持。英国教会长期以来极为重视对教育的把控。近代以来,面对社会变革所导致的社会矛盾加剧的现象,以及贫困儿童无所事事所引发的社会安全隐忧等问题,教会人士首先采取行动,创办慈善学校对贫民子女进行道德教化,18世纪后期兴起的主日学校也是依托教会,在主日那天把教区内的贫困儿童集中到教堂进行训教。19世纪初兴起的导生制学校也带有明显的教会色彩,无论是安德鲁·贝尔,还是约瑟夫·兰卡斯特,以他们的名义所成立的导生制学校协会都带有极其鲜明的教派特色。国教性质的全国协会和非国教性质的英国协会各自依托自己的教派,广泛创办学校,对贫民子女打开了初等教育的大门,不仅向他们传播了世俗知识,也传播了各自教派的宗教信仰。在1870年初等教育法通过之前,教会通过这样的方式,对英国贫民子女的教育做出了不可磨灭的贡献。

英国政府对于普通民众子女的初等教育问题的重视要比其他欧美国家滞后。在1833年以前,英国政府对于贫民子女的教育问题采取的是无为而治的态度,并没有直接干预。1833年,英国政府才开始有限地参与贫民子女的教育问题,议会每年为两个协会所办学校提供一定的校舍补贴(最初几年均为每年2万英镑)。至于由政府为贫民子女提供初等教育,在英国遭遇了重重困难。1839年拉塞尔政府曾试图进行教育改革,创建国民教育体系,但由于涉及教派纷争问题以及触动教会对教育的传统权益,改革受挫。直到19世纪60年代中期,创建国民教育体系的话题才再度兴起,最终形成教育改革的浪潮。尽管英国政府在初等教育普及问题上不甚作为,但是在童工立法方面的态度却比较主动,对儿童劳作的限制日益严格,这在很大程度上促使贫困儿童逐渐从工厂、矿井、手工作坊等劳作场所中撤离,转而进入学校接受教育。

如果说社会的转型带动了教育的需求,那么在真正改变英国普通儿童的教育命运方面,国家乃真正的强制力量。虽然英国政府在1833年以前对于贫困儿童的教育毫无作为,但一旦政府意识到对贫困儿童进行教育的必要性,这种改变就必然是根本性的。1833年开始,英国政府通过教育补贴的方式参与教会办学,并渗透教会办学的管理,派出督导对受助学校进行督察。但是这样的参与方式仍然是辅助性的,直到1870年的《初等教育法》的通过,英国政府才第一次作为初等教育的承办者为儿童提供教育机会,并在真正意义上改变了英国历史上由教会为民众提供教育的传统。

对于19世纪的普通儿童来说,1870年是个重要的年份,因为这一年通过的福斯特初等教育法在改变他们的童年生活模式方面具有意义深远的影响。

首先,作为19世纪英国政府通过的第一个正式的初等教育法案,它以法律的力量确保了每一个儿童不论其贵贱贫富都有接受教育的权利和机会,而国家则是提供这种权利和机会的最后保障。尽管下层民众识字水平的上升趋势早在该法案通过以前就已经存在,但是1870年教育法赋予自己的使命是"填平鸿沟",它要完成的是民办教育所遗留下来的最后也最难以攻克的堡垒——最贫困阶层的教育问题。在英国这样一个有着悠久教育历史的国家,尽管针对中上等阶层的教育机构早就存在并且培养了许多学术精英,但是针对下层民众的教育却一直发展比较滞后,在19世纪中期甚至落后于其他欧洲国家,这成了辉煌的维多利亚时代留给当时人以及后人的一个遗憾——一个文明时代的遗憾。但幸运的是,维多利亚时代的英国人很快就从中清醒过来,及时地进行了补救,1870年初等教育法就是这样一个补救的措施。因为,从本质上讲,初等教育法的关怀对象其实就是那些社会下层的贫民子女。到 19 世纪中期,针对中上等阶层子女的文法学校已经进入了发展的成熟时期,而民办教育设施也为所有能够付得起一定学费的家庭经济状况较好的下层民众子女提供了尽可能多的小学教育机会,民办教育所不能解决的是那些付不起学费或者家庭非常贫困无法放弃劳动收入的贫困儿童的教育。尽管这个时期下层民众的识字水平也达到了 50%以上,但是如果不能通过某种措施把当时仍未被纳入小学教育体制之中的儿童吸纳进来,教育的发展和大众文化水平的提升将进入一个瓶颈状态。正是在这个时期,国家通过法律的强制力量突破了这个瓶颈,无论是对于当时的英国社会还是对于贫困儿童来说,这都是一个巨大的进步。

其次,1870 年以后的 30 多年时间里,英国国民教育体系逐渐完善。义务教育和免费教育的实施,使得所有的贫困儿童在一定的年限内必须进入学校接受教育,这从根本上改变了贫困儿童的生活模式。就学机会的增加使得许多原本无缘学校生涯的贫困儿童也成为校园里的学生;义务教育的实施使得父母送年幼的子女入学成为一种应尽的义务;免费教育的实施使得众多因为贫困而不能入学的儿童也可以圆了自己的上学梦想;课程的逐渐扩展使得贫困儿童除了能学习最基本的阅读、写字和算术之外,也能学习到原本只能由中上等阶层的儿童专享的历史、地理、科学、音乐等"装饰人生"的内容。在所有这些变化的背后隐藏着人们对于贫困儿童应不应该接受教育,以及接受什么样的教育的观念变迁。尽管各个阶层的人们对于为贫困儿童提供教育的动机各不相同,但是到了 19 世纪末,一个不可逆转的变化已经发生:教育不再是该世纪初贫困儿童童年生活中可有可无的一种选择,而是童年生活必不可少的构成部分,也是他们进入成人世界必要的准备过程。在这种变化的影响之下,贫困儿童的生活重心在 19 世纪末的时候已经发生了确定无疑的转移:越来越多的贫困儿童的童年生活主要是在校园里度过的，劳动不再是他们的童年生活的主要内容和主要使命。尽管 19 世纪的英国立法对童年期的法定年限并不固定，有的截至 10 岁，有的截至 12 岁，也有的截至 14 岁。但具体到每个孩童，他们的童年期时长是相对固定的。这个相对固定的童年期就仿如一块跷跷板，两端分立的是教育和劳作。用于劳作的时间越多，受教育的时间就越少；劳作时间越短，受教育的时间就越长。从 19 世纪 30 年代开始，政府开始通过频繁的工厂立法对各行各业的儿童雇佣进行限制，逐渐强制大量儿童离开劳作场所，进入校园接受教育。尽管 1870 年教育法所建立的国民教育体系还不是义务的免费的国民教育体系，但之后的数次初等教育法逐渐完善了国民教育体系，所有儿童进入校园接受教育成为一种义务，缺勤或逃学不仅孩子会受到惩罚，其父母也可能会被罚款。自此，贫困儿童不再是劳动力市场中的成员，也不再是令中上等阶层感到恐惧和忧虑的社会威胁，他们开始被看作民族未来的希望，是学校这座"有围墙的花园"中的被保护者。这和 19 世纪初这些贫困儿童不得不为生存而劳作的命运形成了鲜明对比。

再次，19 世纪后期英国贫困儿童教育的一个重要特征就是这种初等教育是自成一体的封闭体制，缺乏通向中等教育的通道。小学教育仍然被看作专门针对从"街头阿拉伯人"到"体面的工人阶级"各个阶层子女的教育机构。它是一个独立的体制，不是通向文法学校或任何其他教育机构的预备学校。尽管公立小学和民办小学在某一方面是竞争对手，但是它们在另一方面又构成了一个自成一体的封闭体制：这个体制的工人阶级身份在 19 世纪最后几十年并没有改变。20 世纪初"全国教师联盟"出版的一份关于公立小学的小册子用了下面这段典型的话做开场白："600 万儿童在英格兰和威尔士的公立小学中上学。他们是工人的孩子，几年以后他们自己也将成为英格兰的工人。"[①]在 19 世纪最后 30 年中，下层人民的教育仅仅

---

① John Lawson and Harold Silver, *A Social History of Education in England*, p.318.

局限于最基本的初等教育,在公立小学、民办小学与文法学校这种中等教育之间并没有一个连接的通道。许多贫困儿童在接受了最基本的义务初等教育之后,很快就投身到劳动行业之中,直到 20 世纪初,初等教育与中等教育之间的通道才开始打通。1902 年的教育法重组了国家的教育管理机构并鼓励中等教育的发展。其结果是政府通过对新的市镇中学提供资助,要求这种学校提供一定比例的免费就读名额给小学毕业生。这样就为学术上有进取能力的贫困儿童提供了一个教育的阶梯,他们可以从小学上到郡文法学校,然后再进入大学。能够坚持走完这么长路程的人并不是很多,但是机会已经有了,第一次世界大战之后越来越多的人得益于这种机会。[1] 因此,从这个角度来讲,贫困儿童教育的发展是一个逐渐完善的过程,19 世纪初并不是这种改善的起点,19 世纪末也不是变化的终点。一方面的改善完成之后,另一方面的变化又开始出现。正是在这种不断改善与变化的过程中,贫困儿童逐渐享受到了更多的教育福祉,他们的童年生活以及未来的人生定位也因此朝着一个不断改善的方向发展。

---

[1] Eric Hopkins, *Childhood Transformed*, pp.243 – 244.

参考文献

一、英文文献

（一）原始文献

1. *1st Annual Report York Ragged Schools*, 1849.
2. *12th Annual Report Stockport Ragged and Industrial School*, 1866.
3. *An Account of the Methods Whereby the Charity-Schools Have Been Erected and Managed, and of the Encouragement Given to Them: Together with A Proposal of Enlarging Their Number, and Adding Some Work to the Children's Learning, Thereby to Render Their Education More Useful to the Public*. London: Printed by Joseph Downing, 1704.
4. *An Account of the Methods Whereby the Charity-Schools Have Been Erected and Managed, and of the Encouragement Given to Them: Together with A Proposal of Enlarging Their Number, and Adding Some Work to the Children's Learning, Thereby to Render Their Education More Useful to the Public*. London: Printed by Joseph Downing, 1706.
5. *An Account of Charity Schools Lately Erected in Great Britain and Ireland: With the Benefactions Thereto; and of the Methods Whereby They Were Set Up, and Are Governed*, London: Printed and Sold by Joseph Downing, 1710.
6. *An Account of the Gray-Coat Charity School in Oxford, Maintained by the Voluntary Subscriptions of the Vice-Chancellor, Heads of Houses, and Other Members of the University for Six Years: viz. from Michaelmas 1759. to Michaelmas 1765*, S.n., [1765?]
7. *An Account of the Rise, Progress, and Present State of the Charity School for the Education of Boys, in the Parish of Saint Leonard, Shoreditch, in the County of Middlesex*, London: Printed by Acutts and Keeble, 1793.

8. Baker, Thomas Barwick Lloyd, *On Reformatory Schools: ... Read at the Meeting of the British Association, at Liverpool* (Sep. 26, 1854).
9. Booth, Charles, *Life and Labour of the People in London, 1st Series, Poverty, 1: East, Central and South London*, London, 1902.
10. Brierley, Ben, *Home Memories and Recollections of a Life*, Manchester, 1886.
11. *Bristol People's Oral History Project*, Transcript No. R. 003 at Bristol Local History Library.
12. Burnett, John, ed., *Destiny Obscure: Autobiographies of Childhood, Education and Family from the 1820s to the 1920s*, Harmondsworth: Penguin Books, 1984.
13. Carpenter, Mary, *Reformatory Schools, For the Children of the Perishing and Dangerous Classes, and For Juvenile Offenders*, London, 1851.
14. Chamberlain, J., *The Educational Policy of the Government, From a Nonconformist Point of View*, Birmingham: Cornish Brothers, 1872.
15. Cooper, Thomas, *The Life of Thomas Cooper, Written by Himself*, Leicester: Leicester University Press, 1971.
16. *Copy of the Correspondence Between the Archbishop of Canterbury and Earl Granville, on the Subject of the Conscience Clause*, Ordered by The House of Commons, to be Printed, 1866.
17. Eden, F. M., *The State of the Poor*, London, 1966.
18. *Educational Work of the Church, Since the Passing of the Education Act (1870)*, London, 1892.
19. National Education Union, *Elementary Education Act.*, 1876.
20. *Factories Regulation Act*, 7 and 8 Vict. 1844.
21. *Fifth Report of the Inspector Appointed...to Visit the Certified Reformatory and Industrial Schools of Great Britain*, London: Printed by George E. Eyre and Willam Spottiswoode, 1861.
22. *Fifty-second Report for the Year 1908 of the Inspector Appointed...to Visit the Certified Reformatory and Industrial Schools of Great Britain, Part 1.—List of Schools and Detailed Reports*, London: Printed by Darling and Son Ltd., 1909.
23. *Fifty-second Report for the Year 1908 of the Inspector Appointed...to Visit the Certified Reformatory and Industrial Schools of Great Britain, Part 2.—General Report and Appendices III to X*, London: Printed by Darling and Son Ltd., 1909.
24. *First Report of the Inspector Appointed...to Visit the Certified Reformatory Schools of Great Britain, Part 1.—List of Schools and Detailed Reports*, London: Printed by George E. Eyre and Willam Spottiswoode, 1858.

25. "First Report of the Commissioners on Mines", *Parliamentary Papers*, 1842, Vol. 15, Dublin: The Irish University Press, 1968.
26. "First Report on the Employments of Children in Factories", *Parliamentary Papers*, 1833, Vol.20, Dublin: The Irish University Press, 1968.
27. *Forty-fourth Report for the Year 1900 of the Inspector Appointed…to Visit the Certified Reformatory and Industrial Schools of Great Britain, Part 1.—List of Schools and Detailed Reports*, London: Printed by Darling and Son Ltd., 1901.
28. G. Shaw Lefevre, "The Conscience Clause", *Fortnightly Review*, Vol.3, No.14 (1865).
29. Guthrie, Thomas, *Report of a Discussion Regarding Ragged Schools*, Edinburgh, 1847.
30. Gutteridge, Joseph, "The Autobiography of Joseph Gutteridge 1816 – 1899", in Valerie Chancellor, ed., *Master and Artisan in Victorian England*, London: Evelyn, 1969.
31. *Hansard*, 3rd Series, Vol.199, 202, 203.
32. Hendley, William, *A Defence of the Charity-Schools. Wherein the Many False, Scandalous and Malicious Objections of Those Advocates for Ignorance and Irreligion, the Author of The Fable of the Bees, and Cato's Letter in the British Journal, June 15. 1723. are Fully and Distinctly Answered; and the Usefulness and Excellency of Such Schools Clearly Set Forth. To Which is Added by Way of Appendix, the Presentment of the Grand Jury of the British Journal, at Their Meeting at Westminster, July 3. 1723*, London: Printed for W. Mears, at the Lamb Without Temple-Bar, 1725.
33. *Her Majesty's Letter to the Arch-Bishop of Canterbury; and His Grace's Letter to the Bishops of His Province*, London, 1711.
34. Hill, Miciah, and C. F. Cornwallis, *Two Prize Essays on Juvenile Delinquency*, London: Smith, Elder and Co., 1852.
35. *His Grace the Lord Arch-Bishop of Canterbury's Letter to the Reverend the Arch-Deacons, And the Rest of the Clergy of the Diocese of St. David*, London, 1703.
36. Horner, Leonard, *On the Employment of Children in Factories and other Works in the UK, and in Some Foreign Countries*, Shannon, 1971.
37. "Interview Between George III and Joseph Lancaster", *Chambers's Edinburgh Journal*, London, Issue 462 (Dec. 5, 1840).
38. Jeffrey, Francis, ed., *The Edinburgh Review, 1802 – 1929*, Edinburgh, Vol.9, Iss. 17 (Oct., 1806).
39. *Journal of the Statistical Society of London*, Vol.9 – 46 (1846 – 1883).
40. Junior, E. Baines, *History of the Cotton Manufacture in Great Britain*, London, 1835.

41. Kay-Shuttleworth, James, *Four Periods of Public Education as Reviewed in 1832, 1839, 1846, 1862*, Longman, Green, Longman and Roberts, 1862.
42. Kay-Shuttleworth, James, *Public Education as Affected by the Minutes of the Committee of Privy Council from 1846 – 1852*, Nabu Press, 2013.
43. Kerr, John, *Memories Grave and Gay: Forty Years of School Inspection*, London, 1902.
44. Lancaster, Joseph, *Improvements in Education*, London: Printed and Sold by J. Lancaster, 1808.
45. Lancaster, Joseph, *The British System of Education: Being a Complete Epitome of the Improvements and Inventions Practised at the Royal Free Schools*, London: Printed and Sold by J. Lancaster, and by Longman and Co. Paternoster-Row, 1810.
46. Lancaster, Joseph, *Seven Pamphlets, Introduced by Jeffrey Stern*, Bristol: Thoemmes Press, 1995.
47. Logan, W., *Moral Statistics of Glasgow*, Glasgow, 1849.
48. Macaulay, Thomas Babington, *Selected Writings*, Chicago, 1972.
49. Maclure, J. Stuart, ed., *Educational Documents. England and Wales, 1816 – 1968*, London: Allen Lane, Panguin Press, 1968.
50. Mandeville, Bernard, *The Fable of the Bees: or, Private Vices, Publick Benefits. The Second Edition, Enlarged with Many Additions. As also An Essay on Charity and Charity-schools, and A Search into the Nature of Society*, London: Printed for Edmund Parker, 1723.
51. Minutes of the Committee of Privy Council on Education, 1852.
52. Minutes of the Committee of Privy Council on Education, 1864.
53. Montague, C. J., *Sixty Years in Waifdom, or, The Ragged School Movement in English History*, London: Woburn Press, 1969.
54. National Education Union, *Elementary Education Act. 1870: A Brief Manual Explanatory of "The Act to Provide for Public Elementary Education in England and Wales"*, Manchester, 1870.
55. Neal, Stephen, *Special Report on the State of Juvenile Education and Delinquency in the Borough of Salford*, Salford, 1851.
56. *Nineteenth Report of the Inspector Appointed … to Visit the Certified Reformatory and Industrial Schools of Great Britain*, London: Printed by George E. Eyre and Willam Spottiswoode, 1876.
57. Oakley, John, *The Conscience Clause: Its History, Terms, Effect, and Principle. A Reply to Archdeacon Denison*, London: Ridgway, 1866.
58. *Orders Read and Given to the Parents on the Admittance of Their Children into the Charity*

Schools. To be Set Up in Their Houses, London: Printed by J. Downing, 1708.

59. Pike, E. Royston, ed., *Human Documents of the Victorian Golden Age*, 1850–1875, London: Allen and Unwin, 1967.

60. Pinchbeck, Ivy and Margaret Hewitt, eds., *Children in English Society. Vol.1: From Tudor Times to the Eighteenth Century*, London: Routledge and Kegan Paul, 1969.

61. Pinchbeck, Ivy and Margaret Hewitt, eds., *Children in English Society Vol.2: From the Eighteenth Century to the Children Act 1948*, London: Routledge and Kegan Paul, 1973.

62. Pray, Lewis Glover, *The History of Sunday Schools and of Religious Education from the Earliest Times*, Boston: Crosby and H. P. Nichols, 1847.

63. *Ragged School Union Magazine*, Jan. 1849-Dec. 1875.

64. Raikes, Robert, "An Account of the Sunday-Charity Schools, Lately Begun in Various Parts of England", *Arminian Magazine*, Vol.8 (Jan. 1785).

65. *Red Lodge Girl's Reformatory School, Bristol: Its History, Principles, and Working*, Bristol, 1875.

66. *Report of the Royal Commission in the State of Popular Education in England*, 21, 1861, Part 1, Vol.1（缩微胶片）

67. *Reports of the Committee of Council for Education (England and Wales)*, 1876–1877.

68. *Return of the Cases in Which, Between the 1st Jan. 1861 and the 31st Mar. 1867, the Educational Department of the Privy Council Has Awarded……*, London, 1868.

69. "Reports Relating to Parkhurst Prison", *Parliamentary Papers*, 1839, Vol.22, Dublin: The Irish University Press, 1968.

70. "Robert Raikes and His Work", *Kind Words for Boys and Girls* (Jun. 26, 1880).

71. "School Horrors-How Boys at Akbar School are Tortured-several deaths", *John Bull*, Oct. 22, 1910.

72. "Second Report of the Commissioners on Trades and Manufactures", *Parliamentary Papers*, 1843, Vol.13, Dublin: The Irish University Press, 1968.

73. *Select Committee on Secondary Punishments*, 1831.

74. Senior, N. W., *Suggestions on Popular Education*, London: J. Murray, 1861.

75. Shaw, Charles, *When I Was A Child*, Firle: Caliban Books, 1977 (Originally Published Under the Anonym "An Old Potter". London: Methuen, 1903).

76. SPCK, *The Orders and Rules of the Charity-School for Boys, in the Parish of …S.n.*, [1701?].

77. SPCK, *An Account of the Origin and Designs of the Society for Promoting Christian Knowledge*, London: Printed for Joseph Downing, in Bartholomew-Close, 1733.

78. SPCK, *An Account of the Society for Promoting Christian Knowledge*, Printed by M. Downing, in Bartholomew-Closs, 1741.
79. SPCK, *An Account of the Society for Promoting Christian Knowledge*, London: Printed by Anne Rivington, 1797.
80. Storr, F., ed., *The Life and Remains of the Rev. R. H. Quick*, New York: Macmillan, 1899.
81. Sunday School Society, *Plan of a Society Established in London, for the Support and Encourgement of Sunday-Schools in the Different Counties of England*, London, 1787.
82. *The Athenaeum*, 1851.
83. "The Bugbear Conscience Clause", *Examiner*, No.3056 (1866).
84. *The Contemporary Review*, 1866.
85. *The Manchester Guardian*, 1865–1868.
86. *The Quarterly review*, 1855.
87. "The Red-lodge Girls' Reformatory School", *Bristol Mercury*, Feb. 28, 1857.
88. *The Times*, 1839–1843.
89. "Third Report of the Children's Employment Commission", *Parliamentary Papers*, 1864, Vol.22, Dublin: The Irish University Press, 1968.
90. Thirsk, J. and J. P. Cooper, eds., *Seventeenth-Century Economic Documents*, Oxford: Clarendon Press, 1972.
91. Thompson, Christopher, *The Autobiography of An Artisan*, 1847.
92. Trimmer, Mrs, *A Comparative View of the New Plan of Education Promulgated by Mr Joseph Lancaster, in His Tracts Concerning the Instruction of the Children of the Labouring Part of the Community; and of the System of Christian Education Founded by Our Pious Forefathers for the Initiation of the Young Members of the Established Church in the Principles of the Reformed Religion*, 1805.
93. Trimmer, S., *The Oeconomy of Charity*, London: Printed by Bye and Law, St. John's Square, Clerkenwell, 1801.
94. Vaughan, Herbert, *Popular Education in England: the Conscience Clause, the Rating Clause, and the Secular Current*, London: Longmans, Green, and Co., 1868.
95. Vincent, David, ed., *Testaments of Radicalism: Memoirs of Working-Class Politicians, 1790–1885*, London: Europa Publications, 1977.
96. Watts, Isaac, *An Essay towards the Encouragement of Charity Schools, Particularly Those Which are Supported by Protestant Dissenters, for Teaching the Children of the Poor to Read and Work…*, London: Printed for J. Clark etc., 1728.
97. *Wesleyan Methodist Magazine*, 1843.

98. Wiener, Joel H., ed., *Great Britain: The Lion at Home. A Documentary History of Domestic Policy*, Vol.2, New York and London: Chelsea House Publishers, 1974.
99. W. L. Sargent, "On the Progress of Elementary Education", *Journal of the Royal Statistical Society*, 1867.
100. Wyse, Thomas, *Education Reform; Or the Necessity of a National System of Education*, London, 1836.

(二) 专著

1. Altick, Richard D., *The English Common Reader: A Social History of the Mass Reading Public 1800 - 1900*, Chicago and London: The University of Chicago Press, 1957.
2. Avery, G., and J. Briggs, eds., *Children and Their Books*, Oxford: Oxford University Press, 1989.
3. Baker, W. P., *Parish Registers and Illiteracy in East Yorkshire*, East Yorkshire Local History Soc., 1961.
4. Barnard, H. C., *Short History of English Education 1760 - 1944*, London: University of London Press, 1947.
5. Belfiore, Grace M., *Family Stratagies in Essex Textile Towns 1860 - 1895: The Challenge of Compulsory Elementary Schooling*, Oxford University Dphil Thesis, 1986.
6. Bray, Reginald. A., *Boy Labour and Apprenticeship*, London: Constable, 1911.
7. Burgess, Henry James, *Enterprise in Education: the Story of the Work of the Established Church in the Education of the People Prior to 1870*, London: National Society and SPCK., 1958.
8. Chapman, S. J., Sir, *Lancashire Cotton Industry*, Manchester, 1904.
9. Chapman, S. J., Sir, *The Cotton Industry and Trade*, London, 1905.
10. Christian, G. A., *English Education from Within*, London, 1922.
11. Cliff, Philip B., *The Rise and Development of the Sunday School Movement in England 1780 - 1980*, Redhill: National Christian Education Council, 1986.
12. Crowther, M. A., *The Workhouse System 1834 - 1929. The History of an English Social Institution*, London: Batsford Academic and Educational Ltd., 1981.
13. Cruickshank, Marjorie, *Children and Industry. Child Health and Welfare in North-west Textile Towns during the Nineteenth Century*, Manchester: Manchester University Press, 1981.
14. Cunningham, Hugh, *The Children of the Poor. Representations of Childhood Since the Seventeenth Century*, Oxford: Blackwell, 1991.
15. Cunningham, Hugh, *Children and Childhood in Western Society Since 1500*, London

and New York: Longman, 1995.

16. Curtis, S. J., *History of Education in Great Britain*, London: University Tutorial Press, 1948.

17. Daglish, N. D., *Education Policy-Making in England and Wales: The Crucible Years, 1895–1911*, London: Routledge, 1996.

18. Davin, Anna, *Growing Up Poor: Home, School and Street in London 1870–1914*, London: Rivers Oram Press, 1996.

19. Dent, H. C., *1870–1970, Century of Growth in English Education*, London: Longmans, 1970.

20. Dunlop, O. Jocelyn, *English Apprenticeship and Child Labor: A History*, London: T. Fisher Unwin, 1912.

21. Dyos, H. J. and Michael Wolf, eds., *The Victorian City: Images and Realities*, London: Routledge and K. Paul, 1973.

22. Evans, W. Gareth, *Education and Female Emancipation: the Welsh Experience*, Cardiff: Cardiff University of Wales Press, 1990.

23. Farningham, Marianne, *A Working Woman's Life: An Autobiography*, James Clarke, 1907.

24. Fass, Paula S., ed., *Encyclopedia of Children and Childhood: In History and Society*, Macmillan Reference USA, 2004.

25. Finn, D., *Training Without Jobs: New Deals and Broken Promises: From Raising the School Leaving Age to the Youth Training Scheme*, Basingstoke: Macmillan Education, 1987.

26. Fitton, R. S., and A. P. Wadsworth, *The Strutts and the Arkwrights, 1758–1830*, Manchester: Manchester University Press, 1958.

27. Freeman, Arnold, *Boy Life and Labour: The Manufacture of Inefficiency*, London: P. S. King, 1914.

28. Frow, Edmund and Ruth, *A Survey of the Half-time System in Education*, Manchester: E. J. Morten Ltd., 1970.

29. Gardner, Phil, *The Lost Elementary Schools of Victorian England: The People's Education*, London: Croom Helm, 1984.

30. Ginswick, Jules, ed., *Labour and the Poor in England and Wales, 1849–1951, I, Lancashire, Cheshire, Yorkshire*, London: Routledge, 1983.

31. Goodenow, Ronald K., and William E. Marsden, eds., *The City and Education in Four Nations*, Cambridge: Cambridge University Press, 1992.

32. Gray, E. M., *The Weaver's Wage*, Manchester: Manchester University Press, 1937.

33. Hammond, J. L., and B. Hammond, *The Town Labourer*, London: Longmans, Green, 1917.
34. Hans, N., *New Trends in Education in the Eighteenth Century*, London: Routledge and K. Paul, 1951.
35. Haw, George, *From Workhouse to Westminster. The Life Story of Will Crooks, MP*, London: Cassell, 1907.
36. Heckscher, E. F., *Mercantilism*, London: George Allen and Unwin Ltd., 1955.
37. Hendrick, Harry, *Child Welfare, England, 1872 – 1989*, London: Routledge, 1994.
38. Hendrick, Harry, *Children, Childhood and English Society. 1880 – 1990*, Cambridge: Cambridge University Press, 1997.
39. Hilton, Mary, and Pam Hirsch, ed., *Practical Visionaries: Women, Education, and Social Progress, 1790 – 1930*, Routledge: Taylor and Francis, 2000.
40. Hopkins, Eric, *Childhood Transformed. Working-class Children in Nineteenth Century England*, Manchester: Manchester University Press, 1994.
41. Horn, Pamela, *The Victorian Country Child*, Kineton: The Roundwood Press, 1974.
42. Horn, Pamela, *The Victorian and Edwardian Schoolchild*, Gloucester: Alan Sutton, 1989.
43. Horn, Pamela, ed., *The Victorian Child*, Stroud: Sutton, 1990.
44. Horn, Pamela, *Children's Work and Welfare, 1780 – 1890*, Cambridge: Cambridge University Press, 1995.
45. Horn, Pamela, *The Victorian Town Child*, Stroud: Sutton, 1997.
46. Hurt, John, *Education in Evolution: Church, State, Society and Popular Education 1800 – 1870*, London: Hart-Davis, 1971.
47. Hurt, John S., *Elementary Schooling and the Working Classes, 1860 – 1918*, London: Routledge and Kegan Paul, 1979.
48. Hutchins, B. L., and A. Harrison, *A History of Factory Legislation*, London: Routledge, 1966.
49. James, A. and Alan Prout, eds., *Constructing and Reconstructing Childhood: Contemporary Issues in the Sociological Study of Childhood*, Bristol: The Falmer Press, 1990.
50. James, A., Chris Jenks and Alan Prout, *Theorizing Childhood*, Cambridge: Polity Press, 1998.
51. James, Louis, *Fiction for the Working Man, 1830 – 1850: A Study of the Literature Produced for the Working Classes in Early Victorian Urban England*, Harmondsworth:

Penguin, 1974.
52. Johnson, Marion, *Derbyshire Village Schools in the Nineteenth Century*, Newton Abbot: David and Charles, 1970.
53. Johnson, R. Brimley, ed., *The Letters of Hannah More*, London: J. Lane, The Bodley Head, 1925.
54. Jones, M. G., *The Charity School Movement: A Study of Eighteenth Century Puritanism in Action*, Cambridge: Cambridge University Press, 1938.
55. Keeling, Frederic, *Child Labour in the United Kingdom: A Study of the Development and Administration of the Law Relating to the Employment of Children*, London: P. S. King and Son, 1914.
56. Lane, Joan, *Apprentice in England, 1600–1914*, London: UCL Press, 1996.
57. Laqueur, Thomas, *Religion and Respectability: Sunday Schools and Working Class Culture, 1780–1850*, London and New Haven: Yale University Press, 1976.
58. Lawson, John, and Harold Silver, *A Social History of Education in England*, London: Methuen and Co Ltd., 1973.
59. Levy, S. Leon, *Nassau W. Senior 1790–1864*, Newton Abbott: David and Charles, 1970.
60. Maccarthy, E. F. M., *Thirty Years of Educational Work in Birmingham*, Birmingham, 1900.
61. Maclure, Stuart, *One Hundred Years of London Education 1870–1970*, London: Allen Lane, Penguin Press, 1970.
62. McCann, P., *Popular Education and Socialization in the Nineteenth Century*, London: Methuen, 1977.
63. McDermid, Jane, *The Schooling of Girls in Britain and Ireland, 1800–1900*, Routledge: Taylor and Francis, 2012.
64. Murphy, James, *Church, State and Schools in Britain, 1800–1970*, London: Routledge and K. Paul, 1971.
65. Nardinelli, Clark, *Child Labor and Industrial Revolution*, Bloomington: Indiana University Press, 1990.
66. O'Shaughnessy, Frances, *A Spa and Its Children: A Story of the Education and Social Conditions of the Poor Children in Leamington Spa from the 18th-Century to 1903*, Warwick Printing Co. Ltd., 1979.
67. Park, A., *The Higher Education of the Elementary Teachers*, Manchester, 1889.
68. Paz, D. G., *The Politics of Working-Class Education in Britain 1830–50*, Manchester: Manchester University Press, 1980.

69. Porter, G. R., *The Progress of the Nation in Its Various Social and Economic Relations from the Beginnings of the Nineteenth Century*, London, 1851.
70. Raymont, T., *A History of the Education of Young Children*, London: Longmans Green and Co., 1937.
71. Read, D., *England, 1868 – 1914: The Age of Urban Democracy*, London: Addison-Wesley Longman Ltd., 1979.
72. Redford, A., *Labour Migration in England, 1800 – 50*, Manchester, 1926.
73. Rich, Eric E., *The Education Act 1870: A Study of Public Opinion*, London: Longmans, Green and Co Ltd., 1970.
74. Ridge, T. S., *Dr. Barnardo and the Copperfield Road Ragged Schools*, London: Ragged School Museum Trust, 1993.
75. Rimmer, Joan, *Yesterday's Naughty Children. Training Ship, Girls' Reformatory and Farm School: A History of the Liverpool Reformatory Association, Founded in 1855*, Manchester: Neil Richardson, 1986.
76. Rimmer, W. G., *Marshalls of Leeds, Flax Spinners, 1788 – 1886*, Cambridge: Cambridge University Press, 1960.
77. Rose, Lionel, *Young Offenders and the Law*, Batsford Academic and Educational Ltd., 1984.
78. Rose, Lionel, *The Erosion of Childhood: child oppression in Britain, 1860 – 1918*, London: Routledge, 1991.
79. Rubinstein, David, *School Attendance in London, 1870 – 1904: A Social History*, Hull: University of Hull, 1969.
80. Sanderson, Michael, *Education, Economic Change and Society in England 1780 – 1870*, Basingstoke: Macmillan Education, 1991.
81. Seymour, Claire, *Ragged School and Ragged Children*, London: Ragged School Museum Trust, 1995.
82. Sherard, R. H., *The Child Slaves of Britain*, Sagwan Press, 2015.
83. Simon, Brain, *Education and the Labour Movement 1870 – 1920*, London: Lawrence and Wishart, 1965.
84. Simon, Brain, *Studies in the History of Education 1780 – 1870*, London: Lawrence and Wishart, 1969.
85. Smelser, Neil J., *Social Change in the Industrial Revolution*, London: Routledge and Kegan Paul, 1960.
86. Smith, Frank, *A History of English Elementary Education*, London: University of London Press, 1931.

87. Southgate, Walter, *That's the Way It Was. A Working Class Autobiography 1890 – 1950*, Oxford: New Clarion P., 1982.
88. Spencer, F. H., *An Inspector's Testament*, London, 1938.
89. Stone, Lawrence, ed., *Schooling and Society: Studies in the History of Education*, Baltimore and London: The Johns Hopkins University Press, 1976.
90. Sturt, Mary, *The Education of the People: A History of Primary Education in England and Wales in the Nineteenth Century*, London: Routledge and Kegan Paul, 1967.
91. Thomis, Malcolm I., *The Town Labourer and the Industrial Revolution*, London: Barnes and Noble Books, 1974.
92. Trevelyan, G. M., *English Social History*, Toronto, 1944.
93. Ure, A., *The Philosophy of Manufactures: or, An Exposition of the Scientific, Moral and Commercial Economy of the Factory System of Great Britain*, London: Routledge, 1967.
94. Usher, Abbott Payson, *An Introduction to the Industrial History of England*, London: Harrap, 1921.
95. Vincent, D., *Bread, Knowledge and Freedom: A Study of Nineteenth-Century Working Class Autobiography*, London: Europa, 1981.
96. Vincent, D., *Literacy and Popular Culture: England 1750 – 1914*, Cambridge: Cambridge University Press, 1989.
97. Walvin, James, *A Child's World: A Social History of English Childhood 1800 – 1914*, Harmondsworth: Penguin, 1982.
98. Walvin, James, *English Urban Life, 1776 – 1851*, London: Hutchinson and Co. Ltd., 1984.
99. Wardle, David, *Education and Society in Nineteenth-century Nottingham*, Cambridge: Cambridge University Press, 1971.
100. Webb, S. and B., *English Poor Law History, pt. 1: The Old Poor Law*, London: Cass, 1963.
101. Williamson, David, *Lord Shaftesbury's Legacy: A Record of Eighty Years' Service by the Shaftesbury Society and the Ragged School Union, 1844 – 1924*, London: Hodder, 1924.
102. Wood, Ethel, *A History of Polytechnic*, London: Macdonald, 1965.
103. Wood, L. S., and Albert Wilmore, *The Romance of the Cotton Industry*, London: H. Milford, 1927.

(三) 论文

1. Alexander, J., and D. G. Paz, "The Treasury Grants, 1833 – 1839", *British Journal*

of *Educational Studies*, Vol.22, No. 1 (1974).

2. Ashton, T. S., "The Coal-Miners of the Eighteenth Century", *The Economic Journal*, Vol.38, Iss. Supplement 1 (1928).

3. Bladen, V. W., "The Potteries in the Industrial Revolution", *The Economic Journal*, Vol.36, Iss. Supplement 1 (1926).

4. Brown, Colin M., "Industrialists and their Factory Schools", *History of Education*, Vol.9, No. 2 (1980).

5. Chinn, Carl, "Was Separate Schooling a Means of Class Segregation in late Victorian and Edwardian Birmingham?", *Midland History*, Vol.13 (1988).

6. Clark, E. A. G., "The Ragged School Union and the Education of the London Poor in the Nineteenth Century", *MA thesis*, London University (1967).

7. Clark, E. A. G., "The Early Ragged Schools and the Foundations of the Ragged School Union", *Journal of Educational Administration and History*, No. 1 (1969).

8. Clark, E. A. G., "The Superiority of the 'Scotch System': Scottish Ragged Schools and their Influence", *Scottish Educational Studies*, Vol.9, No. 1 (1977).

9. Clark, E. A. G., "The Last of the Voluntaryists: the Ragged School Union in the School Board Era", *History of Education*, Vol.11, No. 1 (1982).

10. Clark, E. A. G., "The Diffusion of Educational Ideas: The Case of Ragged and Industrial Schools, 1841 – 57", *Journal of Educational Administration and History*, Vol. 20, No. 1 (1988).

11. Clark, Gregory, "Factory Discipline", *The Journal of Economic History*, Vol.54, No. 1 (1994).

12. Colls, Robert, " 'Oh Happy English Children', Coal, Class and Education in the North East", *Past and Present*, No. 73 (1976).

13. Duke, Francis, "Pauper Education" in Derek Fraser, ed., *The New Poor Law in the Nineteenth Century*, Macmillan: Macmillan, 1976.

14. Heward, Christine M., "Compulsion, Work and Family: A Case Study from Nineteenth-Century Birmingham" in Ronald K. Goodenow and William E. Marsden, eds., *The City and Education in Four Nations*, Cambridge: Cambridge University Press, 1992.

15. Johnson, Richard, "Educational Policy and Social Control in Early Victorian England", *Past and Present*, No. 49 (1970).

16. Johnson, Richard, "Educating the Educators: 'Experts' and the State 1833 – 1839", in A. P. Donajgrodzki, ed., *Social Control in Nineteenth Century Britain*, London: Rowman and Littlefield, 1977.

17. Laqueur, T. W., "The Cultural Origins of Popular Literacy in England", *Oxford Review of Education*, Vol.2, No. 3 (1976).
18. Laqueur, Thomas, "Working-Class Demand and the Growth of English Elementary Education", in Lawrence Stone, ed., *Schooling and Society: Studies in the History of Education*, Baltimore and London: The Johns Hopkins University Press, 1976.
19. Lassinde, Stephen, "Learning and Earning: Schooling, Juvenile Employment, and the Early Life Course in Late Nineteenth-century New Haven", *Journal of Social History*, Vol.29, No. 4 (1996).
20. Leinster-Mackay, D. P., "Dame Schools: A Need for Review", *British Journal of Educational Studies*, Vol.24, No. 1 (1976).
21. Marsden, William E., "Social Stratification and Nineteenth-century English Urban Education", in Ronald K. Goodenow and William E. Marsden, eds., *The City and Education in Four Nations*, Cambridge: Cambridge University Press, 1992.
22. Mason, D. M., "The Expenditure of the Committee of Council on Education, 1839–52", *Journal of Educational Administration and History*, Vol.17, No. 1 (1985).
23. Plumb, J. H., "The New World of Children in Eighteenth-Century England", *Past and Present*, No. 67 (1975).
24. Pollard, Sidney, "Factory Discipline in Industrial Revolution", *Economic History Review*, New Seires, Vol.16, No. 2 (1963).
25. Rose, Craig, "London's Charity Schools, 1690–1730", *History Today*, Vol.40, No. 3 (1990).
26. Schupf, H. W., "Education for the Neglected: Ragged Schools in Nineteenth-Century England", *History of Education Quarterly*, Vol.12, No. 2 (1972).
27. Selleck, R. J. W., "Mary Carpenter: A Confident and Contradictory Reformer", *History of Education*, Vol.14, No. 2 (1985).
28. Simon, J., "From Charity School to Workhouse in the 1720s: The SPCK and Mr. Marriott's Solution", *History of Education*, Vol.17, No. 2 (1988).
29. Snell, K. D. M., "The Sunday-School Movement in England and Wales: Child Labour, Denominational Control and Working-Class Culture", *Past and Present*, No. 164 (1997).
30. Sutherland, Gillian, "Education" in F. M. L. Thompson, ed., *The Cambridge Social History of Britain 1780–1950*, Vol.3, Cambridge: Cambridge University Press, 1990.
31. Taylor, Tony, "As the Old Cocks Crow, the Young Ones Learn: the School Strikes of 1889 and the New Union Movement", *History of Education*, Vol.23, No. 1

(1994).

32. Thompson, E. P., "Time, Work-discipline and Industrial Capitalism", *Past and Present*, No. 38 (1967).
33. Thompson, Paul, "Voices from Within' in H. J. Dyos and Michael Wolff, eds., *The Victorian City*, Vol.1, London: Routledge and Kegan Paul, 1973.
34. Wadsworth, A. P., "The Charity School Movement, A Study of Eighteenth Century Puritanism in Action", *The Spectator*, 160 (1938).
35. Wilson, Charles, "The Entrepreneur in the Industrial Revolution in Britain", *History*, Vol.42, No. 145 (1957).

二、中文文献

(一) 专著

1. 林玉体:《西洋教育史》,台北:台湾文景出版社,1985年。
2. 施义慧:《童年的转型——19世纪英国下层儿童生活史》,南京:南京大学出版社,2012年。
3. 滕大春主编:《外国教育通史》(第三卷、第四卷),济南:山东教育出版社,1995年。
4. 王振槐:《西方政治思想史》,南京:南京大学出版社,1993年。
5. 夏之莲主编:《外国教育发展史料选粹》(上册),北京:北京师范大学出版社,1999年。

(二) 译著

1. [英]爱德华·汤普逊:《英国工人阶级的形成》,钱乘旦等译,南京:译林出版社,2001年。
2. [英]爱德华·汤普森:《共有的习惯》,沈汉、王加丰译,上海:上海人民出版社,2002年。
3. [意]安东尼奥·葛兰西:《狱中札记》,曹雷雨、姜丽、张跣译,北京:中国社会科学出版社,2000年。
4. [荷]B. 曼德维尔:《蜜蜂的寓言》(第一卷),肖聿译,北京:商务印书馆,2018年。
5. [英]邓特:《英国教育》,杭州大学教育系译,杭州:浙江教育出版社,1987年。
6. [美]格莱夫斯:《近代教育史》,吴康译,台北:台湾商务印书馆,1965年。
7. [英]亚当·斯密:《国民财富的性质和原因的研究》(下卷),郭大力、王亚南译,北京:商务印书馆,1974年。
8. [英]约翰·穆勒:《政治经济学原理》(下卷),北京:商务印书馆,1991年。

(三) 论文

1. 程西筠:《论19世纪英国初等教育改革》,《世界历史》1989年第4期。
2. 侯建新、张晓晗:《家庭教育:英国近代初等教育的催生剂》,《天津师范大学学报(哲社版)》2010年第6期;
3. 李维:《试论英国工业革命和初等教育普及的关系》,《世界历史》1995年第1期。
4. 蒋焰、李思奇:《19世纪英国的教派斗争与教育变革》,《河北大学学报(哲社版)》2016年第6期。
5. 欧阳红兵、叶蓓:《国家干预主义的思想源流》,《宁夏社会科学》1998年第6期。
6. 施义慧:《维多利亚时期英国的贫民免费学校运动》,《淮阴师范学院学报(哲社版)》2005年第1期。
7. 施义慧:《19世纪英国工人阶级子女童年生活转型原因探析》,《史学月刊》2006年第12期。
8. 施义慧:《宗教与世俗之争:英国国民教育体系的建立》,《学海》2013年第5期。
9. 孙立田:《工业化以前英国乡村教育初探》,《世界历史》2002年第5期。
10. 杨豫:《英国工业革命与民众文化水平》,《南京大学学报(哲学·人文·社科版)》1994年第4期。
11. 俞金尧:《西方儿童史研究四十年》,《中国学术》2001年第4期。

三、相关网址

1. https://spartacus-educational.com/EDbell.htm
2. https://spartacus-educational.com/EDmonitorial.htm
3. https://spartacus-educational.com/RElancaster.htm
4. https://spartacus-educational.com/RElancaster.htm
5. https://spartacus-educational.com/RElancaster.htm
6. https://spartacus-educational.com/RElancaster.htm

译名对照

A

阿德利（Ardleigh）
阿尔索普勋爵（Lord Althorp）
阿科恩，乔治（George Acorn）
阿克巴丑闻（scandal of Akbar School）
阿克巴感化学校（Akbar School）
阿克赖特（Arkwright）
艾迪森（Addison）
艾尔森，阿尔弗雷德（Alfred Ireson）
艾金，约翰（John Aikin）
奥尔蒂克，理查德（Richard Altick）
奥尔伍德，阿瑟（Arthur Allwood）

B

白教堂（Whitechapel）
柏勒罗丰号囚船（Bellerophon）
班级科目（class subjects）
半工半读学校（half-time school）
半工半读制（half-time system）
贝恩斯（Baines）
贝尔，安德鲁（Andrew Bell）
贝尔彻，威廉（William Belcher）

贝克,托马斯·巴维克·劳埃德(Thomas Barwick Lloyd Baker)

被忽视儿童(neglected children)

比泽,约翰·詹姆斯(John James Bezer)

边沁,杰里米(Jeremy Bentham)

波洛克,琳达(Linda Pollock)

波特,G. R.(G. R. Porter)

波特,戴维(David Porter)

伯顿,罗伯特(Robert Burton)

伯明翰改造少年犯问题大会(Conference at Birmingham on Preventive and Reformatory Schools)

伯内特,约翰(John Burnett)

博尔顿,马修(Matthew Bolton)

博林,约翰(John Boleyn)

不分教派的教育(undenominational education)

不良少年管教学校(Approved School)

布道募捐(collections at sermons)

布赖尔利,本(Ben Brierley)

布朗,爱德华(Edward Brown)

布雷,托马斯(Thomas Bray)

布里奇公园农场学校(the Bridge Park Farm School)

布鲁厄姆,亨利(Henry Brougham)

布罗迪(Brodie)

C

查德威克,埃德温(Edwin Chadwick)

《晨报纪事》(*Morning Chronicle*)

城市传教团(city mission)

惩罚(punishment)

出勤(school attendance)

出勤委员会(School Attendance Committee)

初等教育(elementary education)

初等教育法(Elementary Education Act)

慈善女校(Beneficial Girls' School)

慈善协会(Philanthropic Society)

慈善学校(Charity School)

D

达文,安娜(Anna Davin)

大众文化(popular culture)

单一学校教区(one school district)

导生制(monitorial system)

道德教育(moral education)

德莫斯(Lloyd De Mause)

狄更斯,查尔斯(Charles Dickens)

督导(school inspector)

杜帕,B. F.(B. F. Duppa)

多雷尔,哈里(Harry Dorrell)

E

儿童团(The Boy's Brigade)

F

法宁厄姆,玛丽安娜(Marianne Farningham)

非国教徒(the nonconformist)

菲尔德大道主日学校(Field Lane Sunday School)

菲尔登,约翰(John Fielden)

费尔金,威廉(William Felkin)

弗莱彻,约瑟夫(Joseph Fletcher)

弗雷泽,詹姆斯(James Fraser)

弗里曼(Freeman)

弗里斯比,明妮(Minnie Frisby)

福利,艾丽丝(Alice Foley)

福斯特,W. E.(W. E. Forster)

G

感化学校(Reformatory School)

感化学校联盟(Reformatory School Union)

格拉斯顿,W.(W. Gladstone)

格兰维尔伯爵(Earl Granville)

格雷,乔治(George Grey)

格雷厄姆(James Robert George Graham)

格雷戈里,乔治(George Gregory)

格罗因,玛格丽特(Margaret Growing)

格瑟里,托马斯(Thomas Guthrie)

格特里奇,约瑟夫(Joseph Gutteridge)

根据效果付薪(payment by results)

工厂法(factory act)

工厂视察员(factory inspector)

工厂学校(factory school)

公立学校(Board school)

公学,英国(public school)

《观察家》(*Examiner*)

国民教育体系(national education system)

H

《皇家数据统计协会杂志》(*Journal of the Royal Statistical Society*)

哈孟德(Hammond)

哈钦斯(Hutchins)

海恩斯,理查德(Richard Haines)

海事协会(the Marine Society)

汉韦,乔纳斯(Jonas Hanway)

赫特,J. S.(J. S. Hurt)

黑兹利特(Hazlitt)

亨得利,威廉(William Hendley)

亨利,马修(Matthew Henry)

红馆女子感化学校(Red Lodge Girl's Reformatory School)

胡克,约翰(John Hooke)

互助进步协会(the Mutual Improvement Society)

华兹华斯,威廉(William Wordsworth)

怀特布雷德,S.(S. Whitbread)

灰衣学校(Grey Coat School)

霍布豪斯(Hobhouse)

霍顿勋爵(Lord Houghton)

霍恩,帕梅拉(Pamela Horn)

霍兰德勋爵(Lord Holland)

霍纳,莱昂纳德(Leonard Horner)

霍普金斯,埃里克(Eric Hopkins)

J

《季刊评论》(Quarterly Review)

《教育季刊》(Quarterly Journal of Education)

基督教知识促进会,简称SPCK(The Society for Promoting Christian Knowledge)

基林(Keeling)

济贫院学校(poor law school)

加德纳,菲尔(Phil Gardner)

教派教育(denominational education)

《教区委员会议案》(Vestries Bill)

教义问答学校(Catechetical School)

《教育的改良》(Improvements in Education)

教育法,1870年(the Education Act,1870)

金斯伍德感化学校(Kingswood Reformatory School)

K

霍格,昆廷(Quintin Hogg)

卡洛学校(Carrow School)

卡那封勋爵(Lord Carnarvon)

卡朋特,玛丽(Mary Carpenter)

凯尼恩勋爵(Lord Kenyon)

凯-夏特沃斯,詹姆斯(James Kay-Shuttleworth)

坎宁安,休(Hugh Cunnnigham)

坎特伯雷大主教(the Archbishop of Canterbury)

康沃尔的流浪儿(Cornish Waif)

考珀,黛西(Daisy Cowper)

柯勒律治,萨缪尔(Samuel Coleridge)

克拉夫茨,N.F.R.(N.F.R. Crafts)

克莱顿(Clayton)

克鲁克斯,威尔(Will Crooks)

课时表信仰条款(timetable conscience clause)

肯里克,G. S.(G. S. Kenrick)

库伯,安东尼·阿什利,第七任萨夫茨伯里伯爵(Anthony Ashley Cooper)

库伯,托马斯(Thomas Cooper)

L

《利物浦回声》(*Liverpool Echo*)

《伦敦数据统计协会杂志》(*Journal of the Statistical Society of London*)

拉克尔,托马斯(Thomas Laqueur)

拉尼根,杰克(Jack Lanigan)

拉塞尔,约翰(John Russell)

赖特,托马斯(Thomas Wright)

兰卡斯特,约瑟夫(Joseph Lancaster)

兰卡斯特制(Lancasterian System)

蓝衣学校(Blue Coat School)

懒散星期一(St. Monday)

劳动教养学校(industrial school)

劳厄豪斯学校,德国(Rauhe Haus)

雷德克里夫的斯特拉特福德子爵(Viscount Stratford de Redcliffe)

雷德希尔学校(Red Hill school)

雷克斯,罗伯特(Robert Raikes)

利明顿温泉(Leamington Spa)

劣等处置原则(less eligibility)

林根(Lingen)

伦斯特-麦凯,D. P.(D. P. Leinster-Mackay)

罗巴克,J. A.(J. A. Roebuck)

罗尔斯,乔治(George Rowles)

罗斯,克雷格(Craig Rose)

罗斯,莱昂内尔(Lionel Rose)

罗伊,罗伯特(Robert Lowe)

洛夫,戴维(David Love)

洛克,亨利(Henry Lock)

洛克,约翰(John Lock)

M

马德拉斯制(Madras system)

马斯特曼,C. F. G.(C. F. G. Masterman)

马歇尔,约翰(John Marshall)

麦卡恩(McCann)

麦考莱,T. B.(T. B. Macaulay)

麦克格里高,约翰(John MacGregor)

曼,霍勒斯(Horace Mann)

曼德维尔,伯纳德(Bernard Mandeville)

芒代拉(A. J. Mundella)

梅特莱模式(Mettray model)

梅特莱学校,法国(Mettray School)

米勒,萨缪尔(Samuel Miller)

《蜜蜂的寓言》(*The Fable of the Bees*)

免费教育(free education)

民办学校(voluntary school)

民族未来,指儿童(future of the nation)

穆勒,约翰·斯特尔特(J. S. Mill)

N

诺思克利夫勋爵(Lord Northcliffe)

尼尔,史蒂芬(Stephen Neal)

女私塾(Dame School)

P

帕克赫斯特监狱(Parkhurst Prison)

帕默斯顿,又译"巴麦尊"(Palmerston)

潘恩,托马斯(Thomas Paine)

佩勒姆,亨利,纽卡斯尔公爵(Henry Pelham)

皮尔,罗伯特(Robert Peel)

皮尔监狱法案(Peel's Gaol Act)

皮特,威廉(William Pitt)

贫困儿童(poor children)

贫民免费学校(Ragged School)

贫民免费学校联盟(Ragged School Union)

《贫民免费学校联盟杂志》(*Ragged School Union Magazine*)

贫民免费学校协会(Ragged School Society)

贫民收容所(the Refuge for the Destitute)

《贫民卫报》(*Poor Man's Guardian*)

平奇贝克,艾维(Ivy Pinchbeck)

珀西瓦尔(Percival)

Q

钦定本圣经(Authorized Bible)

琼斯,艾贝尔(Abel Jones)

琼斯,M.G.(M.G.,Jones)

全国教育联合会(National Education Union)

全国教育联盟(National Education League)

全日制学校(Day school)

S

萨德勒,迈克尔(Michael Sadler)

萨夫茨伯里伯爵(Earl Shaftesbury)

三 R(Reading, Writing, Arithmetic)

桑德伯格(Sandberg)

桑德森,迈克尔(Michael Sanderson)

桑德斯(Sanders)

扫烟囱儿童(climbing boy)

沙尔曼,杰西(Jessi Sharman)

少年犯(juvenile delinquent)

少年犯罪(juvenile delinquency)

少年禁酒会(Band of Hope)

社会控制(social control)

圣公会(Anglican)

圣贾尔斯(St Giles)

圣乔治菲尔兹(St George's Fields)

识字水平(Literacy)

世俗教育(secular education)
枢密院教育委员会(the Committee of the Privy Council on Education)
私立学校(private school)
斯宾塞,F. H.(F. H. Spencer)
斯蒂勒,理查德(Richard Steele)
斯科菲尔德(Schofield)
斯莱尼,R.A.(R.A. Slaney)
斯迈尔斯,萨缪尔(Samuel Smiles)
斯密,亚当(Adam Smith)
斯皮特菲尔兹(Spitalifields)
斯塔里,R. S.(R. S. Starey)
斯特拉特福,埃文河畔的(Stratford-upon-Avon)
斯特雷顿,邓斯莫尔附近的(Stretton-on-Dunsmoor)
斯通,劳伦斯(Lawrence Stone)
斯托克斯,S. N.(S. N. Stokes)
索思盖特,沃尔特(Walter Southgate)

T

塔夫内尔,E. C.(E. C. Tufnell)
汤普森,克里斯托弗(Christopher Thompson)
汤普森,E. P.(E. P. Thompson)
汤普森,F. M. L.(F. M. L. Thompson)
逃学者学校(truant school)
特里门希里(H. S. Tremenheere)
特里默,萨拉(Sarah Trimmer)
特纳,西德尼(Sydney Turner)
特殊科目(special subjects)
体罚(corporal punishment)
填补缺口;填平鸿沟(fill the gaps)
童工(child labour)
布雷,托马斯(Thomas,Bray)
怀斯,托马斯(Thomas Wyse)

W

瓦茨,艾萨克(Isaac Watts)

威克，威廉(William Wake)

威廉，温切斯特主教(William of Wickham)

韦奇伍德，乔赛亚(Josiah Wedgwood)

卫理公会(Methodism)

卫斯理，约翰(John Wesley)

文法学校(grammar school)

文森特，戴维(David Vincent)

沃尔文，詹姆斯(James Walvin)

伍德，詹姆斯(James Wood)

X

《西方邮报》(*Western Mail*)

西蒙，布莱恩(Brain Simon)

西蒙斯，J. C.(J. C. Symons)

西尼尔，拿骚(Nassau W. Senior)

西区(Western District)

希尔，达文波特(Davenport Hill)

希尔内斯(Sheerness)

肖，查尔斯(Charles Shaw)

校舍补贴(building grant)

校务委员会(School Board)

谢尔洛克，托马斯(Thomas Sherlock)

新教徒(protestant)

信仰的权利(the rights of conscience)

信仰条款(Conscience Clause)

修正法典(Revised Code)

学额(school accommodation)

学区(school district)

学校基金(the school fund)

Y

《一个教育实验》(*An Experiment in Education*)

《约翰牛》(*John Bull*)

夜校(evening school)

伊顿公学(the Eton Public School)
以工作任务为导向(task-orientation)
义务教育(compulsory education)
英国国教(the Established Church)
英国国教改善贫民教育全国协会,简称"全国协会"(National Society for Promoting the Education of the Poor in the Principles of the Established Church)
英国海内外学校协会,简称"英国协会"(British and Foreign School Society)
《英国人物传记词典》(Dictionary of National Biography)
《英国日报》(British Journal)
英国状况问题(Condition of England)
尤里亚勒斯号囚船(Euryalus)
预备学校(preparatory school)
约翰逊,理查德(Richard Johnson)
约克郡西区(West Riding)

Z

《自助》(Self-Help)
朱克斯,约翰(John Jewkes)
主日学校(Sunday School)
主日学校联盟(Sunday School Union)
主日学校协会(Sunday School Society)
自愿捐款(voluntary subscription)
自助团体(voluntary society)
宗教教导(religious instruction)
宗教教育(religious education)
宗教困难(religious difficulty)

后　记

本书的出版可以算是一个意外之喜。2016年10月某天午后,突然接到一个电话,是在出版社工作的师妹郑海燕打来的,邀请我参加她正在策划的《英国社会转型研究丛书》,而这个系列研究计划是钱乘旦教授正在筹备申报的教育部基地项目。不久项目获批,我也因此成为这个教育部基地项目的子课题负责人之一。对此,我感到莫大的荣幸,对钱老师的提携之恩,我深为感动并深表感谢。

英国社会转型时期的贫困儿童研究,是我在读博时的毕业论文选题。不过,当时的研究涉及的内容比较多,教育只是其中的一个方面,除此之外还涉及童工问题。单就教育而言,当时的研究由于时间和资料受限,有些地方的论述较为粗陋,有些问题比如教会与教育的问题并没有深入探讨,而教会事实上在英国初等教育发展中具有非常重要的作用。这个课题正好为我提供了一个很好的深入探究社会转型时期英国贫困儿童教育问题的机会。在项目支持下,我先后去伦敦霍洛维大学和布里斯托尔大学访问,得到了蔡维屏博士、Robert Bikers教授的大力帮助,与两校的儿童史学者进行交流,收集了关于19世纪英国儿童教育的大量史料,尤其是布里斯托尔大学的Special Collection,珍藏着大量关于19世纪英国教育史的小册子和相关珍贵史料,Richardson先生非常热情、耐心地为我找寻资料,并允许我拍照留存以供研究之用,他们无私的帮助令我尤为感动。

  在本书写作过程中,得到了海燕师妹无数次的帮助与关照。作为项目的联络人,她几乎事无巨细地为我们奔忙。去年八月初,得知我偶染微恙,冒着暑热专程来我家里探望。这一切让我深深地感动。可是,由于身体原因和特殊的工作安排,我还是拖了一点后腿,没能按期完成书稿。本书交付出版社后,朱海榕编辑花费了大量时间和精力反复审读,从文字斟酌、内容的简练到文献的核准与规范,为书稿的修改提供了非常多的重要建议,尤为令我感动的是海榕在五一、端午、国庆这几个节假日还在为我审读书稿。在书稿出版之际,我心里最多的是对海燕师妹和海榕编辑的感激之情。

2020 年 11 月,于南大和园